普通高等学校企业行政管理卓越应用型人才培养新形态精品教材

编委会

顾 问:

丁　煌　武汉大学政治与公共管理学院院长，教授、博士生导师
王　端　华中师范大学管理学院教授

主 编:

黄安心

编 委:（排名不分先后）

李文斐	黄安心	杜　敏	虞巧灵	余祖伟	张仕华
段建军	谈　萧	吴兴华	王启珊	周晓梅	郑伟发
郭凤林	蓝　天	陈　鲲	黄澜屿		

普通高等学校企业行政管理卓越应用型人才培养新形态精品教材

企业行政管理概论

（第三版）

▶▶ 黄安心　陈　鲲　黄澜屿 ◎ 编著

华中科技大学出版社
http://press.hust.edu.cn
中国·武汉

内 容 提 要

本教材是企业行政管理核心必修课教材。它是根据企业行政管理专业学生和企业行政管理人员的知识学习、素质培养和能力提升的实际需要来编写的。教材的主要内容由 4 篇 12 章构成:企业行政管理基础理论篇,包括企业行政管理概述、企业行政管理原理和方法;企业行政管理要素篇,包括企业行政环境、企业行政管理体制、企业行政组织、企业行政资源配置;企业行政运作管理篇,包括企业行政决策与计划、企业行政关系及协调、企业行政沟通;企业行政事务管理篇,包括企业日常事务管理、企业后勤事务管理、企业安全事务管理。作为企业行政管理专业基础理论课教材,本书主要给学习者提供企业行政管理基本知识、基本理论、基本方法、基本要素、运作流程和事务处理技巧。

本书适用于应用型企业行政管理人才培养及学历教育,可作为高职高专、开放教育院校和应用型本科行政管理专业的教材,可供行政管理、工商管理、人力资源管理等相关专业学生参考、阅读,还可作为政府机构和企事业单位行政管理岗位培训教材以及职业技能认定培训考试参考教材。

图书在版编目(CIP)数据

企业行政管理概论 / 黄安心,陈鲲,黄澜屿编著. -- 3 版. -- 武汉 : 华中科技大学出版社,2024. 7.
(普通高等学校企业行政管理卓越应用型人才培养新形态精品教材). -- ISBN 978-7-5772-1128-2

Ⅰ. F272.9

中国国家版本馆 CIP 数据核字第 2024YQ8255 号

企业行政管理概论(第三版)

Qiye Xingzheng Guanli Gailun(Di-san Ban)

黄安心　陈　鲲　黄澜屿　编著

策划编辑:周晓方　宋　焱
责任编辑:苏克超
封面设计:刘　卉
责任校对:张汇娟
责任监印:周治超
出版发行:华中科技大学出版社(中国·武汉)　　电话:(027)81321913
　　　　　武汉市东湖新技术开发区华工科技园　　邮编:430223
录　　排:武汉正风图文照排中心
印　　刷:武汉市籍缘印刷厂
开　　本:787 mm×1092 mm　1/16
印　　张:17.5　插页:2
字　　数:415 千字
版　　次:2024 年 7 月第 3 版第 1 次印刷
定　　价:59.90 元

从字面上看,企业行政管理是企业管理与行政管理相结合而产生的一个概念,但实际上并非如此。企业行政管理既非一般的政府行政管理,也非人们通常所理解的企业管理。一般人认为,行政管理就是公共行政管理,它是指国家行政组织或公共行政组织在宪法和有关法律的规定范围之内对国家和社会公共事务进行的管理活动。但企业行政管理不同于公共行政管理,它是指为保障企业经营管理目标的实现,由企业行政组织及人员在企业行政组织体系内,按照既定的行政管理制度,运用相应的行政资源,采取一定的行政手段,实施的事务处理、统筹协调、服务保障管理等保证企业经营活动正常开展的带有内部公共性的企业管理活动。两者在管理主体、管理依据和管理内容上都不同,但有共通的管理特性,如指令性、公益性、服务性、保障性等。

企业的行政管理体系是企业的中枢神经系统。它是以总经理为最高领导,由行政副总分工负责,由专门行政部门组织实施、操作,触角深入到企业的各个部门和分支机构的方方面面的一个完整的系统、网络。行政管理体系所担负的企业的管理工作,是企业中除生产经营业务之外的管理工作。行政管理体系推动和保证着企业的技术(设计)、生产(施工)、资金(财务)、经营(销售)、发展(开发)几大块生产经营业务的顺利、有效进行和相互之间的协调。

企业行政管理在其广度、深度、重要性及敏感性等方面都不同于企业其他方面,也不同于政府机关的行政管理,具有一定的特殊性。在一个企业中,企业行政管理是企业的中枢神经,是企业内外上下沟通协调的桥梁和纽带。行政管理工作的水平直接影响着企业的生产经营,决定着企业未来的发展前景。企业行政管理工作涉及一个企业的运作全过程、全时域。建立高效的企业行政管理体系,不但可以提升企业的核心竞争力,也可解决中国企业管理向高层次、高水平发展中存在的瓶颈问题。因此,在现代企业,行政部门是企业重要的管理部门。做好行政管理工作是企业有效运转的重要前提,也是企业高效运营的保障。

在国外,企业行政管理(亦称商业管理)是企业高效运行和持续、稳定发展的重要保障,早已是企业共识,为社会各界所重视,专业学历教育和职业教育已形成完整体系。20 世纪 60 年代,西方发达国家和多数发展中国家开始重视教育培训投入,但随着新技术的突飞猛进、产业结构的急剧变化,以及经济竞争的大大加剧,在教育与经济的关系上,世界各国都面临着一个共同的问题:如何促进教育、培训与生产相结合、与产业相结合,为企业服务、为社会经济发展的需要服务?于是,英国政府提出了"为了成功的未来而开发技能"的国家教育培训目标,

NVQ 国家职业资格标准体系随之产生并开始在所有英联邦国家推行,这是 20 世纪英国教育培训与鉴定考试制度最重大的一次革命,并对世界范围内的教育培训模式产生了巨大影响。

NVQ 体系已是全球 100 多个国家共同认可的国际标准。参加 NVQ 国家级企业行政管理职业资格认证成为现代企业行政管理人员追求的目标。获得行政管理资格认证的人员,成了当今企业竞相争夺的稀缺人才资源。

早在 1997 年,为了适应中国加入 WTO 后企业对高级行政管理人才的需求,满足国际职业对高级行政管理人才的需求,培养与国际职业标准相接轨的专业人才,劳动部(现人力资源和社会保障部)职业技能鉴定中心(OSTA)参照英国国家职业资格 NVQ 证书体系,推出了中英合作的 NVQ 企业行政管理职业资格证书,并先后在北京、天津、广东等地设立了 16 家考证中心,每年进行 4 次考试。主要知识内容有:设备、材料、服务和供应,工作环境的创建和管理,程序、信息和交流,组织效率和个人效率,商务会议、商务活动和商务旅行等。2001 年 7 月,我国第一批考生通过考试拿到了 NVQ 证书。该证书由执行单位——劳动和社会保障部(现人力资源和社会保障部)职业技能鉴定中心和英国伦敦工商会考试局(LCCIEB)联合签发,是在全国范围内通用的国家级职业资格证书,其国际职业标准为三资企业所青睐,是总裁助理、行政总监、办公室主任、行政经理等行政管理人士专业能力提升的最佳选择,也是体现求职者能力的"就业通行证"。

20 世纪 80 年代初,跨国企业集团进入中国。为了站住脚,他们花了上千万美元,请咨询公司和中国人一起开发出一套适合中国国情的管理模式,即 A 管理模式。这是企业内部的行政管理模式(包括预算计划系统、组织系统、企业文化系统、垂直指挥系统、横向联络系统、检查反馈系统、招聘任用系统、培训系统、激励系统等九大系统),源于跨国集团与国际接轨,诞生在中国大地,具有显著的中国特色。1997 年 10 月 25 日,中国企业管理协会召开论证会,与会的国家经贸委、体改委的官员和部分专家学者对 A 管理模式给予了充分肯定。A 管理模式构建了一个企业行政管理平台,简称"经理 ABC"。企业必须建立在利益分配系统和权力分配系统两大基础上,这是根本制度——企业的行政管理模式(Administration)。A 管理模式阐述的就是企业行政管理模式和经理人应具备的企业行政工作能力,也就是掌权的能力,这是经理的第一专业。掌权是为了什么?不是为了个人,而是用手中的权力经营(Bushiness)企业,使企业赢利;控制(Control)企业,让企业安全。这就是"经理 ABC"。为什么有的老板尽管很敬业,但企业仍然混乱不堪?为什么有的企业生意兴隆,合同一单又一单,但见不着利润?为什么有的老板不断给员工涨工资、发奖金,但还是留不住人才?原因在于企业的根本制度不科学、不公正,企业的经理只懂业务,不擅行政。A 管理模式认为,企业发展必须伴随制度建设,建立自己的管理模式。有了科学的模式,就有了优秀的遗传基因。有了一批善于"掌管行政权"的经理,依托配套的电脑和网络,企业就有了执行能力和控制能力;依托统一的教材,企业就有了繁殖能力,就可能成为一代企业帝国。A 管理模式为我们描绘了一个企业行政管理工作的蓝图。而今,数字时代到来,现代企业行政管理模式更是一个重要而紧迫的课题,更期待专家、学者去破解。

在企业管理实践中,由于行政管理工作涉及面广、综合性强,行政管理人员要有较宽的知识面及较高的理论水平、政策水平、专业水平、专业技能。因此,企业行政管理人才培养与工商管理专业人才培养应并驾齐驱,需要有从大专、本科到研究生各层次的企业行政管理学历教育体系作为支撑,培养大量合格的现代企业行政管理人才。目前,国内在学历教育方面,已有不少本专科院校开设了企业行政管理专业或企业行政管理方向,如国家开放大学,一些高校如清华大学、北京大学在行政管理专业开设企业行政管理方向的研究生课程进修班,为企业培养高层经理人。不过开设的课程,受到工商管理和行政管理专业的影响,没有很好地进行课程模块设计,本专科教育基本上是工商管理专业课程,研究生教育又主要是行政管理专业课程,没有体现企业行政管理专业的特性和教育需求。

企业行政管理专业需要一定的行政管理和工商管理专业知识作支撑,但不能替代企业行政管理专业核心知识的功能。因此,需要考虑国外已有教育经验和中国国情,研究开发出有中国特色的企业行政管理专业教育项目,特别是构建有中国特色的企业行政管理知识体系和学历教育专业课程体系。国内较早关注企业行政管理专业高等教育的黄安心教授积极推动该项建设工作,做了大量的前期准备。在华中科技大学出版社和有关专家的指导下,我们组织一批有相关学科、专业长期教学与实践经验的专家编写了这套"普通高等学校企业行政管理卓越应用型人才培养新形态精品教材",包括《企业行政管理概论》《现代企业组织管理》《企业公关与策划》《企业文书与档案管理》《企业法律实务》《企业品牌与文化》《员工关系管理》《企业管理信息化》《企业后勤管理实务》《企业经济信息与运用》《企业人力资源管理》《企业招标采购实务》等十二本专业核心课程教材,以满足广大师生对相关教材的迫切需要。

习近平总书记在党的二十大报告中提出,以中国式现代化全面推进中华民族伟大复兴,要坚持和完善社会主义基本经济制度,完善中国特色现代企业制度,弘扬企业家精神,加快建设世界一流企业。要加快建设教育强国、科技强国、人才强国,坚持为党育人、为国育才,全面提高人才自主培养质量。因此,编写有中国特色的企业行政管理教材,不仅是完善现代企业制度、建设世界一流企业的需要,也是推进企业行政管理学历教育全面深化改革、培养大批现代企业行政管理人才的需要。

同时,还要看到,随着我国社会发展和政治经济体制改革的全面深化,对公务员队伍素质的要求越来越高,行政管理专业本科毕业生在政府部门的就业机会有减少的趋向。行政管理专业专科毕业生由于公务员入门本科"门槛"的要求,基本上只有选择读专升本继续深造或选择非公务员职业。很显然,我们的行政管理专业教育只盯住公务员职业或只选择公共行政管理教育方向多少是有点不合时宜的。如果继续原有的以培养公务员为目标的行政管理专业教育模式,不但脱离实际,而且人为地造成大量行政管理专业学生就业困难。同时,现代企业需要大量的受过专业教育的企业行政管理人才却得不到满足。可以说编写这套教材是为了满足现代企业发展、企业行政管理实践和企业行政管理人才培养需要,并形成了教材自身的特点。

第一,技能性,考虑到应用型人才的培养需要,本套教材在编写体例上尽可能考虑职业素质和职业技能的人才培养目标需要和人才规格要求。

第二,创新性。本套教材的科目设计及知识体系选择,既考虑国外经验,又考虑中国国情,突出了中国企业行政管理体制、企业行政模式与企业文化特色的要求,引进、继承和发展并重,力求形成有中国特色的企业行政管理知识体系和专业教育特性。

第三,应用性。本套教材以解决现代企业行政管理人才培养的重点、难点问题为己任,突出对企业行政管理实践问题的回应,强调专业素养和专业技能的培养,实现知识体系模块化以及项目管理化、任务化。设计有案例引导、案例分析、技能训练、实践活动等栏目。

第四,现代性。本套教材吸收一些长期从事远程教育、成人教育的专家参与,不但更好地结合企业实际开展教学,而且能够运用现代远程教育技术、信息技术、网络技术,开发网络课程,实现在线支持服务,为本地求学者解决工学矛盾,实现终身学习、持续发展的人生目标。

丛书编委会

2024 年 8 月

目录
Contents

第一篇 企业行政管理基础理论篇

　　学习企业行政管理，应该了解有关企业行政管理的基本知识，掌握一些基本原理和方法，养成企业行政管理意识，感知企业行政管理的存在和对企业生产经营活动的支持作用。本篇主要概述企业行政管理的基本概念、基本功能、基本特征、基本内容，介绍企业行政管理原理和方法。通过本篇的学习，可掌握有关企业行政管理的基本知识，了解企业行政管理理论研究与发展状况，把握企业行政管理的基本规律，为后面的学习打下基础。

第一章　企业行政管理概述

学习目标

通过本章学习,应了解企业行政管理的基本概念和常识;了解企业行政管理理论研究与发展情况;认识企业行政管理的性质、特点、功能和作用;熟悉企业行政管理工作的内容。

案例引导

企业行政管理发展的九大趋势

趋势一:向内提效能

过去几年,中国互联网经历了结构性挑战,一个重大战略变化是,从不惜一切代价追求收入最大化转向实现高质量、可持续的增长。相信我们已经进入了一个高质量的收入增长模式,团队结构优化是其中的关键之一。也就是说企业正在转向朝内要"质"和"效",这同样也体现在企业职能部门的目标上,主攻质量与效能。

企业行政领导主要采取以下手段进行效能提升。一是行政业务数字化。就当前而言,组织提效的核心手段,少不了用数字化和智能化方式改善效率问题。二是行政工作流程化、规范化。好的标准流程诞生后,便能够成为参考标准,让复杂和混乱的事情简单化、规范化、标准化、体系化,可以助推效率提升。三是优化部门人员结构。基础数据采集、数据统计能够被系统化后,很多企业会通过减少事务性工作,重塑部门架构,提升工作价值。

趋势二:向外搞拓展

企业向内要效能,对行政人员来说,不仅需要进行内部的梳理和体系建设,而且需要向外拓宽视野去找到提升内部效能的方法。一是向外学习。数字化发展到今天,很多大型企业的行政数字化管理方案已经非常成熟,在企业发展的驱动下,大都在酝酿面向市场,这也意味着行政人员将有非常多的参观学习机会,有渠道可以进一步了解行政数字化和其他服务的做法,通过了解业内先进,对比着结合企业自身特色，找到属于自己的数字化方案或者效率优化方案。二是向外寻找资源。当前形势下，越来越多的企业不仅鼓励企业行政人员拓展行业资源，提升员工体验，还鼓励企业行政人员根据企业特性去争取政府对其相应的福利。

趋势三：从被动到主动

随着近年来行政职能的拓展及企业智能化的探索，过往作为被动配合者，没有自己创造价值信心的行政人员，正在重新定位行政职能和价值。主要表现在以下两个方面。一是在企业要提效的目标面前，越来越多的行政人员，开始主动思考，成为战略型的主动服务支持者，关注业务经营战略方针，更倾向于深入支持业务工作开展，给企业提供匹配度高的工作支持。二是越来越多的行政人员开始主动探索行政业务市场化经营，我们不仅看到不少行政服务市场化的探索，还看到越来越多的行政数字化市场解决方案。可见，从被动到主动，是行政人员角色的重塑。

趋势四：从孤岛到融合

数字化的全面推进，让各业务系统之间数据不通、接口不通的弊端和阻碍一览无余。从而让人们更清楚地意识到孤立地提供功能性服务，难以为公司发展提供更多价值，真正增加价值的是集成化、一体化的解决方案。行政人员也需要探索如何将行政业务的变革和数字化转型，与其他部门一起，更好地融入和集成到公司整体的数字化转型、完全开发的解决方案中，为企业业务发展服务。

趋势五：与雇主品牌的关联更强

员工体验越来越公开，从入离职流程、内部所享福利、节日活动动态，到对内部政策的想法，等等，都可能被分享在社交网络，从而构成更真实生动的雇主品牌形象。行政人员的很多工作内容与企业形象高度挂钩，需要行政人员进一步思考如何将工作内容与企业文化更好地结合起来，如何调整职场办公方式，如何利用数字化手段提效，以达到提升员工体验的目的；并且要懂得如何将企业文化行为更大声量地传播出去，为良好的雇主品牌形象建立而增砖添瓦。

趋势六：关注包容性与多元化

越来越多的"95后""00后"成为职场主力军，他们更加注重自由、开放、多元的生活方式，给职场文化带来了较大的变化，行政人员需要充分意识和关注到这些变化，并与工作相结合，去获得用户的好感。事实上，已经有非常多的企业注意到了，并尝试通过展现企业的包容性与多元化，赢得了非常多员工的认可。譬如B站的无限制着装文化，支持员工带宠物上班，给宠物还准备了工位和工牌，都成为B站多元文化的体现。

趋势七：帮助员工链接工作与生活

经济形势的趋缓，让职业生涯中的压力和不平衡愈发彰显出来。一些员工对工作不满意，重新思考工作与生活的关系，希望找到更具幸福感的生活方式。如何通过各种方式，帮助员工增加对公司福利的感知，连接工作与生活，提升员工幸福感，也成为很多行政人员需要思考的问题。

趋势八：推动气候变化适应

随着气候变化加剧，高温热浪、低温寒潮、极端降水与洪涝等极端气候事件越来越频繁地出现。企业不仅要承担起减缓气候变化速度的责任，还要考虑如何适应气候变化的挑战，确保其员工具有弹性、知情并为应对环境变化做好准备。

对行政来说，能做的主要如下：一是推进低碳环保办公。ESG（Environmental、Social and Governance）被越来越多的企业纳入公司战略，帮企业打造低碳环保的办公方式也成为很多行政人员重要的职责，行政人员可以从打造绿色建筑、低碳办公运营、倡导员工绿色工作方式等举措入手。二是做好应对极端天气的预案。应对暴风雨、雷电、台风等气象灾害，不仅要做好日常防范工作，还需要准备好应急预案，包括迅速组织防御、检查、应对等一系列工作。

趋势九：更严苛的"价值自证"

经济环境的大变化，重塑着就业市场的格局，导致企业对行政工作有了更高性价比的要求。同时，随着AI的迅速发展，企业组织深刻认识到其变革潜力，大多数组织将在2024年将AI整合到劳动力和运营中，一些工作将被取代。这些都意味着，未来行政人员要重新思考行政运营的逻辑，寻找更多价值点。

现在看，未来形势仍将严峻。对于行政来说，保持危机感，让自己继续保持学习和成长，或将是最好的生存之道。

（资料来源：爱学习的小知，《2024企业行政工作「年度趋势」有哪些？》知行晓政，2023年12月4日，有删改．）

【启示】

此案例列出的未来企业行政管理发展的九大趋势，必将带来企业行政管理结构与运作的巨大变革。互联网行业最能感受也最早感受到数字时代经济结构变化对企业行政管理结构的冲突。因此，一方面应当关注前沿科技与新的管理思维，拥抱新的管理理念，另一方面应当适应数字化时代管理思维、管理方式、管理场景、管理模式的变化，不断创新企业行政管理，提高企业资源配置与运营的效率。

第一节　企业行政管理的含义

一、企业行政管理的概念

通常所讲的行政管理是指公共行政管理，它是指国家行政组织或公共行政组织在宪法和有关法律的规定范围之内对国家和社会公共事务进行的管理活动。企业行政管理不同于公共行政管理，它是指为保障企业经营管理目标的实现，由企业行政组织及人员按照既定的行政渠道，采取一定的行政手段，实施的事务处理、统筹协调、服务保障等管理行为保证企业经营活动正常开展的带有内部公共性的企业管理活动。二者在管理主体、管理依据和管理内容上不同，但却有共通的管理特性，如指令性、公益性、服务性、保障性等。

所谓企业行政组织，是指企业的行政组织机构，主要是指负责企业生产、经营、技术等直接反映经营业绩之外的事务性辅助性、咨询性、保障性和服务性组织,如办公室、人事部、行政部等。企业行政管理活动主要是依靠企业组织体系,通过行政渠道,运用行政手段和方法来推进的。行政渠道则主要指由内部正式行政管理关系形成的行政信息传递与管理指令作用通道。行政渠道主要在企业行政组织机构内有上下级的领导与被领导的隶属关系的系统中形成。行政管理的手段通常包括行政命令、指示、规定、奖惩措施等。

　　企业的行政管理体系,是企业的中枢神经系统。行政管理体系担负着企业的咨询与决策、行政事务、统筹协调、后勤保障与服务管理工作,推动和保障着企业的技术(设计)、生产(施工)、资金(财务)、经营(销售)、发展(开发)几大块企业经营业务的顺利开展,有效协调各项企业经营业务之间的关系,保证企业整体正常运营,促进企业经营效益不断提高。

二、企业行政管理的性质

1. 权威性

　　企业行政管理的有效性是建立在企业内部组织机构的上级权力与权威的基础上的,上级行政机构没有相应的权力和权威就不能下达命令、指示或规定等。然而,需要指出的是,现代企业行政管理的有效性还要取决于上级权力是否运用得当和下级是否服从等因素。

2. 直接性

　　由于企业行政管理是用命令、指示等来调整人、财、物、产、供、销等生产经营活动,故其手段和方式直接、具体,而且具有较强的针对性,同时又配以对违抗管理者的惩罚措施,因而能迅速发挥作用。若要通过经济手段进行管理或通过思想政治工作达到管理目的,则必须有执行→反馈→调整执行的操作过程,因而常发生滞后。因此,在企业大量日常性经营处理及人事处理中,或企业遇到突发事件以及企业环境不稳定时,行政管理就能发挥重大作用。

3. 指令性

　　因为企业行政管理主要是通过企业行政组织内部的隶属关系进行自上而下的纵向指挥和协调,往往是企业上级行政机构对下级的指令性要求,有一定的刚性。

4. 稀缺性

　　企业行政管理与企业的经济效益紧密相连。企业行政管理具有权威性和指令性,因而企业行政管理资源是一种稀缺资源。只有行政管理组织和人员才能充分挖掘企业资源,并发挥企业各种资源的效用,达到经济利益的最大化。

三、企业行政管理的特点

1. 对经营目标实现的保证性

　　企业行政管理的根本目的是保证和保障企业总体经营管理目标的实现。也就是要通过企业行政管理活动来充分利用和合理调配企业的人力、物力、财力、技术、信息等资源,开源节流,调动广大员工的积极性、主动性和创造性,提高企业的整体经济效益。它的价值要通过企业经营目标的实现来间接体现,其本身并不是企业的目的所在。

2. 管理方式、手段的实效性

企业行政管理是企业管理的有机组成部分,它注重内容和实质,而尽量减少不必要的表面文章。企业行政管理往往根据公司的实际需要,对行政管理的诸多制度、程序、环节、形式、图表、文件等进行剪裁和调整,使之变得精练、实用、简洁、便利、省时、省钱。

3. 管理工作效益的可检测性

企业行政管理虽然是对企业总体经营管理目标的支持性工作,总体效益只能被间接地反映出来,但每一项目行政管理工作或多或少地与企业的经济效益相关联,都必须是有效的。通过单项工作考核来实现行政管理工作的高效率和较高的投资回报率。

4. 管理理念、管理模式和方法的改进性

企业行政管理理念、模式和方法要不断适应企业环境的变化,做出调整和改进。企业的行政管理往往根据企业的实际发展需要,经常进行变革、增删、剪裁、变通,因而带有较强的灵活性,比较能符合时代的发展需要和企业的实际情况。

5. 工作内容的保障服务性

企业行政管理的工作内容大多是企业后勤保障服务,为企业的前勤服务的色彩比较明显。主要是进行决策咨询、统筹协调、事务管理、后勤保障、后勤服务等工作,是前勤必不可少的保障体系。在企业中若没有后勤保障服务,生产、经营、技术等一线业务部门的工作就无法正常开展。在现代企业管理中,这种保证经营管理工作顺利进行的行政管理工作越来越重要。

四、企业行政管理的职能

1. 信息收集职能

信息收集职能是指收集企业内外的各种信息,为领导决策时提供方案。收集的信息包括企业内部信息和企业外部信息。有的信息是通过企业信息系统常规性收集得到的;有的信息是通过必要的情报、调研等临时得到的。这些信息都需要企业行政管理人员按各自的职责进行认真处理,以确保企业内外信息流的畅通。

2. 决策计划职能

决策计划职能是指为达到一定的企业行政管理目标,对实现目标的可行性方案进行抉择,并涉及其步骤、方法、环节、途径等内容。通过决策计划职能,确定企业行政管理一定时期的工作任务、程序、方法、要求等。决策计划是贯穿于企业行政管理全过程的起主导作用的职能,它是企业行政管理机构顺利进行政管理并取得良好效果的基础。

3. 组织沟通职能

企业领导由于个人精力有限,许多方案的执行也非某一个人的能力所及。这就需要由企业的行政管理部门认真领会领导者的意图,按照一定的计划来丰富、完善领导的决策方案,制定出组织执行的步骤或计划。根据事件涉及范围的大小,邀请有关部门或人员共同确定行动方案,由行政管理部门、组织具体执行工作的部门或人员共同确定行动方案并按行动方案执行。

4. 统筹协调职能

统筹协调职能是指在行动方案由确定并开始实施到最终目标实现的整个过程中,由于实际发生的条件不同,使执行该方案的企业内外各方面不协调或不统一,企业的行政管理部门或工作人员,应出面统筹协调好长期与短期、整体与局部等各方面的关系,保证执行该方案的部门或工作人员顺利实现工作目标。

5. 检查监控职能

检查监控职能是指企业行政管理部门在由方案开始实施到目标最终实现的整个过程中,随时检查、监督各个部门及工作人员的工作、方案实施的各个环节的完成情况,并将现在的情况随时同原定的目标相比较,根据相比较的差异和企业现在面临的环境,及时对整个方案的实施过程采取相应的改进措施,以保证目标得到实现。

五、企业行政管理的作用

企业行政管理是企业参与社会化大生产及市场竞争的客观要求。在现代经济生活中,随着社会生产力的发展,生产分工日趋专业化,这就要求一个生产流程中的各个环节最大可能地协调一致。因此,要有效组织企业生产经营,就必须具备有一定强制力的权威与服从机制——行政管理,否则,企业的各项生产经营目标可能会因缺乏组织性而不能得到实现。企业内以经理或厂长为首的行政管理系统运用行政手段,把企业各环节、各部门联结成一个健康运行的有机整体,并通过各种行政管理手段及时有效地组织企业生产经营活动,是企业生存发展目标得以顺利实现的重要保障。

企业行政管理体系推动和保障着企业的生产、资金、经营等业务的顺利、有效进行和相互之间的协调。行政管理工作在其广度、深度、重要性及敏感性等方面都不同于企业其他方面,具有相当的特殊性。因此,在现代企业中,行政部门是企业重要的管理部门。做好行政管理工作是企业有效运转的重要前提,也是经营者提高企业管理水平的一个切入点。

企业行政管理的作用主要体现在如下方面。

1. 能够使企业更好地适应社会经济结构变革的需要

改革开放以来,中国得到迅速发展,经济实力跃居世界第二的位置,综合国力和竞争实力大大加强。为实现党中央提出的中华民族伟大复兴的中国梦和"一带一路"倡议,实现社会主义市场经济的健康、稳定和可持续发展,就必须深化企业改革,尤其是深化国有大中型企业的改革,以适应当前社会经济结构变革的环境。而做好这些工作首当其冲的是搞好企业行政管理改革发展工作。

2. 能够增强企业的核心竞争力

除了经济实力以外,企业的核心竞争力在一定程度上体现为企业的科技竞争力和可持续发展能力。而从一定意义上来说,企业的科技竞争力体现为能否紧密结合时代要求进行学习。企业行政管理在企业发展中发挥着服务和保障的作用,企业在发展过程中可以通过企业行政管理,努力打造学习型企业,强化企业成员的学习,使企业积极学习先进的管理理念、经营理念和科学技术,并且将其转化到企业的生产和发展中去。这样做可以提高企业的科技竞争力和可持续发展能力,增强企业的核心竞争力。

3. 能够保证企业平稳、有序、健康地发展

在企业发展的过程之中,企业在发展中会碰到一些发展困难,企业的职工也会存在思想和实际上的一些问题,这些因素,都是不利于企业稳定、健康发展的因素。此时必须发挥企业行政管理优势,一方面,企业要通过民主管理、协商议事、福利保障、思想工作、奖惩激励等各种途径解决职工的思想问题和实际困难;另一方面,企业积极采取措施,如组织扁平化、柔性化、网络化变革,资本运作,项目合作,业务分包等各方式,整合资源,优化管理,提高资源效用,解决组织长远发展问题,为企业发展营造良好的内部环境,保证企业平稳、有序、健康发展。

第二节　企业行政管理的内容

一、企业日常行政管理工作

企业日常行政管理工作是指企业经常性、程序性的行政管理工作,以此区别于其他非程序性的行政管理工作,也不同于企业的经营活动和研发活动等其他企业管理工作。企业日常行政管理工作主要包括以下几个方面的内容。

1. 计划工作

计划工作即根据企业发展战略目标,确定企业行政管理的内容、目标,以及决定如何达到这些目标的规划活动。企业行政管理必须具有计划性,做好预测工作,对企业行政体系的具体行政工作进行指导,这是企业实现行政管理科学化和保证行政管理成功的必要条件。

2. 组织工作

组织机构是企业运作的基本框架。企业的各级行政管理人员必须明确要完成的任务是什么,谁去完成任务,任务怎样分类组合,以及各种决策应该在哪一层级上制定。这些即组织工作。企业要逐级建立自上而下的责权关系,保证行政管理渠道畅通无阻,这样才能使企业的行政管理工作统一、有序、高效地运行。

3. 指挥工作

指挥工作即在企业行政管理中采取的指令、调度等具体措施,确定好企业员工之间的分工合作关系,明确人们在职、责、权方面的结构体系,调动各级行政管理人员的积极性,协调各级行政管理人员之间的关系,化解组织人员之间的冲突。

4. 控制工作

控制工作即对指挥工作的各项措施进行监测、控制与调整,包括建立激励机制、监督系统以及制定奖惩条例并认真执行。通过控制保证任务按照既定计划执行,判断企业的行政管理工作是否合理，是否还有改进之处，从而增强行政工作的合理性与有效性。

二、企业行政统筹协调工作

统筹协调，是指在行动方案确定并开始实施到最后目标得以实现的整个过程中，由于实际条件不同，执行该方案的企业内外各方面很可能出现不协调或不统一的情况，这就需要企业的行政管理部门或工作人员，统筹协调好各方面的关系，保证执行该方案的部门或工作人员顺利实现工作目标。

一家企业有很多部门或事业部、分公司、子公司等单位，每个单位既要各自独立运作，又要互相配合，形成一个有机体，为同一目标服务。例如生产部、维修部、营业部、会计部、拓展部等，如果彼此之间缺乏沟通，就会问题丛生，这就需要企业行政管理人员的统筹协调工作。

行政管理者不能简单地满足于传达领导的命令、完成领导交办的任务，也不能凭借自己在企业的独特地位对各个部门颐指气使、以权压人。行政部门应主动做好上与下、左与右、里与外的沟通，在充分沟通的基础上做好协调。没有充分沟通的协调不能成为真正的协调。

三、企业保障服务工作

"服务"实际上是对企业行政工作性质的定位，企业行政永远是为企业经营服务的，良好的行政服务不但体现在令行禁止的规范化管理上，还体现在保障服务上，行政部门实质上是保障服务部门。

优质的行政服务是组织执行力的强大后盾。在企业组织中，行政部门及其工作人员是无名英雄，虽然他们的工作从表面上看与经济指标不挂钩，但实质上，没有他们的优质的保障服务，业务部门就难以创造出好的业绩。有完善的行政后勤服务作保障，才能使业务部门和一线工作者做出快速反应。行政服务滞后，就会拖业务部门的后腿；行政服务优质高效，就会促进业务部门做出快速反应。

从服务上说，行政部门要甘当"幕后英雄"的角色。因为无论行政服务干得再出色，都是服务于企业的最终目的的。行政部门的工作，特别是后勤服务工作，永远不要奢望成为企业关注的"中心"，不但不可能，而且不应该。如果一个企业的关注点不幸竟落在行政部门，那只能说明行政工作做得实在太糟糕，影响了企业各方面的工作，以致引起大家的关注。行政部门最忌讳处处显示自己的存在，与其他部门争荣誉，切忌为自己评功摆好、四处张扬。

四、企业行政创新与发展工作

只有不断创新，才能在竞争中处于主动，立于不败之地。所以，创新是企业的生命。原地踏步实际上是一种变相的倒退。发展的内涵是很丰富的，我们把发展看成是对现实的突破，要发展就必须创新。

1. 对创新的理解

创新是指个体根据一定的目标和任务，运用一切已知的条件，产生出新颖、有价值的成果的精神的、社会的、物质的认知和行为活动。按照管理大师熊彼特的理论，创新是生产要素的重新组合,主要包括五个方面的内容:①引进一种新产品;②采用新的生产方式;③开辟新的市场;④开发和利用新的原材料;⑤采用新的组织形式。

创新的最主要的特点是新颖性和具有价值。新颖性包括三个层次:①世界新颖性或绝对新颖性;②局部新颖性;③主观新颖性(只对创造者个人来说是前所未有的)。具有价值与新颖性密切相关,世界新颖性价值层次最高,局部新颖性次之,主观新颖性更次之。

创新的种类主要有七种:①观念和思维创新;②产品(服务)创新;③技术创新;④组织与制度创新;⑤管理创新;⑥营销创新;⑦文化创新。其中,观念和思维创新是最重要的。

2. 组织与制度创新

组织变革和创新的理论基础是系统理论、情景理论和行为理论。系统理论认为组织是一个开放、有机和动态的系统,由三个子系统即技术系统、管理和行政系统、文化系统组成。其特点是相互联系,一处改变,其他处也会跟着改变。典型的组织变革和创新是通过员工态度、价值观和信息交流,使他们认识和实现组织的变革与创新。情景理论认为在企业中没有一个一成不变、普遍适用的最好管理理论和方法,应根据权变因素及关系变化,采取不同的管理模式,以提高管理效能。行为理论认为企业中人的行为是组织与个人相互作用的结果。通过企业的组织变革和创新,可改变人的行为风格、价值观念、熟练程度,同时能改变管理人员的认知方式。

组织与制度创新主要有三种:①以组织结构为重点的变革和创新,如重新划分或合并部门,流程再造,改变岗位及岗位职责,调整管理幅度等;②以人为重点的变革和创新,即通过改变员工的观念和态度,实现知识的变革、态度的变革、个人乃至整个群体行为的变革;③以任务和技术为重点,对任务重新进行组合分配,更新设备,进行技术创新,以达到组织创新的目的。

3. 管理创新

管理创新是什么?管理创新有三种互有关联的不同含义:①管理的创新;②对创新活动的管理;③创新型管理。创新型管理不同于守旧型管理。它把创新体现在管理过程中,而且要求整个组织和成员是创新型的。当今的趋势是由单项创新转向综合创新(全方位创新),个人创新转向群体创新。

实现管理创新的要求如下。①树立全方位创新理念,建立创新激励机制。创新激励机制至关重要。②公司在资源配置上要倾斜。创新本身需要投入,产品创新和技术创新更需要大投入。③加强创新方面的训练,提升创新技能,不封闭自己,保持开放的心态,加强训练,学会运用创造方法与工具。

第三节　企业行政管理理论研究与发展

一、企业行政管理理论来源与构建

企业行政管理是企业管理与行政管理相结合而产生的一个概念,因此企业行政管理的理论来源于企业管理理论和行政管理理论,但是它并不是二者简单的拼合,而是汲取了二者的精华并结合管理实践灵活运用而形成的。

管理是为了达到共同的目的,富有成效地获得、利用和分配人力、财力、技术、信息、制度、数据等人类能掌控、配置的各类资源的一种活动。企业行政管理,就是对企业整个生产、技术、经济活动进行预测和计划、组织和指挥、监督和控制,以保证企业生产经营任务的圆满完成。它的内容很广泛,主要包括生产经营战略管理、人事管理、行政事务管理、企业数据信息管理、后勤保障服务、思想政治工作、组织领导工作等。企业行政管理不仅是一门综合性科学,而且是一种艺术。

二、企业行政管理思想发展历史

企业行政管理不仅因企业性质而异,还因企业所处的时间,环境的不同而不同。因此,我们对不同性质、不同历史阶段、不同环境的企业行政管理规律都应有所了解。但是,我们应该着重研究和掌握社会主义市场经济条件下的中国企业的行政管理规律,创建具有中国特色的社会主义企业行政管理学,为社会主义现代化建设服务。

自古以来,人类社会就一直在进行各种管理活动,但正式把管理作为一门科学加以研究和探讨,则是一百多年前才开始的。

(一) 18 世纪工业革命时期的企业行政管理思想

18 世纪的工业革命是把手工业作坊演变为近代工厂企业的摇篮。随着自然科学和生产技术的发展,生产劳动的社会化程度愈来愈高,与此相适应,管理理论与实践也不断地演变和创新。这一时期在企业管理上有一定见解并取得显著成效而为后人所注重的企业主主要有理查德·阿克莱特、马修·博尔顿和罗伯特·欧文等。

1. 理查德·阿克莱特

英国 18 世纪工业革命的支柱是纺织工业,向这个关键工业部门提供了管理知识并促进了大型企业的出现主要归功于阿克莱特。他领导的工厂在连续生产,厂址计划,机器、材料、人员和资本的协调,工厂纪律,劳动分工,以及降低工人劳动时间等方面的贡献使他成为寻求系统的企业管理活动的先驱者。

2. 马修·博尔顿

最早寻求合理、完整的企业管理活动的制造业工厂之一是 1800 年的英国博尔顿-瓦特父子公司的索霍铸工厂。在这家工厂的管理工作中实施了许多现代工业企业常用的管理方法,如市场调查和预测、工作流程分析、制定生产标准、编制生产计划、部件标准化、工作研究、成本控制,等等。

索霍铸工厂的管理者博尔顿,是一位比较看重劳动力这一生产要素的资产阶级企业主中的代表人物。他比较注重职工福利,经常为他的职工组织娱乐活动,为工人建造住房、成立互助保险协会等,其目的在于增加工人对工厂的依附程度。索霍铸工厂早在泰罗、吉尔布雷斯等人之前就干了许多被称为"科学管理"的工作。

3. 罗伯持·欧文

就在索霍铸工厂致力于科学地管理工厂的同时,英国苏格兰新拉纳克的一家棉纺工厂也同样引人注目。致力于这项工作的领导人物就是新拉纳克棉纺工厂的经理、著名的空想社会主义者罗伯特·欧文。

欧文在担任工厂经理后,首先把工厂里的许多童工送进学校学习,对年龄较大、仍需要在工厂干活的童工规定每天劳动不得超过 10 小时 45 分(这在当时已是最短的工作时间)并且不受惩罚。在管理上更开明的做法是工厂经理敞开办公室听取任何人所提的有关规章制度方面的意见,对于记载工人工作情况的记录簿,每人都可查看。在工厂职工福利方面最引人注目的是工厂为工人建造的一排排整洁的住房。此后不久,工厂的生产业绩果然蒸蒸日上。

欧文的做法之所以能获得成功,在于他那脱胎于空想社会主义思想的管理哲学比他的时代前进了几十年。他重视人的因素在工业中所起的作用,实行一种像家长般关怀工人的管理政策。因此,尽管他的试验由于不能为当时的社会容忍而最终失败,但罗伯特·欧文仍享有"人事管理之父"的赞誉。

4. 查尔斯·巴比奇

巴比奇是英国数学家,远在泰罗之前,他就作为一位有独创管理思想的显赫人物而崭露头角。他运用技术性的方法作为一种解决企业经营问题的辅助手段,是运筹学和管理科学的创始人,同时又是先于泰罗倡导科学管理的先行者。他曾撰写过关于管理方面的一些论著,其中最为出色的是 1832 年出版的《论机器和制造业的经济》。

如同亚当·斯密一样,巴比奇对于劳动分工的原理也极为赞赏,觉得进步的文明就是由于劳动分工孕育而成的。他认为,劳动分工之所以能大大提高效率,主要是基于以下几个原因:

(1)由于每个工人只从事一两道作业,大大地缩短了学会并掌握这些作业的时间;

(2)当工人学习一种新技艺时,或多或少总要浪费一些原材料,劳动分工可以减少由此而产生的原材料的浪费;

(3)避免了更换作业而调整设备的时间损失;

(4)重复操作一项作业,容易熟练掌握技术,且熟能生巧,易于诱发改革技术、改进工艺的设想。

作为一位管理科学家,巴比奇对于机器设备、动力的有效使用,以及为便于考核工作员而对计算工具的改进和对原材料的节约等方面极为关注。他把这些方面的工作称为制造业中必须坚决遵守的硬性成规。他系统地论述了研究作业的科学方法以及对大型工厂投资所产生的经济利益,提出了厂址的选择应靠近原材料产地等建议。

5. 丹尼尔·麦克考勒

麦克考勒出生于英格兰,1822 年来到美国。他只上过小学,做过木匠,并依靠自学成为有名的建筑师。他于 1848 年加入纽约-伊尔铁路公司工作。

麦克考勒提出如下管理原则:

(1)适当进行责任分工并授予与责任大小相适应的权力;

(2)要有及时而迅速了解这些责任能否被忠诚地执行的方法和手段;

(3)采用一套完整的制度,使管理者能及时发现差错,并能查出有关失职人员。

此外,麦克考勒还设计了一张正式的企业组织结构图表。仿照树根、树干、树叶的形式,用线条来描述权力和责任、各业务单位间的劳动分工,以及报告与控制信息的往返沟通关系。他认为统一指挥的原则必须绝对遵守,上下级都不能越级指挥或报告,否则就会破坏基于个人负责制的控制系统。

(二) 19 世纪末叶,资本主义垄断阶段的企业行政管理思想

19 世纪末叶,资本主义从自由竞争阶段过渡到垄断阶段。工厂的规模越来越大,使用的机器越来越多,生产技术日益复杂,竞争也更加激烈。资本家迫切要求总结过去的管理经验,加以系统化、科学化,用科学的管理方法代替传统的管理方法,以提高管理水平和劳动生产率,获取更多的利润。另一方面,由于资本家的残酷剥削,劳资矛盾激化,劳资纠纷迭起,生产潜力无法发挥,劳动生产率低落。面对这种局面,如何把工人的生产干劲调动起来,就成为企业行政管理的一个极为重要的问题。在这种条件下,产生了科学管理理论和方法。下面对于这一时期的几个知名人物及其管理思想扼要地加以介绍。

1. 泰罗

泰罗出生于宾夕法尼亚州一个律师家庭,年轻时考取了哈佛大学法学院。后来他弃学到一家水力机械厂当学徒。1878 年,他到费城米德维尔钢铁公司做了一名普通工。他在 6 年之中先后被提升为组长、机修车间主任、总机械师,一直到总工程师。他在这个公司工作了 12 年,专门从事改进管理和金属切削的实验。1895 年,他出版了《计件工资制度》一书。

泰罗把“高工资,低成本”作为他科学管理的一个终极目标。不久,泰罗又提出“作业管理制度”设想,主要包括以下四个组成部分。①用详细的书面指示,规定每个工人每天的作业量,以及完成作业的每一组成部分所需的确切时间。②用精确的时间研究来规定每天的作业量,而且对所用的工具和原材料都必须实行标准化。③对于能在规定时间内完成作业的工人,付给高额工资;对于不能完成定额的工人,付给低工资。④要有完备的工作制度,把计划工作和执行工作分开;在车间设置职能工长,分管工艺、工时和成本、加工路线和先后顺序、劳动纪律、机器设备维修、质量检查等工作。

1910 年,美国东部几个铁路公司要提高货运价格。当时波士顿一位著名的律师勃兰第受货主的委托,打算用泰罗的作业管理理论作为他在听证会上反对运费提价的例证和根据。但苦于找不到一个特殊的名词来表达泰罗的那套管理制度,他就与甘特、吉尔布雷等人在甘特的纽约寓所商议,决定使用“科学管理”一词。从此以后,“科学管理”一词就在报刊上流行开来,并为泰罗赢得了“科学管理之父”的历史地位。

2. 巴斯

巴斯祖籍挪威,是泰罗最忠实的信徒。他应邀帮助泰罗整理金属切削试验中所得到的大量数据。作为泰罗的数学顾问,他利用对数滑尺和公式表迅速解决了机床的吃刀深度、进刀量和转速问题。当泰罗离开伯利恒公司时,巴斯与他一起引退,跟随泰罗到水镇兵工厂等单位协同建立科学管理制度。他在哈佛大学讲授科学管理理论,他对泰罗科学管理的全部规划都信奉不渝,且引以为荣。

3. 甘特

甘特出生于马里兰州。南北战争使得他倾家荡产,所以他自幼笃信勤俭励学是成才

创业的必由之路。甘特于 1884 年获得斯蒂文斯理工学院机械工程的学位,1837 年进米德维尔公司当工程部助理,与泰罗相识共事,成为泰罗最早的同道人。之后,又随同泰罗到伯利恒公司一起工作。

虽然他与泰罗有时要发生一些争论,但他的管理思想和理念基本上都受到了泰罗的影响,如主张劳资互利、合理派工、奖励的工资制度以及详细的作业指导等。

4. 吉尔布雷斯夫妇

吉尔布雷斯出生在波士顿,并在该地读完中学。虽在麻省理工学院甄别考试中入选,但他决心去做砌砖工人。1895 年,他以营造师身份独立开业。他早期对管理方面的研究,虽与泰罗没有工作上的联系,但与泰罗的主张可以说是异曲同工的。在晚年,他创建了管理咨询公司,因而与美国当时的科学管理运动产生了密切的联系。他的夫人莉莲,祖籍德国,家住加州,先后获得加州大学英语语言学学士学位和硕士学位。为了支持丈夫的管理工作研究而改学心理学,并于 1915 年获得博士学位。

夫妇二人对管理所作的探索和贡献,主要包括:
(1)设想使建筑业的操作方法系统化和条理化;
(2)对工作疲劳作广泛而深入的研究;
(3)积极支持科学管理运动。

5. 爱默生

爱默生早年就读于德国慕尼黑巴伐利亚皇家工业大学。在节约时间和降低成本方面,他是当时美国独树一帜的"效率工程师"。

爱默生提出的效率十二原则包括:
(1)有明确规定的奋斗目标;
(2)管理人员要具有丰富的学识;
(3)有一个精明干练的咨询班子;
(4)严明的纪律;
(5)大公无私,公平待人;
(6)及时、准确、可靠的信息和会计制度;
(7)工作的计划性和迅捷的调度;
(8)要规定出工作的标准方法和安排好工作的时间进度;
(9)标准化的工作条件;
(10)标准化的操作方法;
(11)成文的标准工作条例;
(12)对效率的酬报,即奖励制度。

6. 费约

费约是法国矿冶工程师,于 1860 年起一直在法国中部的一个煤铁矿冶联合企业工作。他在地质、冶炼和管理方面,都做出了卓越的贡献。1900 年,他在国际矿冶会议上宣读了一篇组织管理方面的论文;1908 年,他提出了行政管理的十四原则;1916 年,他写出《工业和全局性的管理》。

费约闻名于世的行政管理的十四原则分别是：①分工；②权威；③纪律；④统一领导；⑤统一规划；⑥个人利益服从集体利益；⑦按劳付酬的工资奖励制度；⑧集权；⑨梯形的权力层次；⑩秩序；⑪公道；⑫稳定的任期；⑬积极主动，富有首创精神；⑭具有集体主义精神等。

费约提出管理的五大职能或要素，即计划、组织、领导、协调和控制。

7. 韦伯

韦伯是德国著名的社会学家、经济学家和政治学家，是专门从事理论研究的一位学者。他提出用行政管理体制来代替传统的管理制度。在韦伯所处的时代，德国工业化飞速发展，但受到强大的贵族地主政治制度的束缚，德国的经济始终站在旧式家庭企业和新兴大型企业的十字路口。这些新兴的大型企业，需要通过行政管理的合理化来提高效率。韦伯主张以根植于法定权力的行政管理体制来取代凭借世袭或虔信权力所产生的经济组织的领导班子。行政管理体制侧重的是规章制度以及管理人员的知识素质和技术能力，把组织的权力建立在合理而合法的基础上。他确信只有行政管理体制才能提供秩序井然的工作安排。只有在这样的管理体制之下，管理人员才能恪守严格的规章、纪律和控制，杜绝特权思想的产生。

（三）第二次世界大战以后，特别是 50 年代中期以后的现代管理阶段

这个时期，一些工业发达的资本主义国家出现了很多新情况：科学技术的发展，出现了许多现代自然科学技术的新成果，运筹学、数理统计等方法应运而生，特别是随着电子计算机的出现和应用，生产过程的自动化、连续化程度空前提高；随着大型、复杂的重大工程的出现，生产社会化程度越来越高；随着跨国公司的发展，企业规模迅速扩大；企业面临的环境和市场形势变化多端，竞争十分激烈，等等。由于对管理工作的阐述，众说纷纭，方法各异，不同学科竞相争鸣。同时由于一些人缺乏管理实践经验，难免有闭门造车之嫌，因而也引起了一定程度的混乱，所以有人称这种纷然杂陈的现象为"管理学说的丛林"。现对其中部分学说介绍如下。

1. 惯例管理学派（或称经验主义学派）

该学派的代表人物是戴尔（E. Dale），他曾任教于耶鲁大学、哥伦比亚大学。他否认学理过程学派提出的基本管理原则带有普遍性，认为应该将研究重点放在管理经验方面，对企业管理上成功和失败的例子进行研究和分析，从中总结出一些普遍规律，以便更好地指导今后的工作。

2. 行为学派

该学派认为人和人的行为是管理工作的关键因素。例如，要完成什么样的目标，怎样去完成，为什么会完成等一系列问题，都与管理工作对人们的影响和作用息息相关，所以人是管理工作的重要实体。在现代管理理论中，关于行为科学的一些学说在企业行政管理的实践中得到了广泛应用。

1）需要学说

该学说认为人们的行为都具有一定的动机，而动机又产生于人类本身内在的对某种

事物的强烈需要。如果人们的某种行为的结果能够使某种需要得到满足,则这种需要就会消失,同时另一种需要又会出现,人们便继续采取行动来满足新的需要。马斯洛(A. Maslow)的人类基本需求层次理论把人的需要归纳为五大类,并按其重要性和发生的先后次序排列成一个需要等级系列:

(1)生理的需要;

(2)安全的需要;

(3)感情和归属的需要;

(4)地位和受人尊敬的需要;

(5)自我实现的需要。

2)双因素学说

该学说认为影响人们工作中行为的因素有两种,即保健因素和激励因素。此学说是美国人弗雷德里克·赫茨伯格(F. Herzberg)在1959年发表的《工作的激励因素》和1966年发表的《工作与人》等著作中提出的。

所谓保健因素,就是对人们能维持现状、进行工作起保健作用的因素。它主要指属于人们工作环境和工作关系方面的因素。所谓激励因素,就是对人们的积极性起调动作用的因素。它主要指属于人们工作本身和工作内容方面的因素。

双因素学说应用到企业行政管理实践中,管理者必须认识到保健因素的重要性,以免引起职工的不满。但只注意保健因素是不够的,应当更多地注意应用激励因素来调动职工的积极性。

3)X学说和Y学说

该学说认为管理的指导思想是以对人性的假设为依据的,而对人性的假设有两种学说,即X学说和Y学说。该学说是由美国人道格拉斯·麦格雷戈(D. McGregor)提出来的,他著有《企业的人性面》等。

4)管理方格学说

该学说是分析和衡量管理行为的一种方法论,也叫"管理方格法"。它是美国人罗伯特·布莱克(R. Blake)和简·穆顿(J. Mouton)提出来的。

管理方格法如图1-1所示。

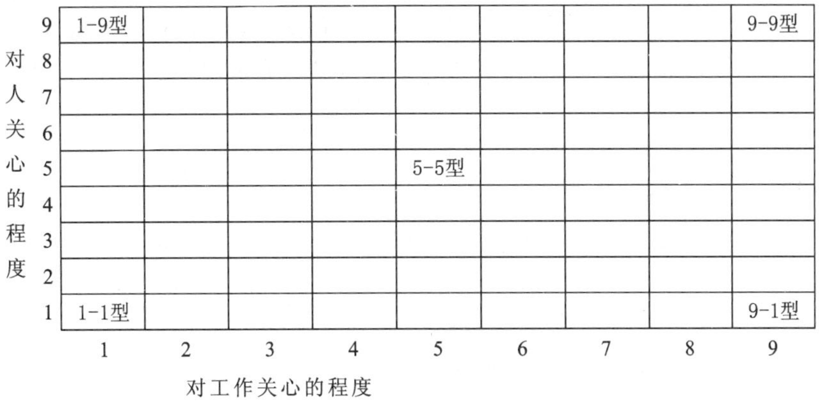

图 1-1　管理方格法

管理方格学说应用到企业行政管理实践中,每个领导者都可以分析和商议自己的管理行为处在哪个方格之中,给自己提出如何向 9-9 型方向努力的方法,并提出改进工作的措施。

3. 社会学派

该学派是在 20 世纪 30 年代初形成的。在美国西方电器公司霍桑工厂所进行的著名的霍桑实验,就是形成这一学派的先声。这一学派把管理工作看成一个社会体系,更确切地说是看成一个文化关系体系。该学派主张管理应着重研究人,研究人的工作环境及人与人之间的关系。

此外,还有社会技术系统学派、决策理论学派、管理科学学派、系统管理学派、权变管理学派、经济分析和会计学派以及管理过程学派等。

三、企业行政管理理论发展趋势

1. 从经验决策走向科学决策

所谓经验决策是指依靠决策者个人的阅历、经验和直觉判断所进行的决策。它具有感知的直观性、认识的表象性、观察的局部性和分析的非定量性等特点。这种决策对于现代企业具有较大的局限性。科学决策是指决策者按照科学的决策程序,依靠专家,运用科学的方法和先进的技术手段,对各种决策方案进行分析、比对,从中选择相对最优方案的过程。现代企业之所以要求进行科学决策,主要是因为现代企业与传统企业相比,其经营活动的规模越来越大,经营方式也发生了巨大变化。社会和经济活动变化幅度越大,建设速度越来越快,影响现代企业经营活动的外界因素的错综性和交叉性越来越明显,牵一发而动全身,会引起连锁反应。现代企业领导者面对这些复杂的情况,必须依靠专家进行集体的科学决策,才有可能取得成功。

2. 从为生产管理服务走向为战略经营服务

企业经营是指企业为了实现商品价值并取得经济效益而进行的全部经济活动,是企业生产、产品开发、市场营销等企业管理各个方面的总和。经营比管理的范围要广泛得多,管理不包括经营,而经营包括管理。企业战略是指企业在把握环境变化趋势和对自身各种能力与条件进行充分分析的基础上,确立正确的战略经营思想,进行科学的战略决策,制定企业发展的方针、目标、措施、产品结构与方向等,实现企业环境、企业能力与企业经营目标的动态平衡和统一,谋取良好的经济效益。企业战略具有目的性、对抗性、系统性、风险性和特殊性的特点。

现代企业行政管理从为生产管理服务走向为战略经营服务,这是现代经济发展的大势所趋,现代科技正以空前的速度发展,现代企业之间竞争日趋激烈,经济体制改革日益深入,使企业对外部环境的依赖程度比以往任何时候都要大。因此,企业的主要精力必须依赖对所处的战略环境的分析和判断,以便做出正确的战略决策。在战略决策失误的情况下,内部各种专项管理越成功,造成的损失可能越大。因此,现代成功的企业都把生产管理置于战略经营这个总体之下,并服从于战略经营的需要。这是现代企业经营的一个重要特点。

3. 从传统管理走向现代管理

1) 走向现代管理的背景

随着现代企业组织规模向超大型集团企业和微型企业的两极演变,现代企业从传统技术向高技术转化,从传统管理向信息化、智慧化管理方向转化,企业的经营环境日益复杂,经营信息总量急剧增长,传统的企业行政管理已不能适应现代企业发展的需要,面临着许多新的挑战。现代企业行政管理较之传统管理有了较大发展,出现了许多新特点、新趋势。

2) 走向现代管理的表现

(1) 管理重心从物到人。从传统管理走向现代管理的一个重要标志,就是认识人在管理中的地位和作用。科技越进步,企业越发展,人在管理中的地位越重要、作用越大。成功企业的管理都是真正面向人、重视人的管理,这已形成一种共同的发展趋势。

(2) 管理权力从集中到分散。现代社会是信息社会,信息社会是分散的社会,受之影响,现代企业管理也正在走向分散。分散主要表现为集中经营、分散管理,管理结构扁平化,裁减中层人员,消除文牍主义,发挥基层主动性等。

(3) 管理组织从金字塔型到大森林型。金字塔型是指企业管理组织从结构上层层向上,逐渐缩小,权力逐级扩大,形成严格的纵向等级制度。大森林型是指组织机构扁平化,管理层次减少,且处于同一层次的管理机构之间相互平等、联系密切,形成横向体系。其特征包括:分厂制代替总厂制,分层决策制代替集中决策制,产品事业部制代替职能事业部制,分散的利润中心制代替集中利润制,项目团队代替科层制作业组织,信息化、网络化、虚拟化管理代替现场管理,研究开发人员的平等制代替森严的等级制,等等。

(4) 管理手段从刚到柔。"刚"是指运用权力,按照程序,强行进行控制。"柔"是指采用灵活的手段,重视软件资源管理,在和谐的气氛中实现管理目标。"柔"主要表现为:从刚性组织到柔性组织,从硬性销售到柔性销售,管理目标从追求数量到追求质量,从重视设备能力利用到重视人的能力开发,从强调物质技术投入到重视感情投资,从重视实物管理到重视视觉标志管理等。

4. 从注重利润走向注重企业文化

1) 现代企业文化的含义

所谓现代企业文化,具体是指一个企业在长期发展过程中,内部全体职工的各种力量统一于共同方向上所形成的某种文化观念、行为方式、价值准则、道德规范等,是增强企业职工内聚力、向心力和持久力的意识形态的总和。企业文化随着现代社会经济文化的发展和现代企业的发展而不断发展。这主要表现在企业文化内容上的扩展,把许多新的制约企业发展的文化观念都纳入文化的范围;同时也表现在企业对企业文化的追求越来越走向社会,从企业与外界环境的各个方面来努力,建立自己独特的企业文化。

2) 追求企业文化的表现

(1) 努力追求企业整体形象。企业形象是指社会大众和企业职工对企业的整体评价,它是无形而十分宝贵的"资源"和"财富"。企业形象包括管理者的仪表装束、公司总部大楼的设计建造、产品及服务质量、企业外在标志的标准化、企业经营管理方式、企业创新程度、企业财务状况、企业承担的社会责任等。

（2）越来越追求企业信誉。信誉至上是现代企业经营成功的第一要则。企业信誉主要包括产品质量信誉、经营作风信誉、企业服务信誉等。企业信誉具有广泛的功能，对商品价值的实现具有重要作用。现代企业一般都非常重视提高产品质量、树立良好的经营作风，并加强信誉管理。一旦信誉受损，应及时采取措施维护、挽回信誉。

（3）充分利用公共关系。这已成为企业提高知名度，争取外界的信任和支持，建立良好的企业形象和企业信誉的重要方式。现代企业主要是通过与顾客、经销商、新闻界和官方搞好关系来充分利用公共关系。

（4）对卓越成就的新追求。现代企业价值观念的变化使企业行为也发生相应变化，产生对人才、冒险、快节奏、高效益，特别是对战略经营的新追求。

本章小结

本章对企业行政管理的基本知识进行了初步介绍。企业行政管理是指依靠企业行政组织、按照行政渠道管理企业的一系列措施和方案。它具有权威性、及时性、纵向性、稀缺性等性质。非独立自主，注重内容和实质，与企业的经济效益有关，管理灵活，以及服务色彩明显等是它的特点。企业行政管理在企业中发挥着重要的作用，它行使着信息收集、组织沟通、统筹协调、检查监控和决策计划等五项重要的职能。本章还系统地介绍了企业行政管理的内容，对各项工作进行了简要的概括，并理清企业行政管理思想的发展脉络，指出了它对实践的指导意义。

本章练习

一、判断题

1. 企业行政管理就是企业管理。 （   ）

2. 企业行政管理与政府行政管理没有区别。 （   ）

3. 企业行政管理主要是横向的。 （   ）

4. 企业行政管理与企业经济效益有关。 （   ）

5. 政府行政管理比企业行政管理灵活。 （   ）

6. 企业行政管理只要保证每个员工各司其职即可。 （   ）

7. 创新不属于企业行政管理的范畴。 （   ）

8. 马修·博尔顿被称为"人事管理之父"。 （   ）

9. 需要层次理论是由马斯洛提出来的。 （   ）

10. 科学管理思想最早出现于资本主义由自由竞争到垄断竞争的转变时期。（   ）

二、单项选择题

1. 企业行政管理的根本目的在于（   ）。

    A. 统筹协调   B. 上下沟通

    C. 保证和保障企业总体目标的实现   D. 收集信息

2. 企业行政管理与政府行政管理在以下哪一方面不同？（　　）

    A. 管理纵向性   B. 管理权威性

    C. 需要统筹协调   D. 内容和实质

3. 被称为"科学管理之父"的管理学家是以下哪一位？（　　）

    A. 罗伯特·欧文   B. 泰罗

    C. 巴斯   D. 马斯洛

4. 马斯洛需要层次理论中排在最低等级的是（　　）。

    A. 生理上的需要   B. 感情和归属上的需要

    C. 地位和受人尊敬的需要   D. 自我实现的需要

5. 以下哪一项不属于企业行政管理理论的实践指导意义？（　　）

    A. 能够使企业更好地适应形势发展的需要

    B. 能够促使企业职工提升自身素质

    C. 能够保证企业平稳、有序地健康发展

    D. 能够增强企业的核心竞争力

三、多项选择题

1. 企业行政管理有（　　）。

    A. 权威性   B. 直接性

    C. 指令性   D. 稀缺性

    E. 强制性

2. 以下（　　）属于企业行政管理的特点。

    A. 对经营目标实现的保证性   B. 管理方式、手段的实效性

    C. 管理工作效益的可检测性   D. 管理理念、管理模式和方法的改进性

    E. 工作内容的保障服务性

3. 企业行政管理的职能包括（　　）。

    A. 信息收集职能   B. 组织沟通职能

    C. 统筹协调职能   D. 检查监控职能

    E. 决策计划职能

4. 企业行政管理的理论来源于（　　）。

    A. 企业管理理论   B. 行政管理理论

    C. 企业生产经营理论   D. 人力资源管理理论

    E. 公共选择理念

5. 企业行政管理工作包括（　　）。

    A. 计划工作   B. 组织工作

    C. 指挥工作   D. 控制工作

    E. 考核工作

四、问答题

1. 谈谈你对企业行政管理工作中创新的理解。

2. 简述马斯洛对人的需要的划分。

3. 简述企业行政管理工作的内容。

4. 简述企业行政管理的职能。

五、案例分析题

谁说大国企不能创新？——国家电网"中国式"创新领跑世界

国家电网经过近20年的努力，实现了从高速度发展到高质量发展、从"中国制造"到"中国创造"、从"中国产品"到"中国品牌"的转变。凭借强悍的电力技术，业务不仅遍布国内，在国外，比如巴西、意大利、澳大利亚、葡萄牙、埃及、伊朗等国家的电网都是由国家电网在运营。因此，国家电网不仅是中国的，也是世界的。

国家电网近20年来，与高校联合创新技术攻关，共创造了12项世界第一，专利拥有量连续10年在央企排名中位列第一，成为具有行业引领力和国际影响力的创新型企业，实现了由跟跑向并跑到领跑的跨越式发展。

国家电网如何进行创新，成功实现领跑呢？陈劲、刘海兵在《打造世界一流创新企业》一书中，总结出国家电网的创新主要得益于以下五大举措。

第一，在技术及设备受制于外的情况下，国家电网实施了高瞻远瞩的自主创新战略，走出了一条具有中国特色的科技创新之路。

第二，国家电网建立了高效协同的创新组织结构，构建了层次清晰、职能明确的"直属科研＋省级电力＋基层力量"三级创新体系。同时，国家电网设立了海外研究院，构建了与外部科技力量的创新协同机制，以获取国际前瞻性技术研发的相应资源。

第三，为了持续提升科技创新能力，国家电网坚持创新资源的持续投入并实施高效整合，建立了以创新型科技领军人才为主导的强大研发团队，形成了"国家级＋公司级＋各单位级"三级体系实验资源。

第四，实行了高效的科技创新激励及成果转化机制，实施了科学的创新人才引进、培养及发展管理机制，包括创新人才的发展通道设置、创新人才的序列管理设置和创新人才的引进与培养等。

第五，国家电网积极拓宽创新网络，大力推动能源互联网建设，推动"产、学、研、用、维"一体化，与国内多家高校、科研院所、制造厂商及各地方政府展开多层次的战略合作，加快能源互联网新业态商业模式落地，形成了开放互动的合作创新网络。

（资料来源：曹伟涛，微信公众号"企业管理杂志"2022年6月19日，有删改。）

根据上面案例，解答以下问题（单项选择）

1. 国家电网实现了由"中国制造"到（　　）的转变。

　　A. 中国生产　　　　　　　　　　B. 中国创造

　　C. 中国创新　　　　　　　　　　D. 中国品牌

2. 在技术及设备受制于外的情况下，国家电网实施了高瞻远瞩的（　　）战略，走出了一条具有中国特色的科技创新之路。

　　A. 自主创新　　　　　　　　　　B. 以市场换技术

　　C. 引进吸收消化　　　　　　　　D. 外派研修生

3. 国家电网设立了(　　),构建了与外部科技力量的创新协同机制,以获取国际前瞻性技术研发的相应资源。

  A.直属科研   B.省级电力

  C.基层力量   D.海外研究院

4. 国家电网的科学的创新人才引进、培养及发展管理机制,不包括(　　)。

  A.改革创新人才的发展通道设置 B.创新科研经费使用监管

  C.创新人才的序列管理设置   D.创新人才的引进与培养

5. 国家电网公司的创新发展体现了(　　)的极端重要性。

  A.理念创新   B.组织与制度创新

  C.科技创新   D.文化创新

第二章 企业行政管理原理和方法

学习目标

通过本章学习,应了解企业行政管理的八大原理;了解企业行政管理应遵循的六大原则;掌握企业行政管理的基本方法;学会运用这些企业行政管理方法解决企业行政管理工作中的问题。

案例引导

任正非:成就员工就是最好的人性管理

管理管什么呢?说到底就是激发和控制人的欲望。一家企业管理的成与败、好与坏,背后所展示的逻辑,都是人性的逻辑、欲望的逻辑。

任正非曾说:"我们经常听到一种说法,叫无欲则刚。我想这个说法,第一,违背了人性;第二,无欲者很难做到所谓刚强、有力量。欲望其实是中性的,很大程度上,欲望是企业、组织、社会进步的一种动力。欲望的激发和控制,构成了一部华为的发展史。"

任正非认为,从心理学的角度分析,知识型劳动者的欲望可以被分为五个层面:物质的饥饿感、安全感、成长的愿望与野心、成就感、使命主义。

欲望的第一层面:物质的饥饿感

对物质的饥饿感是人的本能,是驱动人拼搏进取的原动力。正是有了这种为了活下来、为了活得更好、为了物质上更自由的原始动力,人们的斗志才得以激发。人们如果没有欲望,就会失去奋斗心。

任正非认为,作为一个企业的领导者,其最基本的使命就是要为员工创造幸福生活。

任正非从不忌讳与员工谈钱:"我希望我的员工有挣大钱的企图和愿望,能够对钱产生饥饿感,我们要培养他们对奖金的渴望、晋级的渴望、成功的渴望。"他直白地表现出对金钱的渴望:"华为之所以要艰苦奋斗,就是为了挣更多的钱,让员工分到更多的钱,让员工及其家人过上高品质的生活。"在不违背公司原则的基础上,让员工多拿工资和奖金,这对员工才是最基本、最现实的。

华为激励制度的设计充分遵循了这一规律。饥饿感构建了基层员工的奋斗精神。舍此,任何的高调宣传都是苍白的。因此,任正非深悉"己所欲,人之所欲"这个人性常识,并且乐于和善于驾驭人性、顺应人性、满足人性,让大家一起把"饼"做大,再一起分"饼"。"饼"分好了,管理的一大半问题就解决了。

欲望的第二层面:安全感

华为拥有充满危机意识的优秀管理者,正是这些管理者带领大家抱团取暖,共同面对充满风险、未知、恐惧的世界,才有了华为的"胜则举杯相庆、败则拼死相救"的团体奋斗文化。所以,在华为哪怕企业有严苛的管理制度,员工明明知道如果做不好就会被淘汰,但员工的职业安全感还是油然而生。

任正非认为,安全感是由员工奋斗出来的。公司要逼员工变得强大,逼他们成长,公司和员工才会有未来,员工才有真正的安全感。如果真的爱你的员工,就考核他,严格要求他,逼迫他成长;如果你碍于情面,用低目标、低要求,养一群"小绵羊""老油条",这是领导对员工前途最大的伤害,这才是最不安全的做法,因为这只会助长员工的贪婪、无知和懒惰。如果一个企业里缺乏正气,缺乏正直的人,缺乏做实事的氛围,缺乏能包容变革的氛围,这个企业的员工就不会有安全感。企业需要营造积极向上的良好氛围,这样员工才会产生安全感,才能始终如一地保持激情,坚持奋斗,努力创造价值。

欲望的第三层面:成长的愿望与野心

华为员工大多是受过高等教育的知识分子,智商较高。有观点认为,大部分智商较高的人,其领袖欲望较强、野心较大。怎么把这些要出人头地、要做领袖、想拥有权力的人凝聚在一起?公司的价值创造、价值评价和价值分配体系至关重要。当这些人的权力,跟他们的欲望、野心相称时,他们自然愿意在这样一个平台去发挥才能和智慧。

任正非认为,组织说到底就是要张扬队伍中每个人的雄心,同时又要遏制过度的野心。张扬雄心、遏制野心是管理者每时每刻都要面对的问题。雄心代表着进取心,而没有欲望就没有雄心,一个万念俱灰的人你能指望他去做什么事?但过度的欲望、雄心往往又会膨胀为野心。雄心是欲望的张扬,野心是欲望的泛滥。管理的重要职责之一就是对欲望的引导和克制。张扬雄心、遏制野心,这是任正非管理的灰度。管理者既要给人才一个施展才华的地方,又要给人才一个不越雷池的机制。而且随着时间的推移、人才的成长,对这个人的职位还要进行调整——要么上升,要么降级,既要保证不浪费人才,又要实行统筹安排,让最合适的人才在最恰当的岗位上奋斗。任正非的高明之处在于给员工制造饥饿感,"长"他们的欲望;然后创造条件,引导、满足他们的欲望,从而激发他们无穷的力量。

欲望的第四层面:成就感

40多岁才开始创业的任正非对人性有深刻的洞察,于是,个体对财富自由度、权欲、成就感等的多样化诉求,构成了华为管理哲学的底层架构。员工努力工作,目的是升职加薪,获得荣耀和成就感。没有利益作为载体,既不牢固,也难以长久。

每个人都希望被别人赞赏和理解，都希望自己的努力和贡献得到认可。得不到足够认可的员工，会变得郁闷和消极。对于管理者，认可和赞美是最便捷、最有效的激励方式。

华为能成为一个"现象级企业"的根本原因只有两个字——共享，共享公司发展的成果，同时也分享安全感，分享权力，分享成就感。任正非说："老板把钱分好、把权分好、把名分好，这是相当重要的。"在华为众多员工中，有90％以上毕业于国内外一流大学，有1万多名博士，有上千位科学家。他们当然有强烈的财富饥渴感，希望通过自己的努力赚更多的钱，这一点毋庸置疑。因此，华为从创立之初就探索一种劳动者普遍持股的制度，实行全员持股。在华为，唯有直接或者间接、重大或者微小的围绕客户和组织做贡献的劳动，才是华为所倡导和认可的，这样的劳动者才是合格的奋斗者，才能够获得与贡献相匹配的财富、权力和成就感。这样一种简单、一元的价值创造、价值评价和价值分配的激励机制，是华为凝聚众多知识型员工的根本所在。

欲望的第五层面：使命主义

企业之间的竞争，从根本上说，就是管理的竞争。企业的竞争力源于干部的责任感和使命感。因为，有责任感和使命感的人双眼熠熠生辉，从不缺乏内在的激情与活力。华为人的责任与使命就是践行、传承企业文化和价值观，以企业文化和价值观为核心，管理价值创造、价值评估和价值分配，带领团队持续为客户创造价值，实现公司商业成功和长期生存。同时，一旦管理干部掌握并践行核心价值观，则利于综合平衡，利于层层执行，利于流程化的组织架构和规范化的操作规程的推进和完善；利于人力资源管理纲要、业务管理纲要、财经管理纲要的推行和完善；利于形成"以文化为基础的自觉的综合推进系统"；利于形成"静水潜流的基于客户导向的高绩效企业文化"。

很多公司的管理者认为价值观是虚无缥缈、可有可无的，远远没有利润、目标、销售额等这些内容来得实在。而在任正非的逻辑中，价值观是非常重要的，因为仅仅依赖于"物质共同体"，一个组织很容易分崩离析。企业作为一个整体，"一同努力的源，是企业的价值观"，"公司要保持高度的团结和统一，靠的是共同的价值观"。为此，任正非要求，"高层要有使命感，中层要有危机感，基层要有饥饿感"。什么是使命感？其实就是你无论如何都想实现的价值，无论如何也要承担的责任。任正非指出，管理者的基本职责是依据公司的宗旨主动和负责地开展工作，使公司富有前途，工作富有成效，员工富有成就。管理者履行这三项基本职责的程度，决定了他的权威被下属接受的程度。

通过对任正非的欲望管理理论的分析，我们不难发现这五个层面正是对应着马斯洛需求层次理论的五个层面，人的需求从低到高、按层次分为五种，分别是：生理需求、安全需求、社交需求、尊重需求和自我实现需求。这也是每个人在社会上成长和进步的一个缩影。所以任正非抓住了人的每个阶段成长的欲望，也就抓住了企业管理的本质内容。

历史上的每一个成功者都是充满欲望的，没有强烈的欲望也必然不会达到目标。而"无欲则刚"只是圣人或者统治者对世人的教化而已。欲望的力量是很大的,它能够激发人的斗志,扫清成功路上的障碍,使人不断超越自我,实现从优秀到卓越。

（资料来源：余胜海,《任正非：成就员工就是最好的人性管理》,https://www.sohu.com/a/479061231_475956,有删改）

【启示】

任正非从马斯洛需求层次理论出发,结合华为管理实际,将知识型劳动者的欲望分为物质的饥饿感、安全感、成长的愿望与野心、成就感、使命主义等五个层面,形成了独特的以成就员工来实现人性管理的华为知识型员工管理哲学。不但灵活运用了马斯洛需求层次理论,也充分体现了人本管理原理,使华为的人力资源开发效用发挥到极致。在激发合理欲望的基础上,一步步实现个人价值,保证实现使公司富有前途、工作富有成效、员工富有成就的目标。

第一节　企业行政管理原理

原理是指某种客观事物的实质及其运动的基本规律或道理。管理原理是对管理工作的实质内容进行分析总结而形成的道理,是现实管理现象的一种抽象,是大量管理实践经验的升华,是对各项管理制度和管理方法的高度综合和概括。因此它对于做好管理工作有着普遍的意义。随着人类经济活动范围的广度和深度的不断拓展,管理实践活动越来越丰富,要解决的问题也越来越多、越来越复杂。在人类解决管理活动新问题的过程中往往又孕育出新的问题,即使解决同一问题也因组织内外环境的不断变化而需要进行无止境的探索。在这种情况下,只有掌握了其中的基本规律和原理,才能应对各种纷繁复杂的局面,提高管理工作的科学性,并有助于建立科学的管理制度和方式方法。

一、系统管理原理

管理的系统原理是指管理者要实现对企业的有效管理,就必须把管理对象当作一个系统,并按照系统论的要求,对管理对象的各要素进行系统分析、整体优化和统筹整合,并通过对管理效果及环境变化的观察及时调整和控制系统的运行,最终实现管理目标。系统论是管理的系统原理的理论基础,管理的系统原理来源于系统理论。系统原理应用于管理实践中,主要应遵循以下原则。

1. 整分合原则

按照系统原理,任何管理组织都是一个由相互联系的各要素、子系统构成的有机整体。所谓整分合原则,是指任何管理工作都必须在整体规划下有明确分工,而在分工的基础上又讲究综合协调。

整分合原则的前提是系统的整体观念。任何管理活动,如不充分了解系统整体及其运动规律,分工必然是混乱而盲目的。整分合原则的过程当然是分工协作。分工也是关键,没有分工的整体只是混沌的原始状态,构成不了当代有序的系统。

整分合原则的应用就是从整体角度设计组织系统的结构功能,明确系统的总体目标,然后再将总目标进行层层分解,按职责加以分工,落实到部门、岗位及具体的个人,为实现组织目标提供可靠保证。

2．相对封闭原则

相对封闭原则是指任一系统内的管理职能、管理手段都必须构成一个连续封闭的回路,才能形成具有自适应和自循环特征的动态有效管理,确保组织目标的实现。

管理封闭原则要求管理系统的职能机构分解为决策机构、执行机构、监督机构和反馈机构。在这样的管理系统中,由决策机构首先发出工作指令,通过执行机构来贯彻落实,监督机构监督指令执行情况,将指令执行效果传输给反馈机构,反馈机构对信息进行处理,比较执行效果与指令目标的差距后,再反馈给决策机构;决策机构根据反馈信息情况进行调整,发出新的指令。这便形成了管理相对封闭的回路。在应用相对封闭原则时,应着重注意以下几个方面。

（1）对管理结果的评估是应用相对封闭原则的基础。

（2）要善于解决主要矛盾。

（3）采取两类基本的封闭方法:①从管理结果找出管理手段各环节中存在的问题的原因并加以封闭;②直接针对管理结果采取措施加以封闭。

二、动态管理原理

管理动态原理认为:由于管理的对象所处的是一个变化的环境,整个管理系统自然也处于发展变化之中;以计划为起点,经过组织、指挥、控制,以实现组织目标为宗旨的管理过程,始终处于连续不断、无休止的运动状态,推动着管理活动的循环与前进。应用管理动态原理必须遵循以下两个基本原则。

1．弹性原则

弹性原则认为:只有管理保持充分的弹性,及时适应客观事物各种可能的变化,才能最终实现管理目标。管理所面临的问题往往是多因素的,并且有很大的不确定性,管理者不可能也没必要将所有的变化因素都弄得一清二楚。这时,对企业的管理保持弹性、留有余地就显得十分必要。因此,遵循弹性原则是管理活动的客观要求。

管理弹性在一般情况下可分为两类:一是局部弹性,是指任何管理必须在一系列管理环节中保持可以调节的弹性,特别是关键环节更要注意保持足够的余地;二是整体弹性,是指整个管理系统所具有的能适应环境变化的应变能力和可塑性。整体弹性从一个侧面反映了管理系统的整体素质及各方面的协调性。

在实际应用弹性原则时,应注意严格区分消极弹性与积极弹性。消极弹性的基本特点是把留有余地当作遇事"留一手";而积极弹性则不是遇事"留一手",而是遇事"多一手",充分发挥人的聪明才智。进行科学判断,不仅在关键环节保持可调节性,而且由于事先准备了多种可供选择的预案,从而可以大大改善管理过程,有利于管理目标的实现。

2．反馈原则

反馈是控制论的一个基本概念，意思是指把信息输送出去，再把其作用的结果传送回来，并根据传送回来的结果对信息的再输出产生影响，从而起到控制的作用。

反馈原则是指面对不断变化的客观环境，调整管理措施，使之向预期的目标发展。必须具备完善、高效的信息反馈机制，以便采取相应的变革措施，将问题和矛盾消灭在萌芽状态。

反馈原则实施的关键是反馈的信息要灵敏、准确和有力。"灵敏"要求必须有敏锐的感受器，以便及时发现管理与客观实际之间的矛盾和变化的信息。"准确"要求必须有高效的分析系统，以过滤和加工感受到的各种信息。"有力"是指把经过加工后的信息变为决策机构强有力的行动，以指导管理运行，使之更符合实际情况。

反馈机制使决策机构和执行之间实现了互动，并形成了一个循环回路，使得管理活动沿着决策—执行—反馈—修正—再决策的路线，循环往复，呈螺旋式上升。管理活动因此不断得到提升和完善。

三、虚拟管理原理

互联网时代，创造了以网络为基础条件的虚拟管理全新概念。虚拟管理体现在以下两个层面。

1．企业经营虚拟管理

这是一种运用管理与虚拟经营转变传统商务的经营方式。企业网络虚拟经营方式，是不以实物化生产的经营方式，是以品牌、商标、信誉、技术、网络等现代知识经济为特征的新的经营模式。其特点主要有：利用他人生产，将制造产品的负担转移给更专业化的企业，自己则集中力量专司技术与市场攻关；利用他人销售，通过代理销售与特许经营，不断扩大企业与品牌的市场空间；利用他人开发，将企业的未来和前瞻性技术委托给专门的科技部门研制，保持企业在市场竞争中高新技术制高点地位，等等。通过虚拟经营管理，建立广泛的生产、技术、经营联盟，实现共同开发市场、分享市场利益。

虚拟企业，是指在供应链不同环节上，分别具有核心能力的独立厂商，为更好地满足市场需求，以契约合作方式，通过信息化网络平台进行职能分工，以统一的品牌向市场提供产品或服务而形成的动态企业联合体。虚拟企业的核心问题是：虚拟企业合作伙伴的选择和构建、虚拟企业的知识管理、虚拟企业的利益分配机制、虚拟企业的风险识别与处理机制。

虚拟企业与实体企业的不同之处在于：实体企业品牌的拥有者和产品的生产者是合一的；但虚拟企业品牌的拥有者是盟主，而它把产品生产制造的整个环节分包给供应链上不同的盟员来进行合作。所以虚拟企业首先是指职能虚拟，它是一个动态的企业联合体；然后，在虚拟企业里面，它的合作方式和工具是通过信息化的网络平台来进行合作。

采取这种虚拟管理的企业把产品交给国外企业来制造，把产品销售则交给加盟企业的各地分销商，自己将全部精力用于产品设计与市场开拓，发挥了各自的优势，实现了资源整合，降低了生产与经营成本，实现了多方共赢，促进了相关企业的快速发展。

2. 利用网络开展远程办公的虚拟管理

由于网络是一个包容多种文化的虚拟世界，它打破了时空的距离，提供了一个没有种族歧视或偏见的另类空间，改变了人类生活和交流方式。网络使权力的概念在企业中逐步淡化，人们将会彼此尊重对方在各自专业领域的专业或权力，以团队合作、组织虚拟化的方式来克服传统的权力阶层式障碍。造成一种相对独立、自由的工作方式及氛围，实现"自我管理"。于是一些企业开始尝试基于网络的"虚拟管理"方式，利用先进的网络通信技术超越物理空间的限制，使分布在不同地理位置的企业员工在家通过网络进行相对自由、独立的远程虚拟办公；实行体现灵活性、创造性的弹性管理方法（自由时间制、弹性工作地点和职业共享等），以保证员工在最短时间内发挥最佳的创造效能和工作效能等。

无疑，虚拟管理将使创造的基本单位由企业阶层组织转移到连成网络的个人身上，旧式企业将转变成多变动的分子结构。企业虚拟管理带来了工作效能的提高，但同时可能会丧失一些只有在日常（面对面）接触中才能产生的相互激励的力量，使人们彼此更加疏远。同时，因为网络的匿名性、自由存取性，增加了企业和个人互相信赖和信任的难度，所以认证的需求与建立值得信赖的关系将是企业虚拟管理存在的重要问题，也是虚拟社群所要具备的必要条件。

企业管理者应对虚拟管理中存在的问题予以高度的警惕和注意，并采取一些必要的措施，如高层管理人的虚拟介入、进行"全方位"的交流、提供科学的家庭办公条件、鼓励员工面对面在线接触、消除远离公司的感觉等，以促使企业的虚拟管理更有效地运行。

四、柔性管理原理

所谓柔性管理，究其本质，是一种以人为中心的人性化管理，它在研究人的心理和行为规律的基础上，采用非强制性方式，在人的心目中产生一种潜在的说服力，从而把组织意志转变为个人的自觉行动。柔性管理的最大特点在于它主要不是依靠组织的影响力，如上级命令、成文的规章制度等，而是依靠人的心理过程，依赖于从每个员工内心激发的主动性、内在潜力及创造精神，因此具有明显的内在驱动性，而且只有当组织规范化为员工的自觉认识、组织目标转变为员工的自发行动时，这种内在驱动力、自我约束力才会产生。

柔性管理的优点：①可满足员工的工作动机，增强员工的主人翁意识和责任感，使其不仅努力提高自己的工作标准，而且愿意挖掘潜能，发挥天赋，做出超常的工作成就；②有利于组织内部形成集体主义和相互协作的精神，形成自我管理、自控自律的习惯，有利于对员工行为形成一种防患于未然的机制。

柔性管理适应的对象是从事创造性活动的高素质员工。创造性活动往往是一个探索的过程，其间充满了不确定性和偶然性，并且智力活动本身难以直接计量，所以创造性活动亦难以量化。倘若硬性地将创造性活动量化并以此作为奖酬依据，势必会挫伤员工的积极性、创造性，从而抑制其潜能的发挥。

五、权变管理原理

所谓权变,就是因事制宜、因人制宜、因势制宜,根据条件变化随机应变。权变管理则是指管理者根据组织的内部条件和外部环境来确定其管理思想和管理方法,以实现有效管理。

应用权变管理原理的思路主要体现在以上两个方面。①体现在组织管理方面,权变管理主要研究组织与其环境之间的相互关系和各分系统内与各分系统之间的相互关系,以及确定关系模式即各变量的形态,最终目的在于选择最适宜于具体情况的组织设计和管理行为。②体现在领导方式方面,权变管理认为不存在着一种普遍适用的"最好的"或"不好的"领导方式,一切视组织的任务、个人与团体行为的特点以及领导者与职工的关系而定。

权变管理的最主要的特征是灵活性和适应性。人们在实践中经常发现,一种管理思想或方法在某个环境下是有效的,而在另一个环境中并不一定是有效的,甚至会带来较大的负面作用。从某种意义上讲,管理的成效取决于组织管理者对环境以及与管理对象之间的适应性。因此,管理者必须树立权变观念,从思想上明确管理的环境、对象和目的都可能在发展变化。只有这样,才能促使管理者在管理过程中因情而异、权变定夺。例如,权变管理可以帮助管理者提出适用于某些环境和技术条件的组织设计方案,可以帮助管理者确定适宜的领导风格以及实行组织变革和改良的最切实的方法,等等。虽然权变观念并不能为管理一切组织提供通用的管理原则,但是可以为在具体情况下的组织诊断和管理行动提供指导方针。因此,管理者有意识地训练和提高权变控制能力,增强权变意识,尽可能考虑到各种有关的变动因素,并以此来决定采取什么样的管理方式,这对组织的长远发展是大有裨益的。

六、人本管理原理

人本原理的核心是:一切管理都以人为根本、以人为中心,对企业中的人应当关爱、尊重,而不是仅仅将他们看作一种生产要素或资源。从严格意义上讲,以人为本的"本"实际上是一种哲学意义上的"本位""根本""目的""中心",它是一种从哲学意义上产生的对组织管理本质的新认识。因此,人本管理在本质上是以促进人自身的自由、全面发展为根本目的的管理理念与管理模式。而人自身的自由、全面发展的核心内容是个体心理目标结构的发展与个性的完善。人本原理的实施应遵循以下原则。

1. 职工主体原则

劳动是企业经营的基本要素之一,人们对提供劳动服务的劳动者在企业生产经营中的作用是逐步认识的。这个认识过程,在经历了要素研究阶段、行为研究阶段之后,人们通过对成功企业的经验剖析,进一步认识到职工在企业生产经营活动中的重要作用,逐渐形成了以人为中心的管理思想。中国管理学家蒋一苇在 20 世纪 80 年代末发表了论文《职工主体论》,明确提出"职工是社会主义企业的主体"的观点。职工主体论是人本管理理论的主要理论之一,其主要内容有:①重视人在企业中的地位和作用,把人作为管理活动的核心;②对人的本质和心理活动进行重新认识;③采取有效的制度设计和企业管理活动来最大限度地调动职工的积极性、主动性和创造性。从而把对职工在企业中地位和作用的认识提到了一个新的高度。根据这一观点，职工是企业的主体，而非客体；企业管理既是对人的管理，也是为人的管理，职工参与是有效管理的关键。

2. 人的全面发展原则

现代管理的核心是使人得到最全面的发展。面对千差万别的个人，一个成功的管理者最根本的使命是引导和促进人的发展。事实上，任何管理者都会在管理过程中影响下属的发展。同时，管理者行为本身又是管理者人格的反映。只有管理者的思想达到比较完美的境界，才能使企业职工得到全面的发展。

3. 服务于人原则

为社会提供某种（项）物质产品或劳务，是企业社会存在的主要理由。用户是企业存在的社会土壤，是企业利润的来源。企业行政管理的人本原理，此处的"人"，不仅包括企业内部的人，而且包括存在于企业外部的、企业通过提供产品或劳务为之服务的用户。

七、激励原理

激励是一种有效的现代领导方法，它具有其他领导方法不可取代的作用和相对独特的内容。激励是激发和鼓励人的动机和行为的一种方法。激励利用某种外部诱因调动人的积极性和创造性。具体而言，激励就是使外部的刺激内化为个人的自觉行动的过程。它是调动人的积极性或内在动力的一种手段，对被激励者来说是一个心理过程。

美国哈佛大学的维康·詹姆士通过实验发现：在按时计酬的条件下，一个人若没有受到激励，则仅能发挥其能力的 10％～30％；如果受到正确而充分的激励，则能发挥其能力的 80％～90％，甚至更多。

行为科学认为，一个人的工作成绩不仅与其能力成正比，而且与其动机的激发程度成正比，即工作成绩＝能力×动机的激发程度。

激励原理的应用方法包括以下几点。

1. 目标激励

目标激励是指以目标为诱因，通过设置适当的目标，激发动机，调动员工的积极性。采用目标激励，领导者应设置能将个人目标和整体目标联结在一起的目标链，鼓励并创造条件帮助员工完成自己的个人目标，进而实现组织目标。一方面，员工能从工作中享受到一种满足感，达到工作和人性的和谐、统一；另一方面，员工能认识到个人目标和组织目标之间"一荣俱荣、一损俱损"的依存关系，更进一步激发其强烈的归属感和劳动热情。

2. 强化激励

强化激励是指通过外部刺激来影响人的心理和行为。一方面，运用表扬、赏识、奖励、加薪、提升、改善工作条件和人际关系等正强化手段从正面教育、鼓舞、激励员工，产生一种强大的牵引力；另一方面，运用批评、惩罚等负强化手段从侧面督促、鞭策员工努力上进，产生一种强大的驱动力。

3. 榜样激励

榜样激励是指在企业中树立先进模范人物和标兵形象,以他们作为全员学习的楷模,对员工产生示范效应,激励员工在行动上向他们看齐。正所谓榜样的力量是无穷的,"喊破嗓子,不如做出样子"。员工对榜样人物是从心里敬佩、信服的。中国企业非常重视榜样的作用,劳动模范、技术能手、先进标兵、时代先锋、巾帼英雄、三八红旗手等,无不成为学习的好榜样,他们的事迹和形象影响、激励了千千万万企业员工奋发向上、努力工作。

4. 参与激励

参与激励是指尊重、信任员工,让员工充分发表关于企业日常生产经营管理及解决企业现存问题的观点建议,形成员工对企业的归属感、认同感并满足员工获得尊重和自我实现的需要。让员工参与管理不仅可以调动员工的积极性、创造性,激励员工积极贯彻实施自己了解或参与制定的管理决策,而且会提高企业的管理决策水平,"集合众智则无往而不利",使企业在群策群力中得到进一步发展。

5. 组织活动激励

组织活动激励是指通过开展各种评比、竞赛活动及业余文化、体育、社交、公众活动等,提高员工工作技能、工作热情,丰富人们的精神生活,加深对企业文化的理解,增进员工之间的相互了解,从而进一步增强企业的凝聚力和员工对企业的向心力,激发员工对企业的热爱之情和奉献精神。

6. 情感激励

情感激励是指企业领导者以情感人、以诚待人,关心、尊重、信任员工,设身处地为员工着想,积极为员工排忧解难,建立起上下级之间的和谐关系,让员工体会到企业大家庭的温暖和领导的关怀,从而激发员工的主人翁意识和工作热情。

7. 股权激励

股权激励,也称期权激励,是企业为了激励和留住核心人才而推行的一种长期激励机制,是目前较常用的激励员工的方法之一。股权激励主要是通过附条件给予员工部分股东权益,使其具有主人翁意识,从而与企业形成利益共同体,促进企业与员工共同成长,进而帮助企业实现稳定发展的长期目标。主要在三种情况下实行员工持股:新成立的知识型员工多、产品和服务科技含量高的企业;家族式的民营企业主要岗位不是家族人员占有的时候,有必要将部分股份出让或奖励给非家族的占据关键岗位的员工;国有企业改制时,可以同时实行员工持股。

8. 危机激励

危机激励是指在企业内树立起强烈的危机感和忧患意识,让员工清醒地认识到身处瞬息万变的市场,若不努力进取,不变革创新,企业就会陷于危险境地,面临淘汰和失败。居安思危,将员工的就业生存与企业的发展壮大紧密相连,以此激发员工的内在动力,使之全力以赴、努力工作,与企业同发展、共命运。华为公司主要创始人任正非善于运用危机激励,从他本人到中高层,再到基层的每一个员工,都有危机感。危机感是华为公司整个文化理念中的一个重要的因素。华为公司的员工总是会在自我批判中发现危机，以危机为自己起跑的动力，这样才能将危机甩得越来越远。

八、效益原理

效益通常包括经济效益和社会效益，是指一个系统的有效产出与全部投入之比。其表达式为：效益＝系统的有效产出÷系统的全部投入。

效益原理是指企业通过加强企业管理工作，以尽量少的劳动消耗和资金占用，生产出尽可能多的符合社会需要的产品，不断提高企业的经济效益和社会效益。

从企业的经济效益来理解，系统的有效产出是指企业的销售收入或利润，系统的全部投入则是指企业生产经营过程中的物化劳动和活劳动的耗费。为提高企业效益，一些有条件的企业逐步建立利润中心制度（又称目标责任中心制度）。利润中心制度是指以利润中心概念为基础实施的制度。利润中心制度是在公司内部划分若干个不同的利润中心的组织形式及其相关的管理制度安排。从会计角度，利润中心是指拥有产品或劳务的生产经营决策权，既对成本承担责任又对收入和利润承担责任的企业所属单位；从战略和组织角度，利润中心被称为战略经营单位或事业部。在企业内部，利润中心视同一个独立的经营个体，在原材料采购、产品开发、制造、销售、人事管理、流动资金使用等经营上享有很高的独立性和自主权，能够编制独立的利润表，并以其盈亏金额来评估其经营绩效。这种制度不仅仅是一种企业组织形式的简单再造，更是一种管理制度的再造，目的是在企业战略目标的总体战略约束下，各单位运用企业提供的资源，在执行各自的经营战略的同时实现企业组织经济效益目标。

从社会效益来理解，系统的有效产出是指企业为社会提供的产品、服务和向政府缴纳的税金，系统的全部投入是指物化劳动和活劳动的耗费。企业的销售收入是企业为社会提供的产品和服务的价值形态，销售收入越多，说明企业为社会提供的产品和服务越多，社会效益也就越好。因此，一般情况下，企业的经济效益与社会效益是一致的。企业经济效益与社会效益之间的矛盾主要体现在局部利益与整体利益、价值目标与质量目标上。例如：有的流通企业可能只愿经营价值高、进销差价大的商品，不愿经营价值低、进销差价小但人民群众物质文化生活不可缺少的商品；有的企业只注重价值目标的实现，而忽视服务质量的保障，等等。从长远来看，企业应该用战略的眼光使企业经济效益与社会效益统一起来。

第二节　企业行政管理原则

一、职、责、权相称原则

企业系统的每个职位都有相应的责任，为了保障职能人员胜任职责，必须赋予其相应的权权。赋予的权限必须与承担的责任相吻合，此即为职、责、权对应原则。

要做到职、责、权相称，从责任方面来看，主要应做到：责任的界限清楚，内容具体（包括必要的横向联系内容),落实到人。从权限方面来看,主要应做到:与职责的大小相吻合,把完成职责所必需的权限全部授予责任人,与职责人员的能力状况相吻合,与职责人的收益相均衡、相协调。

二、层级管理原则

每一级员工在工作中必须坚持层级管理原则,必须听从直接上级或上级授权人员的指挥。越级请示或指挥必须与直接上级充分做好事前或事后的沟通。

在一个组织体系中,设立一定的管理层级是必要的,正常的管理需要管理者在下达命令和管理指令及布置工作时,按照管理层级逐级进行。但是在管理实践中,许多管理者往往喜欢跨越管理层级进行越级指挥,并美其名曰提高管理效率。实际上这样做的危害是很大的,例如可能会打乱管理秩序、造成组织内部矛盾,导致优秀人才流失,不利于下级的成长和培养人才,造成下级消极怠工等。

三、民主管理原则

企业民主管理,主要是通过工会代表和组织发动职工参与企业的经济活动和管理活动,实施群众监督,促进企业决策民主、利益关系公平、职工团结和谐。由此可见,民主管理是构建和谐企业的强大动力。

企业民主管理作为一种管理理念与方式必须符合管理学的基本原理,以保证管理的科学性。企业民主管理必须符合两个方面的目的和要求:一是促进企业的发展,二是促进人的发展。企业民主管理必须充分维护职工的合法权益,满足其受尊重和自我实现的需求等。企业民主管理必须注重民主与管理的融合,将企业的利益和职工及相关者的利益统一起来。只有这样才能有利于企业内部合力的形成及企业的发展壮大。

企业民主管理对和谐社会建设的支撑和推动作用主要通过以下四种功能表现出来。①协调功能。有效协调企业内部的利益矛盾关系。②法制化功能。建立健全企业各项规章制度,坚持依法办事,提高企业的执法能力。③创效功能。民主管理能创造经济效益,推动企业协调、科学、持续发展。④凝聚功能。企业民主管理通过上述四种功能的发挥催生出工会和企业的凝聚力,这就是企业民主管理的凝聚功能的实质所在。

四、规范化管理原则

企业行政管理是一个系统工程,要使这个系统工程正常运转,实现高效、优质、高产、低耗,就必须运用科学的方法、手段和原理,按照一定的运营框架,对企业的各项管理要素进行系统的规范化、程序化、标准化设计,然后形成有效的管理运营机制,即实现企业的规范化管理。

规范化管理在企业运作上涉及多方面内容:战略规划与决策程序,组织机构,业务流程,部门和岗位设置,规章制度和管理控制等。规范化管理的内容简单地说就是"五化":制度化、流程化、标准化、表单化、数据化。

五、服务保障原则

企业的行政管理是为经济效益服务的。企业的行政管理如果不能充分利用和合理调配企业的人力、物力、财力、技术、数据等资源，则不利于调动广大员工的积极性、主动性和创造性，不利于开源节流，提高企业的经济效益，加快企业的发展，那将是没有价值的。简而言之，企业行政管理服务于企业的根本目的是通过为社会提供商品和服务而谋取尽可能大的经济效益。

企业的行政管理必须时刻着眼于为企业的经济利益服务，反对"为管理而管理"；必须坚决摈弃形式主义，切实讲求实效；必须大力倡导勤俭节约，反对大手大脚；必须根据公司实际需要和可能，采取灵活变通的方式、方法，一切以公司利益为最高原则，反对因循守旧；企业行政管理最终要落实到确立服务观念、克服官僚作风、切实搞好服务上。

六、绿色管理原则

绿色管理就是将环境保护的观念融于企业的经营管理之中，它涉及企业管理的各个层次、各个领域、各个方面、各个过程，要求在企业管理中时时处处考虑环保、体现绿色。

企业实施绿色管理，首先要坚持"5R"原则。

（1）研究（Research）：将环保纳入企业的决策要素中，重视研究企业的环境对策。

（2）消减（Reduce）：采用新技术、新工艺，减少或消除有害废弃物的排放。

（3）再开发（Reuse）：变传统产品为环保产品，积极采用"绿色标志"。

（4）循环（Recycle）：对废旧产品进行回收处理，循环利用。

（5）挽救（Rescue）：积极参与社区内的环境整治活动，对员工和公众进行绿色宣传，树立绿色企业形象。

其次，企业大多只重视产品生产过程中产生的环境问题，而对产品在发挥完使用功能后对环境造成的污染和破坏则缺乏相应的管理。因此，实施以产品为龙头、面向全过程的管理是绿色管理的原则之一。

再次，实施绿色管理的企业，不但应该做到自身不破坏环境，而且应该向企业员工和社会公众积极宣传环境保护的意义，积极参与社会和社区内各种环境整治活动，在社会公众中树立起绿色企业的良好形象。

第三节　企业行政管理方法

企业行政管理方法是指企业行政组织和行政人员为了开展行政管理活动、完成一定的工作、达到一定的目标而遵循的一定规律以及采用的措施和方法。

一、思想政治工作方法

思想政治工作是根据人的思想和行为的活动规律，根据思想政治教育的基本规律，以马克思主义理论为指导，以人和人群为对象，以不断提高人们的素质，使之发挥更好的社会作用为目标的一种综合性强的工作。

2023年10月,习近平总书记在同中华全国总工会新一届领导班子成员集体谈话时强调,要加强思想政治引领,做好职工思想政治工作,教育引导广大职工坚定不移听党话、跟党走,确保工人阶级始终是我们党最坚实最可靠的阶级基础。要创新工作方式,努力为职工群众提供精准、贴心的服务。要大力弘扬劳模精神、劳动精神、工匠精神,发挥好劳模工匠示范引领作用,激励广大职工在辛勤劳动、诚实劳动、创造性劳动中成就梦想。

二、经济方法

1. 经济方法的含义

企业行政管理中所采用的经济方法,是贯彻运用人本原理、激励原理、效益原理的另一种方式。它是指通过运用法定的奖惩权力,对下级的工作进行监督和考核,并根据考核的结果给予经济上的奖励和惩罚,从而调动职工的积极性、主动性和创造性,以实现管理目标的方法。

2. 经济方法的内容

经济方法的内容比较广泛,如奖金、福利、经济责任制以及经济制裁等与物质财富相联系的形式,都是经济方法。奖金运用恰当,可调动企业职工的积极性。但奖金要发挥作用,必须有一定的条件和范围,如果无原则地滥发奖金,或将奖金当工资、福利发,不仅收不到预期效果,还会带来许多副作用。

三、现代科学管理方法

当前我国很多企业在管理方法上比较陈旧、僵化,仅注重以规章和命令的方式开展工作,无法调动企业员工的积极性。因此,有必要引入科学的企业管理方法,如目标管理、绩效评估、成本核算等。

1. 目标管理

目标管理就是使管理活动围绕和服务于目标中心,以分解和执行目标为手段,以圆满实现目标为宗旨的一种管理方法。目标管理的初衷是把经理人的工作由控制下属变成与下属一起设定标准和目标,让他们靠自己的积极性去完成。

目标管理的基本流程包括:

(1)建立一套完整的目标体系;

(2)制定目标;

(3)运用 SMART 原则对各项指标进行量化处理,以保证各项指标具有可衡量性;

(4)确定时间范围并组织实施;

(5)对绩效进行评估并提供反馈。

2. 绩效评估

绩效评估,也称绩效考评、绩效评价、员工考核,是一种员工评估制度,也是人力资源开发与管理中一项重要的基础性工作,是人力资源管理的核心措施,是提高企业绩效、帮助企业顺利实现战略目标的关键。

绩效评估本身不是目的，而是手段，绩效评估概念的外延和内涵随经营管理需要而变。从内涵上说，就是对人与事的评价，它包括两层含义，一是对人及其工作状况进行评价；二是对人的工作结果，即人在组织中的相当价值或贡献程度进行评价。

常用的绩效评估（绩效考核）方法有：结果导向性的绩效评估方法，例如业绩评定表法、目标管理法、关键绩效指标法等；行为导向性的绩效评估方法，例如关键事件法、行为观察比较法、行为锚定评价法、360度绩效评估法等；特质性的绩效评估方法，例如图解式评估量表等。

绩效评估的标准包括绝对标准、相对标准和客观标准三种。

（1）绝对标准，就是建立员工工作的行为特质标准，然后将达到该项标准列入评估范围内，而不在员工间作比较。

（2）相对标准，就是将员工间的绩效表现相互比较，也就是以相互比较来评定个人工作的好坏，将被评估者按某种向度作顺序排名，或将被评估者归入先前决定的等级内，再加以排名。

（3）客观标准，就是评估者在判断员工所具有的特质，以及其执行工作的绩效时，对每项特质或绩效表现，在评定量表上每一点的相对基准上予以定位，以帮助评估者作评价。

四、行政手段

行政手段是指依靠行政组织和行政机构，采用决议、决定、命令、指令、规定、指示和条例等行政措施进行管理的活动。行政手段在企业管理中具有其他手段不可替代的作用，这是由它自身的特点所决定的。

1. 行政手段的约束力较强

行政手段具有突出的强制性，通常以命令、指令、规定、条例等形式出现，是用行政处罚作保证的，因此，它具有较强的约束力。依靠行政方法的强制性和约束力，能形成面向既定目标的凝聚力，能产生面向既定目标的共同行动，并能强有力地纠正任何干扰既定目标的行为，从而保证企业目标的实现。

2. 行政手段的准确性较高

由于行政手段是用命令、指令、规定和条例等形式直接进行管理活动的，因此，它一般比较明确，准确性较高。

3. 行政手段发挥作用较快

由于行政手段的约束力强、准确性高，同时又是直接干预人们的活动，因此，一般来说，它比其他手段发挥的作用快。行政手段运用得当，能够达到令行禁止的效果。

行政手段也有不足之处。运用行政手段容易只从行政角度考虑问题，忽视经济效益、经济责任和各方面的经济利益，容易产生"一刀切"的盲目指挥现象。并且，运用行政手段容易影响下级组织的积极性。因此，不能滥用行政手段。

要有效地发挥行政手段在管理中的作用，必须提高行政手段的权威性。如果命令、指令、规定和企业有关条例失去了权威性，行政手段就会失去应有的作用。行政手段的权威性是以行政奖惩为保证的。只有奖惩严明,行政命令、指令、规定、条例等才能得到贯彻执行,才能做到令行禁止。另外,行政手段的严肃性离不开有效的行政监督。

五、法律手段

所谓法律手段,是指行政主体通过各种法律法规、法令、条例以及行政司法工作来调整行政管理中所发生的各种社会关系的管理方法。企业行政管理运用法律手段所依靠的不仅仅是国家正式颁布的法律,还包括各级行政机关制定和实施的各种具有法律效力的制度规范,甚至包括企业在法律范围内制定的具有强制力的制度规范。

法律手段具有与行政指令手段相类似的特征,例如权威性,强制性,规范性,稳定性等。法律手段的适用范围比较广泛,不同层次、各种领域的问题,尤其是那些具有共性的问题,都适合用法律手段来解决,但在处理个别案例时,需与指令手段及其他手段配合使用。

六、现代信息技术方法

数字化是现代信息技术方法的典型形态,数字化是推动企业从人力驱动到软件驱动的一个工具。在企业的不断发展中,数字化将信息技术融入到传统运营模式中,起到优化转型的作用。随着现代信息技术的发展,5G、人工智能、大数据、移动互联网、物联网及云计算等的协同融合点燃了信息化新时代的引擎,为消费互联网向纵深发展注入后劲,为工业互联网的兴起提供新动能。企业管理作为人类社会重要的和基本的经济活动,首当其冲面临着信息技术的冲击。

数字化扑面而来,对企业影响深远。知名研究机构 Gartner 对数字化的定义为:数字化是指运用数字技术和改变商务模式来提升效率、增加收入、创造新价值,同时这也是转向数字业务的过程。从这个定义中,我们可以提炼出数字化的三个关键点:改变商务模式,提效增收与价值创造,数字业务转型。

(1)从运用的广度及深度来说,数字化帮助企业打破发展中存在的壁垒,实现数据互联,持续延伸到各个部门、企业及行业。数据被全线打通融合并形成数字资产,赋能业务、运营、决策。

(2)从思维模式的变化来说,传统企业的运营模式耗时长且流程烦琐,而数字化帮助企业思维从流程驱动转变到数据驱动,减少流程,最大可能实现降本增效。

(3)数字化并不是对原有企业经营模式的推倒重来,而是在原有运营基础上的整合优化,使用新的技术全方位提升管理、运营水平,进而达到企业数字化成功转型的目的。

本章小结

本章主要介绍了企业行政管理的原理、原则和方法。企业行政管理原理是大量行政管理实践经验的升华,掌握企业行政管理原理有助于我们提高管理工作的科学性,适应管理活动中出现的新变化;在行政管理活动中遵循企业行政管理原则能够保证管理活动的有序、高效进行,避免出现混乱局面。行政管理方法是指在行政管理活动中遵循的一定规律以及采用的措施和方法。在现代企业行政管理活动中,不仅要灵活运用传统管理方法,而且要与时俱进,结合现代科学管理方法,运用先进信息技术手段,使企业能够健康、稳定发展。

本章练习

一、判断题

1. 弹性原理要求在管理中保持适当的弹性,以便及时适应客观事物的各种变化。
（　　）

2. 动态原理的反馈原则只要求把输送出去的信息传送回来即可。（　　）

3. 激励原理能充分调动员工积极性。（　　）

4. 效益＝系统全部投入/系统有效产出（　　）

5. 经济手段比行政手段好。（　　）

6. 在现代企业中已经不需要思想政治工作。（　　）

7. 经济手段就是提高职工待遇。（　　）

8. 动态原理和权变原理本质上是一样的。（　　）

9. 柔性管理适应的是从事低技术含量的职工。（　　）

10. 行政管理活动也追求效率效益。（　　）

二、单项选择题

1. 柔性管理和人本原理都具有的特质是（　　）。
   A. 以人为本　　　　　　　　B. 适用于所有员工
   C. 讲究人性的全面发展　　　D. 服务于人

2. 下列哪一项不是法律手段的特征?（　　）
   A. 权威性　　　　　　　　　B. 强制性
   C. 规范性　　　　　　　　　D. 动态性

3. （　　）是指因事制宜、因人制宜、因势制宜,根据条件变化,随机应变。
   A. 动态管理原理　　　　　　B. 虚拟管理原理
   C. 系统管理原理　　　　　　D. 权变管理原理

4. 下列哪一项不是行政手段的缺点?（　　）
   A. 不能单独运用　　　　　　B. 容易忽视经济效益
   C. 容易滥用　　　　　　　　D. 容易伤害员工积极性

5. 规范化管理中的"五化"不包括（　　）。
   A. 制度化　　　　　　　　　B. 标准化
   C. 信息化　　　　　　　　　D. 数据化

三、多项选择题

1. 系统管理的两个原则是（　　）。
   A. 整分合原则　　　　　　　B. 相对封闭原则
   C. 弹性原则　　　　　　　　D. 反馈原则

2. 越级管理的危害有( )。

    A.打乱管理秩序   B.造成员工消极怠工

    C.造成组织内部矛盾   D.造成优秀人才流失

3. 经济手段的形式包括( )。

    A.奖金   B.经济责任制

    C.经济制裁   D.带薪休假

4. 行政手段有哪些优点?( )

    A.具有一定的强制性   B.准确性高

    C.发挥作用快   D.容易调动下属积极性

5. 企业民主管理有哪些功能?( )

    A.协调功能   B.法制化功能

    C.创效功能   D.凝聚功能

四、问答题

1. 简述目标管理的基本流程。

2. 简述人本原理的实施要点。

3. 简述激励原理的应用方法。

4. 简述企业行政管理原则。

五、案例分析题

人为本、争第一、零起点

广西玉柴机器集团有限公司(以下简称"玉柴"),是国内最大的内燃机制造基地。当前,玉柴传统动力产品覆盖商用车、农业机械、工程机械、船舶、发电等领域,是船电动力第一品牌、中重型载货车动力第一品牌、中国客车动力第一品牌、农机动力第一品牌,新能源动力涵盖混合动力、增程器、燃料电池、电驱动桥及电机等纯电产品,是中国型谱最丰富的新能源动力系统厂商。其中,全球首台功率分流型插电式混合动力、全球首台混合动力电驱无级变速动力总成、中国首台商用车燃氢发动机陆续应用在商用车、农业机械等领域,成为行业内的品牌风向标。截至目前,玉柴累计产销发动机超1000万台,为全球180多个国家和地区的客户提供产品和服务支持,中国动力品牌正在加速出海。2023年6月15日,在由世界品牌实验室主办的第二十届世界品牌大会上发布了2023年"中国500最具价值品牌"分析报告和排行榜。在这份基于财务数据、品牌强度和消费者行为分析的年度报告中,玉柴品牌价值跃升至858.06亿元,位居榜单第101位,连续18年领跑内燃机行业。其成功的主要原因就在于"人为本、争第一、零起点"的理念。

早在1985年,玉柴出炉了玉柴人称之为"灵魂"的玉柴精神:"顽强进取、刻意求实、竭诚服务、致力文明。"当年实现了3010台的生产计划,完成了玉柴历史上的一次大跳跃。

1985年底,玉柴"跳"过了"在国内拿第一"的目标,直接提出要"跻身国际内燃机强手之林"。伴随着目标追求,诞生了危机哲学——零起点!1994年,玉柴在纽约上市,美国的投资银行、律师事务所在撰写募股说明书时,问及玉柴的管理哲学,董事长王建明答出了九个字:"人为本、争第一、零起点。"

　　1985 年,玉柴在突破年产量 3000 台大关时,告诫自己要"零起点";10 年后,当玉柴在中国内燃机行业的主要经济技术指标排名终于跃居第一位时,仍然提出要"零起点";进入21 世纪,2002 年玉柴已经月生产 2 万台发动机,但它还是告诫自己要"零起点"。当视质量为生命的玉柴实现了柴油机可靠性运行目标达到 3 万千米不出故障时,是"零起点";达到 10 万千米不出故障时,是"零起点";达到国际标准 30 万千米不出故障时,还是"零起点"。玉柴称之为"三级跳"。于是,2002 年玉柴正式提出:5 年内,玉柴要打入国际前四强,闯进半决赛! 要想争第一,就要永远保持"零起点"!

　　永远保持零起点的玉柴需要不寻常的人才发挥。玉柴的育人方针是:为每一个岗位的发展创造机会,为每一个层级的攀登创造条件。玉柴的用人方针是:尊重、爱护、发挥、发展。

　　尊重员工的主体利益,玉柴的人本思想体现为:坚持"人本方针",侧重于育人、用人;实行"人本保障",侧重于对责任的公正分配。具体落实在对干部的"十字"(民主、开朗、顽强、竭诚、约束)要求和干部的"六项基本功"上。

　　干部的"六项基本功"包括:①对职工说清楚要求——目标机制;②使绝大多数职工愿意达到要求——民主机制;③使每一个岗位的职工懂得如何达到要求——教育机制;④使每一个岗位的职工能够达到要求——投入机制;⑤使每一个岗位的职工必须达到要求——责任分配机制;⑥集思广益、反复检讨、周而复始、完善要求——反馈机制。

　　根据上述案例,解答以下问题(单项选择)。

1. 在上述案例中,重点体现的管理学原理是(　　　)。

    A. 人本原理　　　　　　　　　　B. 系统原理

    C. 动态原理　　　　　　　　　　D. 权变原理

2. 案例中重点体现的管理原则是(　　　)。

    A. 服务保障原则　　　　　　　　B. 职、责、权相称原则

    C. 民主管理原则　　　　　　　　D. 层级管理原则

3. 哪一项不是人本原理实施要点? (　　　)

    A. 职工主体原则　　　　　　　　B. 人性全面发展

    C. 服务于人　　　　　　　　　　D. 任何事情都要听从职工的意愿

4. 关于职、责、权相称原则,下面哪项说法不正确? (　　　)

    A. 责任的界限清楚,内容具体,落实到人。

    B. 要与职责的大小吻合,要把完成职责所必需的权限全部授予责任人。

    C. 要与职责人员的能力状况吻合,要使职责人员的收益均衡、协调。

    D. 此原则只适用于企业行政管理人员。

第二篇 企业行政管理要素篇

企业行政管理工作的开展需要基本的要素条件,正确认识和把握这些要素成为企业行政管理人员完成工作的重要条件,否则相关工作将无从下手。本篇主要介绍了企业行政管理的基本要素:企业行政环境、企业行政体制、企业行政组织、企业行政资源配置。通过本篇的学习,有利于打开工作思路,指引工作方向,为行政管理工作的开展做好知识和心理上的准备。

第三章　企业行政环境

学习目标

通过本章的学习,应了解企业环境对企业行政管理的影响,掌握企业外部环境和内部环境的内容,初步熟悉企业环境分析的方法和技术,学会分析企业外部环境和内部环境的变化特征,适应企业环境变化的需要。

案例引导

中国高铁谈判的策略

2004 年,中国想发展高铁,当时,中国市场对铁路的需求日益增强,国内高铁技术还未成熟,对前沿的高铁技术需求急迫。于是,决定用庞大的市场需求作为谈判筹码与其他国家展开合作。

原铁道部发布了采购需求:140 列时速 200 千米的动车组。筛选了一圈,发现有 4 家公司符合条件,分别是德国西门子、法国阿尔斯通、日本高铁联合体和加拿大庞巴迪。前三家技术比较成熟,加拿大庞巴迪实力相对较弱。

经过调研发现,西门子综合实力最强,技术最先进。西门子也知道自己的优势,所以猜测原铁道部的首选合作对象是西门子。因此,西门子态度傲慢,漫天要价,每一列动车开价 3.5 亿欧元,加上技术转让费共 3.9 亿欧元。

这 140 列动车组对于我国来说,仅仅是高铁的开端,整体市场绝不止这个数。所以原铁道部不允许在一开始就被外国公司把控,毕竟是关乎国计民生的基础设施,主动权当然要握在自己手中。

为了保证原铁道部在谈判中的主导地位,给几家公司上了"两道硬菜":①参与投标的公司必须是中国企业;②参与投标的中国企业必须有国外成熟技术的支持。

这两个条件的真实目的是让国外高铁公司用技术和国内的公司合作,国外的高铁公司如果不合作就不能参与投标。

有了这两个条件,原铁道部进一步明确了细节,关键技术必须转让,并且以最低的价格(通过谈判实现)转让,所使用的产品必须是中国的。原铁道部指定两家国内企业,一家是南车集团的四方机车车辆股份有限公司(南车四方),一家是北车集团的长春客车股份有限公司(北车长客)。

这是最关键的一点,指定这两家,然后封锁了其他所有的谈判入口,这四家若想合作,必须找国内的两家公司谈判。所以呢,四家争两家,原铁道部就掌控了主动权。

北车长客的目标是德国西门子,南车四方的目标是日本高铁联合体。加拿大庞巴迪合作的技术稍微落后,所以他们也最积极、最听话。法国阿尔斯通出于自身的原因,与两家公司都在谈判,北车长客与南车四方都通过与法国阿尔斯通谈判给德国西门子和日本高铁联合体施加压力。

事实证明,原铁道部的策略是对的。

德国西门子自恃技术强大,开始漫天要价,不仅开出了 3.9 亿欧元的天价,还设置了 50 多项技术转让障碍。原铁道部官员出面与德国西门子交涉,对方以为原铁道部服软了,更加肆无忌惮。

于是原铁道部下令北车长客加速与法国阿尔斯通的谈判,在投标截止日期前完成全部的谈判,双方直接签订协议。随后,南车四方与日本高铁联合体顺利谈拢,投出了标书。加拿大庞巴迪以合资的方式参与了投标。

加拿大庞巴迪虽然实力较弱,但是其非常配合,我们要什么其就给什么,技术转让、国产化都非常顺利,所以中方有意留下加拿大庞巴迪,在谈判中极大遏制了其他三家的谈判气焰。

德国西门子连投标的资格都没有,直接出局,消息传开之后,西门子的股价暴跌,整个谈判团队集体被西门子总部炒了鱿鱼。

2005 年,原铁道部又开始了时速 250 千米高铁的招标,这一次德国西门子学乖了,开价每列动车 1.9 亿元人民币,技术转让费也降为 8000 万欧元。可以说是超低价,因为德国西门子的介入,法国阿尔斯通与日本高铁联合体只能接受这样的价格。

前后两年的时间里,中国拥有了时速 250 千米高铁的核心技术,此后中国进一步发展了自己的高铁,在线运营车辆已有 2500 余列,最高时速达到 380 千米。截至 2019 年底,我国高铁里程达到 3.5 万公里,超过世界其他国家高铁营业里程总和。

而相比全球各国,中国高铁票价较低,建设成本约为其他国家的 2/3。

(资料来源:https://zhuanlan.zhihu.com/p/448726916.)

【启示】

由以上案例可见,企业的任何活动都需要考虑内外部环境,根据内外部环境采取有利的对策,才能实现决策成功,有效地进行内外部环境分析是成功的保障,它能帮助管理人员更好地了解自身、了解市场,从而做出正确的决策。

第一节　企业行政环境的含义与特征

一、企业行政环境的含义

企业行政环境是指影响企业行政管理活动的各种因素的总和。广义的企业行政环境包括企业内部环境（又称内部资源条件）和外部环境；狭义的企业行政环境特指企业的外部环境，即企业从事生产经营活动的各种外部影响因素之和。

二、企业行政环境的特征

1. 客观性

企业作为一个市场主体，总是存在于一定的环境之中。影响企业的各种环境因素是客观存在的，企业的行政管理活动无不受到环境因素的影响和制约。

2. 动态性

企业环境的各种因素是不断变化的，各种环境因素又在不断地重新组合，不断形成新的环境，这就使得企业环境处于经常性的发展变化之中，使企业内部可控因素与各种环境因素的平衡经常被打破。

3. 相关性

企业外部环境与内部条件相关联，外部环境因素之间、内部条件之间也都互相关联，它们之间相互影响、相互作用，其影响和作用的状况又对企业的行政活动产生不同程度的影响。

4. 系统性

企业所处的社会是一个大系统，企业的外部环境和内部环境构成了不同层次的子系统。企业的行政环境既受社会大系统的制约，又会影响企业行政目标的实现。

三、企业行政环境对企业行政管理工作的影响

任何行政管理系统都存在于一定的环境之中，环境不仅是建立行政管理系统的客观基础，而且是其生存和发展的必要条件。在建立一个行政管理系统时，除了要重视系统内部的基本构成要素和系统的整体功能外，对周围环境因素也必须做充分的估计和考虑。从一定意义上说，行政管理系统对周围环境变化的适应能力如何，关系到该系统的生存、稳定和发展，以及行政管理目标的实现与否。只有对外部环境有较强适应能力的行政管理系统，才能获得发展，才能取得成功。

在现代条件下，一个管理者面对复杂的、瞬息万变的环境，必须头脑敏锐、反应灵敏、果敢机智、多谋善断。一旦周围环境发生突变，必须想办法避免环境变化给管理系统造成不应有的损失。当然，一个有效的管理者不应消极、被动地应付复杂多变的环境，而应具有远见卓识，提前看到环境将要发生的变化，预先做出安排；一旦变化，不应为环境所左右，而应立足于本系统，放眼于外部世界，充分发挥自己的主观能动性，变不利因素为有利因素，使事态朝着有利于自己的方向发展。

第二节　企业行政环境分析

现代企业的行政管理活动日益受到内、外部环境的作用和影响，企业要实现良好的行政管理，首先必须全面、客观地分析内、外部环境的变化，以此为基础和出发点来制定企业的经营目标及实现目标的途径和手段。

一、企业行政环境分析方法

1. PEST 分析法

PEST 分析是指宏观环境的分析，主要包括政治法律（political）、经济（economic）、社会文化（social culture）、技术（technological）等方面的因素分析（见图 3-1）。PEST 是一个被广泛应用的管理工具，在世界 500 强企业中，几乎每一个企业的经理人都在使用它。

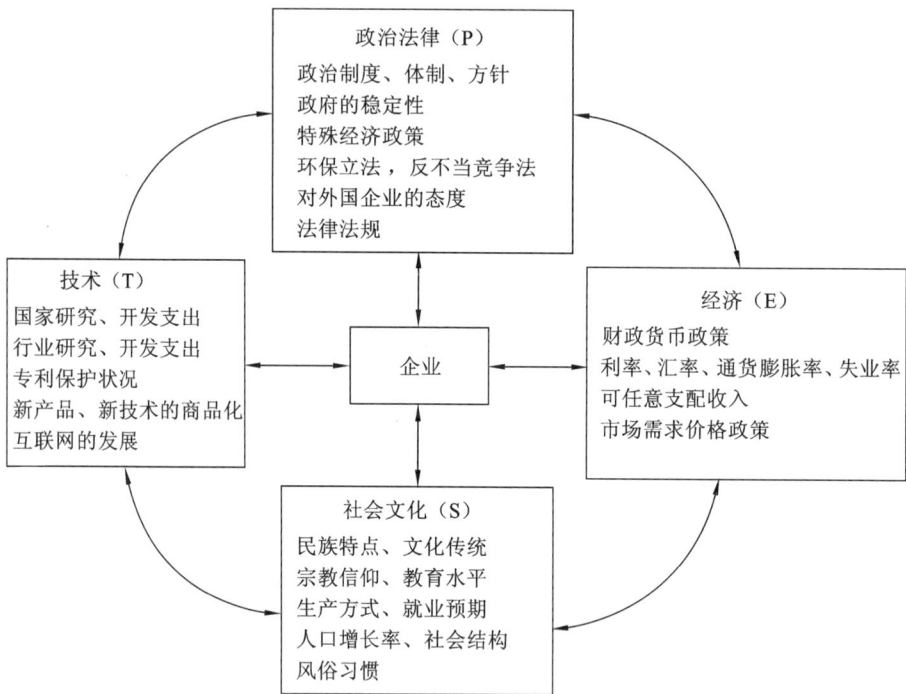

图 3-1　企业行政环境 PEST 分析

2. 外部因素评价矩阵分析法

企业外部环境分析常采用外部因素评价矩阵（external，factors，evaluation，matrix，EFEM）。外部因素评价矩阵是对企业的关键外部因素进行分析和评价较常用的分析方法。其程序如下。

（1）列出企业所面临的外部环境中的关键因素，包括企业面临的机遇和挑战。

（2）对每一因素赋予一定的权重（0～1，表示重要性程度），全部因素权重合计为 1。

（3）对企业对每一因素的有效反应程度进行打分，分值范围为1～5。其中，1分表示很差，2分表示较差，3分表示一般，4分表示较好，5分表示很好。

（4）将全部因素加权求和，以得到综合得分。EFE竞争反应的是一种主观判断，其评价结构可能会因专家的不同而存在差异，主要是因为各种因素的重要程度及企业对其有效反应的指标具有相对性，并且是动态变化的。

3. SWOT 分析方法

1）含义

SWOT分析方法即优势（strengths）、劣势（weakness）、机会（opportunities）和威胁（threats）分析，它是基于企业自身的实力，对比竞争对手，分析企业外部环境变化可能对企业带来的机会与企业面临的挑战，进而制定企业最佳战略的方法。

2）SWOT分析法的应用

SWOT分析法，一般依据企业的目标，列表指出对企业生产经营活动及发展起着重大影响的内部及外部因素，并且根据所确定的标准，对这些因素进行评价，从中判定企业的优势和劣势、机会和威胁；常用的方法是对所列出的主要因素逐项打分，然后按因素的相对重要程度加权求其代数和，以判断其中的内部优劣势以及外部的机会和威胁。企业在此基础上，便会比较容易地找到所要从事的战略。例如，某企业对影响其发展的内、外部各种因素进行系统分析，制作出如表3-1所示的SWOT分析表。

表 3-1　行政环境 SWOT 分析

	因　素	启　示
劣势	1. 管理方面 　（1）本公司有6类产品，但因集权型管理，效 　力发挥不佳 　（2）中级主管绩效欠佳者过多 2. 市场及产品方面 　（1）产品甲已过时，市场占有率急剧下降 　（2）一客户购买量占产品乙销量的50%	1. 管理方面 　（1）宜采用分权型组织 　（2）加强管理，制订培训计划 2. 市场及产品方面 　（1）需对产品加以改造 　（2）开拓新市场，降低对单一客户的依赖
优势	1. 管理方面 　研究及开发部门能力较强 2. 市场及产品方面 　产品丙在发展的市场中占有率日渐上升	1. 管理方面 　宜兼顾模仿 2. 市场及产品方面 　宜再投资，提高投资报酬率
威胁	1. 环境方面 　一分厂可能会受到政府提高安全标准的影响， 该标准近期难以达到 2. 竞争方面 　产品的原材料价格可能会上涨	1. 环境方面 　着手设计新的生产方法，以符合新标准 的要求 2. 竞争方面 　努力改进工艺，降低成本

续表

	因　素	启　示
机会	1. 市场方面 　预测产品甲的需求量将上升 2. 财务方面 　现金充裕	1. 市场方面 　研究是否提高生产能力 2. 财务方面 　考虑是否引进新的生产线

依上述分析表作图,对相应战略做出选择(见图 3-2)。

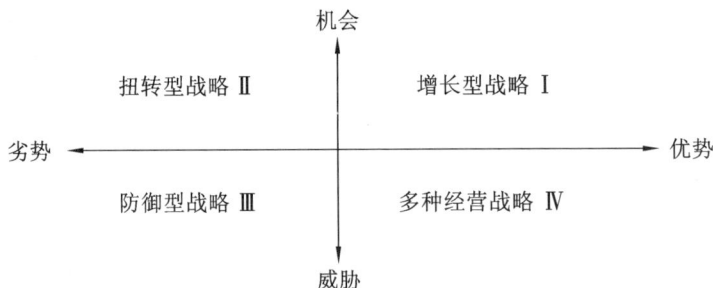

图 3-2　战略选择

在图 3-2 中,第Ⅰ类企业具有很好的内部优势以及众多的外部环境机会,应当采用增长型战略,如开发市场、增加产量等;第Ⅱ类企业面临较大的外部环境机会,但受到企业内部劣势的限制,应采用扭转型战略,充分利用环境带来的机会,设法清除劣势;第Ⅲ类企业内部存在劣势,外部面临较大威胁,应采用防御型战略,进行业务重整,设法避开威胁和消除劣势;第Ⅳ类企业具有一定的内部优势,但外部环境存在威胁,应采取多种经营战略,利用自身优势,在多样化经营下寻求长期发展的机会。

二、企业外部行政环境

一般认为企业的外部环境主要包括五类,即政治法律环境、经济环境、技术环境、社会文化环境、自然环境。

1. 政治法律环境

政治法律环境一般指一个国家或地区的政治制度、体制、方针政策、法律法规等。这些因素通常会制约、影响企业的经营行为,尤其会影响企业较长期的投资行为。政治环境对企业的影响有着直接性、难于预测性、不可逆转性等特点。

国内政治环境主要包括政治制度、政党和政党制度、政治性团体、方针政策、政治气氛及社会治安等。国际政治环境主要包括国际政治局势和国际关系等。

法律环境主要包括如下内容。①法律规范,特别是和企业经营密切相关的经济法律法规。如我国的《公司法》《公司登记管理条例》《民法典》《保险法》《票据法》《证券法》等。②国家司法、行政执法机关。与企业关系较为密切的行政执法机关有市场秩序监督管理机关、税务机关、物价机关、专利机关、环境保护管理机关、监察审计机关等。③企业的法律意识。企业的法律意识是法律观、法律感和法律思想的总称,是企业对法律制度的认识和评价。企业的法律意识,最终都会物化为一定性质的法律行为,并造成一定的行为后果,从而构成每个企业不得不面对的法律环境。④国际法所规定的国际法律环境和目标国的国内法律环境。如国际条约、两国或多国之间的相关协定或协议。

2. 经济环境

经济环境是指企业赖以生存与发展的社会经济现状和政府经济政策。具体来说,企业的经济环境主要由社会经济结构、经济发展水平、经济体制和宏观经济政策等四个要素构成。

1)社会经济结构

社会经济结构是指国民经济中不同经济成分、不同产业以及社会再生产各个方面在组成国民经济整体时相互的对比关系和结合状况。社会经济结构主要包括五个方面的内容,即产业结构、分配结构、交换结构、消费结构、技术结构,其中最重要的是产业结构。

2)经济发展水平

经济发展水平是指一个国家经济发展的规模、速度和所达到的程度,其常用的衡量指标有国内生产总值、人均国内生产总值、经济增长速度、经济能耗水平等。

3)经济体制

经济体制是指国家经济组织的形式。经济体制规定了国家与企业、企业与企业、企业与各经济部门的关系,并通过一定的管理手段和方法,调控或影响社会经济流动的范围、内容和方式等。

4)宏观经济政策

宏观经济政策是指国家、政党制定的在一定时期内国家实现经济发展目标的战略与策略。它包括综合性的全国经济发展战略和产业政策、国民收入分配政策、价格政策、物资流通政策、财政税收政策、金融货币政策等。

3. 技术环境

企业的技术环境通常指企业所处的社会环境中的科技要素的集合。技术环境一般包括四个基本要素:社会科技水平,社会科技力量,国家科技体制,国家科技政策和科技立法。

当前,以网络技术为主的变革正在对企业的行政管理活动产生着重大的影响。企业要密切关注与本企业的产品相关的科学技术的现有水平、发展趋势及发展速度,对于新的硬技术,如新材料、新工艺、新设备等,企业必须随时跟踪、掌握;对于新的软技术,如现代管理思想、管理方法、管理技术等,企业要特别重视。

4. 社会文化环境

社会文化环境包括一个国家或地区的社会性质、人们共有的价值观、人口状况、教育程度、风俗习惯、宗教信仰等方面。社会文化环境可分解为人口和文化两个方面。

1)人口因素对企业战略的制定具有重大影响

人口总数直接影响着社会生产总规模;人口的地理分布影响着企业的厂址选择;人口的性别比例和年龄结构在一定程度上决定了社会需求结构,进而影响社会供给结构和企业生产；人口的教育文化水平直接影响着企业的人力资源状况等。对人口因素的分析可以使用以下一些变量：离婚率，出生率和死亡率，人口的平均寿命，人口的年龄和地区分布等。

2）文化因素对企业的影响是间接的、潜在的和持久的

文化的基本要素包括哲学、宗教、语言与文字、文学艺术等，它们共同构筑成文化系统，对企业文化有着重大的影响。如哲学处于整个文化系统的顶端，在整个文化中起着主导作用，对人的行为及价值观产生了重大影响，如对创业者心态的影响等。文化环境也是影响企业文化的重要因素，企业对文化环境分析的目的是要把社会文化内化为企业的内部文化，使企业的一切生产经营活动都符合环境文化的价值检验，另外，企业对文化的分析与关注最终要落实到对人的关注上，从而有效地激励员工。

5．自然环境

自然环境是指企业所在地的自然资源与生态环境，包括土地、森林、河流、海洋、生物、矿产、能源等要素以及资源消耗、环境保护、生态平衡等方面的发展变化。企业应特别关注自然环境中以下主要动向：①某些自然资源日益短缺；②环境污染日益严重；③许多国家对自然资源管理的干预日益强化；④环保型消费逐步兴起，这些消费者不仅讲究消费品的数量和质量，更关心环境的质量。自然环境的制约对现存企业形成种种威胁，但对企业的未来发展可能会带来更多机遇。

三、企业内部行政环境

企业内部行政环境是指存在于企业之内、企业自身能够自主控制的因素的总和。在21世纪的竞争格局中，传统的条件和因素，包括劳动力成本及获取财务资源和原材料的能力，仍然能够为企业创造一定的竞争优势。然而，这些因素所能带来的竞争优势正在逐渐减少。在新的竞争格局中，资源、能力和核心竞争力组成了企业的内部环境，它们可能会比外部环境中的因素对企业的业绩产生更重要的影响。

1．资源

资源是指被投入企业生产过程的生产要素，如资本、设备、员工的技能、专利、财务状况以及经理人的才能等，这些都可以被看作资源。

企业资源可以是有形的，也可以是无形的。有形资源，是指那些可见的、能量化的资源，主要包括企业的财务资源、组织资源、实物资源和技术资源四个方面。

无形资源是指那些根植于企业的历史、长期积累下来的资产。由于无形资源是以一种独特的方式存在的，所以很难被竞争对手了解和模仿。知识、员工之间的信任、员工的思想、创新能力、管理能力以及企业的品牌、声誉等都是无形资产。

2．能力

能力来自资源的有效整合，同时它也是企业核心竞争力的来源。有研究表明，企业在某个职能领域建立起来的竞争能力与企业的经营状况相关。因此，企业必须致力于建立一种职能性的核心竞争能力。例如沃尔玛公司，在物流配送的职能领域中具有有效利用物流技术的能力，在管理信息系统领域中具有掌握采购数据、有效控制存货的能力等。

价值链是企业用于分析能力的有效工具,它反映了企业的资源增值过程。在不同的行业中,企业价值链存在着明显的不同。一些行业在产品设计阶段的增值比较明显,如计算机软件业;而另外一些行业可能在营销和分销阶段的增值较多,如软饮料行业。企业必须根据行业特点和自身条件来完成资源增值过程。

3. 核心竞争力

核心竞争力是指那些能为企业带来相对于竞争对手的竞争优势的核心资源和能力。例如,麦当劳拥有的四种竞争能力,即房地产、餐饮管理、市场营销以及遍布全球的各种设施,麦当劳具有竞争对手难以模仿的竞争优势。

每一种核心竞争力都是能力,但并非每一种能力都是核心竞争力。在实际操作中,一种能力要想成为核心竞争力,必须具备以下条件:从客户的角度出发,是有不可替代的价值;从竞争者的角度出发,是独特并不可模仿的。也就是说,要判别一种能力是否是核心竞争力,就要看其是否满足四个标准,即它是否有价值、是否稀有、是否难以模仿、是否不可替代。这四个标准相结合的结果如表 3-2 所示。

表 3-2　核心竞争力的判别标准及其相结合的结果

资源和能力是否有价值	资源和能力是否稀有	资源和能力是否难以模仿	资源和能力是否不可替代	竞争后果	业绩评价
否	否	否	否	竞争无优势	低于平均的回报
是	否	否	是/否	竞争对等	平均回报
是	是	否	是/否	具有暂时性的竞争优势	平均回报—高于平均回报
是	是	是	是	具有持久性的竞争优势	高于平均回报

从表 3-2 可以看出,企业只有运用那些有价值的、稀有的、难以模仿的及不可替代的能力,才能获得持久性的竞争优势,并持久地获得高于行业平均利润水平的超额利润。

第三节　企业行政环境的选择、适应与优化

一、企业行政环境选择

企业行政环境的选择主要是指企业对其内部环境的改善,而外部环境是企业无法决定的,只能去适应。企业对行政环境的选择包括以下方面。

1. 适应环境变化,及时调整企业行政机构

目前,虽然企业行政管理已有相当长的历史,但行政机构仍存在诸多不规范之处,如机构臃肿、人员配置紊乱、管理渠道冗余复杂、不适应信息化时代企业组织结构变革需要等。对于这些问题,应从行政机构的体制和结构两个方面加以解决。

2. 健全企业行政管理的领导体制

在企业行政管理体制中，领导体制是最核心、最重要的一个组成部分。我国目前很多企业的领导体制不健全，对企业的发展带来了各种干扰。因此，要逐步改进、健全企业的领导体制适应现代企业制度环境，以加强和提高行政管理工作的质量。

3. 定期评价业绩，择优使用行政管理人才

企业人事部门虽一直以业绩评价作为行政管理人员晋升的标准，但长期缺乏科学性和准确性，人为因素干扰太多，也有技术欠缺因素，对于前者，可用部门监督方法逐步消除；而对于后者，须从人才学角度，综合运用定量分析与定性分析等科学手段，准确做出评价。

二、企业行政环境适应

环境对于企业而言是一种客观存在，企业在管理活动过程中，时时处处要与环境打交道，与周围环境发生物质、能量、信息的交换。企业能否生存下去，能否不断发展壮大，就看它能否适应环境的要求，这与自然界"适者生存"的法则相同。企业对环境的适应主要体现在两个方面：一是适应环境目前的要求；二是适应环境动态变化的要求。企业要根据环境的变化适时调整本企业的管理目标、管理战略、组织结构和管理方式，还要根据环境的变化转变企业的管理观念。

企业应主动地适应环境，即企业通过预测环境的变化趋势，积极主动地对本企业活动的某些方面进行调整，使之适应变化了的环境的要求。这种适应过程具有相对超前性或同步性，因而对环境变化具有较强的适应能力。企业处于竞争激烈、瞬息万变的环境中，谁能主动适应环境的要求，谁对环境的适应能力强，谁就能取胜。

随着网络信息技术的发展，全球进入互联网＋时代，办公室作为最基本的管理场所正在悄悄发生变化，跨地域、跨部门、跨层级的及时的信息传送使办公自动化（OA）进入了网络时代。给企业行政管理带来一些积极的影响，如企业行政组织结构开始由企业核心决策层为中心向以网络为中心转变，同时网络化的信息资源共享和公众参与决策，使决策向更加民主、透明方向发展。海量的信息资源和大数据处理技术，将有利于行政决策科学化。人们可以借助高速信息网，克服时空的阻隔，实现双向交流信息，才能克服心理障碍，积极参与决策，促进企业行政决策和企业日常管理更加民主化。强大的企业网络管理系统可以促进规章制度、程序办法、数据信息的透明化，提高企业民主监督效果，有利于企业行政管理规范化。

三、企业行政环境优化

现代企业要在社会环境和具体工作环境的制约中谋求生存和发展，必须处理好与环境的关系。要认识到在企业与环境这一对矛盾中，环境可以作用和影响企业，企业也可作用和影响环境，两者是相互作用、相互影响的。企业行政管理者不应只使企业被动地顺应环境，而应使企业能动地适应环境、优化环境。

1．企业必须了解环境及其变化动态

1）了解工作环境

工作环境可对企业的生产、行政活动产生直接影响。企业必须首先了解工作环境，以便对其进行严密的监控和分析，通过各种手段对其施加影响。企业对环境的了解程度取决于环境因素的可知性、规律性及可预测性，社会信息传递的透明程度，以及企业本身获取信息、加工信息的能力，比如管理信息系统是否健全、畅通，各级行政管理人员对信息的觉察程度，企业收集、储存、加工信息的能力等。

2）了解社会环境

现代企业受社会环境的影响日益明显。一般来讲，绝大多数企业不可能采取有效措施去改变社会环境，但可以通过各种方式和渠道去认识、了解和掌握企业所处的社会环境，认真研究其变化的规律，预测其变化的趋势及可能对组织产生的影响，从而制定出相应的目标和战略。

2．应通过主观努力，在一定程度上改变环境

企业通过主观努力，在一定程度上改变环境因素，可以使不利环境变为有利环境，使不稳定的环境变为相对稳定的环境，使影响企业的不利因素减少。企业一般可通过以下途径改变环境：

（1）通过调整行政管理目标，调整企业的管理方式和组织结构，改变企业目前所处的不利环境；

（2）通过提高行政管理质量、提高服务水平、转变作风等措施，改善企业在职工心目中的形象，从而使企业的环境得到改善；

（3）通过改变行政管理的管理理念，发展和培养良好的企业文化，改善企业的整体环境。

一般来说，企业改变环境主要表现在工作环境方面，而对社会环境的改造能力则很弱。相对而言，大企业对环境的改变能力较强，对环境的适应能力也较强；小企业改变环境的能力虽很弱，但经营灵活、机制健全的小企业对环境的适应能力较强。无论是大企业还是小企业，对环境的改变及改造都要适应环境变化的自然趋势，而不能违背这种趋势。

本章小结

本章主要介绍了企业行政环境分析方法和应对变化的方法。企业作为市场经济的主体，其行政管理活动总会受到环境的影响。影响企业行政管理活动的环境既有企业的内部环境，也有外部环境。外部环境主要包括政治法律环境、经济环境、技术环境、社会文化环境、自然环境；内部环境主要指企业的资源、能力、核心竞争力等。常用的企业环境分析方法有PEST分析法、外部因素评价矩阵分析法以及SWOT分析法，这些分析工具有助于行政管理人员正确、科学的做出决策。企业的行政管理活动要适应环境的变化，更重要的是管理人员要具有前瞻性，能够影响环境、优化环境，使企业更好地符合时代发展的要求。

本章练习

一、判断题

1. 企业行政环境指企业的内部工作条件。　　　　　　　　　　　　　　（　　）

2. PEST 分析法是用来分析企业的内部环境的方法。　　　　　　　　　（　　）

3. SWOT 分析指对企业的优势、劣势、机会和威胁进行综合分析。　　　（　　）

4. 企业行政管理与国家政治法律状况有关，与国家经济状况无关。　　　（　　）

5. 企业的有形资源比无形资源更重要。　　　　　　　　　　　　　　　（　　）

6. 企业行政管理活动只能适应环境，不能改变和影响环境。　　　　　　（　　）

7. 文化环境对企业的影响是直接的、潜在的和持久的。　　　　　　　　（　　）

8. 核心竞争力指某企业领先于其他企业的科技能力。　　　　　　　　　（　　）

9. 迈克尔·波特把企业的活动分成基本活动和企业的人力资源开发与管理。（　　）

10. 只要企业有足够雄厚的实力，不管外界环境如何都能屹立不倒。　　　（　　）

二、单项选择题

1. 下列哪一项不属于企业外部行政环境的要素？（　　）

　　A. 政治法律环境　　　　　　　　　　B. 企业核心竞争力

　　C. 技术环境　　　　　　　　　　　　D. 经济环境

2. 运用 SWOT 分析法，当企业具有一定的内部优势，外部环境有机遇时，应采取（　　）。

　　A. 增长型战略　　　　　　　　　　　B. 扭转型战略

　　C. 防御型战略　　　　　　　　　　　D. 多种经营战略

3. 下列哪一项不属于企业的资源？（　　）

　　A. 经理人的才能　　　　　　　　　　B. 专利

　　C. 厂房　　　　　　　　　　　　　　D. 产品的研发

4. 下列哪一项不是核心竞争力的必备条件？（　　）

　　A. 有价值的　　　　　　　　　　　　B. 稀有的

　　C. 难以模仿及不可替代　　　　　　　D. 其他企业不曾涉足的

5. 要优化企业行政环境必须首先（　　）。

　　A. 了解工作环境　　　　　　　　　　B. 了解社会环境

　　C. 调整行政管理目标　　　　　　　　D. 改变行政管理的理念

三、多项选择题

1. 企业行政环境的特征有（　　）。

　　A. 客观性　　　　　　　　　　　　　B. 动态性

　　C. 相关性　　　　　　　　　　　　　D. 系统性

2. PEST 分析法主要从哪些方面进行分析？（　　）

　　A. 政治和法律　　　　　　　　　　　B. 经济

　　C. 社会文化　　　　　　　　　　　　D. 技术

3. 国内的政治环境包括哪些要素？（　　　）

    A. 政治制度　　　　　　　　　　B. 政党和政党制度

    C. 政治性团体　　　　　　　　　　D. 方针政策

    E. 政治气氛及社会治安

4. 社会文化环境包括哪些要素？（　　　）

    A. 人口　　　　　　　　　　　　B. 自然

    C. 文化　　　　　　　　　　　　D. 法律

5. 企业内部行政环境包括哪些要素？（　　　）

    A. 资源　　　　　　　　　　　　B. 能力

    C. 核心竞争力　　　　　　　　　　D. 各级领导干部

四、问答题

1. 简述企业行政环境对企业行政管理工作的影响。

2. 简述企业行政环境的特征。

3. 简述企业行政环境分析方法。

4. 简述企业外部行政环境认识。

五、案例分析题

鸿星尔克：技术创新与卓越管理的完美结合

鸿星尔克成功跻身全国企业五百强并非偶然，而是其一直以来坚实的产品质量、技术创新和优秀管理团队的必然结果。销售额的稳定增长、市场占有率的不断提高、企业实力的不断增强，都为鸿星尔克的崛起打下了坚实的基础。

鸿星尔克在市场中的表现同样令人瞩目。其产品创新力十足，不断推陈出新，满足消费者日益多样化的需求。此外，鸿星尔克注重品牌建设，通过精准的定位和独特的品牌文化，成功吸引了大量的忠实用户。同时，企业积极拓展市场，不仅在本土市场取得辉煌成绩，还在国际市场上赢得了众多赞誉。

那么，鸿星尔克为何能在市场中取得如此优秀的表现呢？首先，其强大的产品研发能力和生产工艺是关键。鸿星尔克拥有一支高素质的研发团队，能够迅速将市场需求转化为实际产品，而且生产工艺精湛，确保了产品的质量和性能。其次，优秀的市场营销策略也是推动鸿星尔克市场表现的重要因素。企业注重品牌推广，通过各大媒体和网络平台进行宣传，同时积极参加各类展会，提升品牌知名度。

总体来说，鸿星尔克成功跻身全国企业五百强，既得益于其卓越的产品质量和技术创新，也归功于其出色的市场表现。展望未来，随着市场环境的不断变化和消费者需求的持续升级，鸿星尔克将继续秉持"以人为本、科技领先"的企业理念，不断提升产品品质和技术创新水平，力争在全球市场竞争中取得更加辉煌的成绩。

鸿星尔克的成功历程也让我们看到了企业持续发展的可能性。只要我们始终保持对技术创新的执着追求，始终关注消费者需求的变化，始终致力于提升品牌价值，就有可能实现企业的长远发展目标。

（微信公众号"商业思维老臧"2023 年 9 月 21 日，有删改）

根据上面案例，解答以下问题（单项选择）。

1. 下列选项中，不属于鸿星尔克的内部优势的是（　　　）。

    A.有悠久的历史　　　　　　　　B.产品质量

    C.优秀管理团队　　　　　　　　D.技术创新

2.鸿星尔克通过精准的定位和独特的（　　　），成功吸引了大量的忠实用户，发挥了优势。

    A.技术优势　　　　　　　　　　B.产品风格

    C.营销策略　　　　　　　　　　D.品牌文化

3.根据 SWOT 分析，鸿星尔克应该采取的战略是（　　　）

    A.多种经营战略　　　　　　　　B.扭转型战略

    C.防御型战略　　　　　　　　　D.增长型战略

4.以下选项不属于鸿星尔克的成功启示的是（　　　）。

    A.始终保持对技术创新的执着追求　　B.始终坚持捐款做慈善事业

    C.始终关注消费者需求的变化　　　　D.始终致力于提升品牌价值

第四章　企业行政管理体制

学习目标

通过本章的学习,应了解现代企业制度的内容和特点,了解企业行政管理体制及其对企业的影响,掌握企业行政领导体制的含义、职能与特点,对企业行政咨询顾问体制、企业行政责任体制、企业行政监督体制有一定的了解,熟悉我国企业行政管理体制改革与发展。

案例引导

海尔集团:六次战略变革

　　海尔集团创立于 1984 年,是全球领先的美好生活和数字化转型解决方案服务商。在持续创新过程中,海尔集团始终坚持"人的价值第一"的发展主线,以用户体验为中心,踏准时代节拍,从资不抵债、濒临倒闭的小厂,通过现代企业制度改革和海尔独特的运营模式,改革、创新、拓展,发展成引领物联网时代的生态型企业,连续 4 年作为全球唯一物联网生态品牌蝉联 BrandZ 最具价值全球品牌 100 强。

　　从 1984 年创立至今,海尔集团经历了六个阶段。

　　1. 名牌战略发展阶段(1984—1991 年):要么不干,要干就干第一

　　20 世纪 80 年代,正值改革开放初期,很多企业引进国外先进的电冰箱技术和设备,包括海尔。那时,家电供不应求,很多企业努力上规模,只注重产量而不注重质量。海尔没有盲目上产量,而是严抓质量,实施全面质量管理,提出了"要么不干,要干就干第一"的口号。当家电市场供大于求时,海尔凭借差异化的质量赢得竞争优势。这一阶段,海尔专心致志做冰箱,在管理、技术、人才、资金、企业文化方面有了可以移植的模式。1985 年,一位用户来信反映海尔冰箱有质量问题,海尔集团创始人张瑞敏让员工用大锤砸毁 76 台有缺陷的冰箱,砸醒了员工的质量意识。

　　2. 多元化战略发展阶段(1991—1998 年):海尔文化激活"休克鱼"

　　20 世纪 90 年代,国家政策鼓励企业兼并重组,一些企业兼并重组后无法持续下去,或认为应做专业化而不应进行多元化。海尔的创新是以"海尔文化激活'休克鱼'"思路先后兼并了国内 18 家企业,使企业在多元化经营与规模扩张方面进入

一个更广阔的发展空间。当时,家电市场竞争激烈,质量已经成为用户的基本需求。海尔在国内率先推出星级服务体系,当家电企业纷纷打价格战时,海尔凭借差异化服务赢得竞争优势。这一阶段,海尔开始实行 OEC(Overall Every Control and Clear)管理法,即每人每天对每件事进行全方位的控制和清理,目的是"日事日毕,日清日高"。这一管理法也成为海尔创新的基石。

3. 国际化战略发展阶段(1998—2005 年):走出国门,出口创牌

20 世纪 90 年代末,海尔提出"走出去、走进去、走上去"的"三步走"战略,以"先难后易"的思路,首先进入发达国家创名牌,再以高屋建瓴之势进入发展中国家,逐渐在海外建立起设计、制造、营销"三位一体"的本土化模式。这一阶段,海尔推行"市场链"管理,以计算机信息系统为基础,以订单信息流为中心,带动物流和资金流的运行,实现业务流程再造。这一管理创新加速了企业内部的信息流通,激励员工使其价值取向与用户需求相一致。

4. 全球化品牌战略发展阶段(2005—2012 年):创造互联网时代的全球化品牌

互联网时代带来营销的碎片化,传统企业的"生产—库存—销售"模式不能满足用户个性化的需求,企业必须从"以企业为中心卖产品"转变为"以用户为中心卖服务",即用户驱动的"即需即供"模式。互联网也带来全球经济的一体化,国际化和全球化之间是逻辑递进关系。"国际化"是以企业自身的资源去创立国际品牌,而"全球化"是将全球的资源为我所用,创立本土化主流品牌。因此,海尔整合全球的研发、制造、营销资源,创立全球化品牌。这一阶段,海尔探索的互联网时代创造顾客的商业模式就是"人单合一双赢"模式。

5. 网络化战略发展阶段(2012—2019 年):网络化的市场,网络化的企业

互联网时代的到来颠覆了传统经济的发展模式,而新模式的基础和运行则体现在网络化上,市场和企业更多地呈现出网络化特征。在海尔看来,网络化企业发展战略的实施路径主要体现在三个方面:企业无边界、管理无领导、供应链无尺度。即大规模定制,按需设计,按需制造,按需配送。

6. 生态品牌战略阶段(2019 年至今):人是目的,有生于无

海尔生态品牌战略的实质就是要跟用户交互,利用区块链、物联网等新技术,为用户提供所需要的产品和服务。具体而言,在物联网下,将持续以用户需求为导向,让员工发挥最大价值为用户创造价值;以生活场景为目标,突破产品和行业的边界;深度挖掘和掌握用户的动态需求,持续为用户提供个性化产品和场景服务;打破过去价格交易的传统产品售卖逻辑,从而开启新的交互模式。

(资料来源:德电咨询 2023 年 9 月 13 日,有删改)

【启示】

海尔的发展史表明,中国的企业制度已经由过去的国家统一管理改革成现代企业制度。这是非常艰辛的过程,既要克服过去的弊端,又要一点一点建立起具有自身特色的现代企业制度体系。海尔的发展史正是中国企业行政管理体制发展史的缩影,中国的现代企业制度的发展正在渐趋成熟,而在企业制度的发展过程中,企业领导发挥着重要的作用。

第一节　现代企业制度与企业行政管理体制

一、现代企业制度的含义与特征

1. 现代企业制度的含义

1）企业制度

企业制度是企业产权制度、企业组织形式和经营管理制度的总称。企业制度的核心是产权制度，企业组织形式和经营管理制度是以产权制度为基础的，三者分别构成企业制度的不同层次。企业制度是一个动态的范畴，它是随着商品经济的发展而不断创新和演进的。

从企业发展的历史来看，具有代表性的企业制度有以下三种。

（1）业主制。这一企业制度的物质载体是小规模的企业组织，即通常所说的独资企业。在业主制企业中，出资人既是财产的唯一所有者，又是经营者。企业主可以按照自己的意志经营，并独自获得全部经营收益。这种企业形式一般规模较小，经营灵活。正是这些优点，使得业主制这一古老的企业制度一直延续至今。但业主制也有其缺陷，例如：资本来源有限，企业发展受限制；企业主要对企业的全部债务承担无限责任，经营风险较大；企业的存在与解散完全取决于企业主，企业存续期限较短等。因此，业主制难以适应商品经济发展和企业规模不断扩大的要求。

（2）合伙制。这是一种由两个或两个以上的人共同投资并分享利润、共同监督和管理的企业制度。合伙企业的资本由合伙人共同筹集，扩大了资金来源；合伙人共同对企业承担无限责任，可以分散投资风险；合伙人共同管理企业，有助于提高决策能力。但是合伙人在经营决策上也容易产生意见分歧，合伙人之间可能出现偷懒的道德风险。因此，合伙制企业一般局限于较小的合伙范围内，以小规模企业居多。

（3）公司制。现代公司制企业的主要形式是有限责任公司和股份有限公司。公司制的特点是：公司的资本来源广泛，使大规模生产成为可能；出资人对公司只负有限责任，投资风险相对较低；公司拥有独立的法人财产权，保证了企业决策的独立性、连续性和完整性；所有权与经营权相分离，为科学管理奠定了基础。

2）现代企业制度

现代企业制度是指以市场经济为前提，以完善的企业法人制度为基础，以有限责任制度为保证，以公司制企业为主要形式，以产权清晰、权责明确、政企分开、管理科学为条件的新型企业制度，其主要内容包括企业法人制度、企业自负盈亏制度、出资者有限责任制度、科学的领导体制与组织管理制度。

现代企业制度是现代市场经济中企业的组建、管理、运营的规范的制度形式。它是市场经济发展的最佳选择，是适应现代化大生产要求的企业制度，是我国企业尽快成为市场经济主体，走向现代化、国际化的企业制度。对于我国建立社会主义市场经济体制来讲，建立现代企业制度是这一新经济体制的重要构成部分，它将造就社会主义市场经济运行的微观基础，加速新体制的培育和发展。

2. 现代企业制度的特征

现代企业制度的基本特征是产权清晰、权责明确、政企分开和管理科学。

1）产权清晰

产权清晰是指产权在两个方面的清晰：一是法律上的清晰；二是经济上的清晰。

现代公司的产权是清晰的。无论是股份有限公司还是有限责任公司，究竟由谁出资兴办，不同的投资者各占多少股份，拥有多少股权，都是清楚的、明确的。股权是按出资比例所界定的权益，股权是可以转让的，股权的变更、交易都要符合法定的程序。因此，现代公司制可以从根本上改变原来国有企业产权模糊、虚置，产权关系不清晰，许多部门都认为自己拥有对国有企业的产权和最终控制权，出现了对国有资本的保值不关心、不负责等不良现象。

2）权责明确

权责明确是指合理区分和确定企业所有者、经营者和劳动者各自的权利和责任。所有者、经营者和劳动者在企业中的地位和作用是不同的，因此它们的权利和责任也是不同的。所有者按其出资额，享受资产受益、重大决策和选择管理者的权利，企业破产时对企业债务承担相应的有限责任；企业在其存续期间，对由各个投资者投资形成的企业法人财产拥有占有、使用、处置和收益的权利，并以企业全部法人财产对其债务承担责任；经营者受所有者的委托，享有在一定时期和范围内经营企业资产及其他生产要素并获取相应收益的权利；劳动者按照与企业签订的合约拥有就业和获取相应收益的权利。权利与责任相对应是一个基本原则，如果权利大于责任，就包含了滥用权力的危险；反之，如果责任大于权利，则可能出现不愿或不能负责任的情况。

3）政企分开

政企分开有两层含义。一方面要求政府将原来与政府职能合一的企业经营职能分开后还给企业；另一方面，要求企业将原来承担的社会职能如住房、医疗、养老、社区服务等分离后还给政府和社会。

政企分开的基本含义是政府行政管理职能、宏观和行业管理职能与企业经营职能分开，实现所谓的"三分开"：实现政资分开；实现国有资产的管理职能同国有资产的营运职能分开；实现资本金的经营同财产经营分开。

4）管理科学

现代企业制度的重要特征之一是管理科学，即实施科学的、有序的、规范的现代化企业管理。

管理科学是一个含义宽泛的概念。从较宽的意义上说，它包括了企业组织合理化的含义，例如，所谓"横向一体化"、"纵向一体化"、公司结构的各种形态等，都涉及企业组织合理化问题。一般而言，规模较大、技术和知识含量较高的企业，其组织形态趋于复杂。从狭义而言，管理科学要求企业管理的各个方面，如质量管理、生产管理、供应管理、销售管理、研究开发管理、人事管理等方面的科学化。现代公司为了在市场经济中求生存求发展，面临着巨大的外部市场的压力，如果管理不善、经营不好、业绩较差，公司就有被市场淘汰的危险，股东也会"用脚投票"，抛售股票或转让股权，使股价下跌。经营管理不善，不仅会损害股东们的利益,也会直接损害经营者以及员工的利益。因此,现代公司存在着不断改进经营管理的外部压力和内部动力。

二、现代企业治理结构

公司制企业在市场经济发展中已经形成一套完整的组织管理制度,这种组织管理制度经过上百年的实践,可以既能保障股东的权益,又能使经营者有充分的财产经营权,同时保障有效的监督。

"公司治理结构"是指三个独立的部分——所有者(股东)、公司法定代表(董事会)、执行管理部门(经理)之间形成的一定关系。这种关系使公司权力机构既权责分明,又相互制衡,形成企业发展的一种良好的机制。在公司制改组中,建立公司治理结构是最关键的。

1. 公司内部治理结构的设立及其权责的划分

产权清晰的公司制企业设立后,能否有效运营主要取决于内部治理结构是否科学合理。通行的一般规范主要有以下几个层次。

(1)股东会。它是公司的权力机构。国家授权投资的机构或者国家授权的部门以及其他投资者参加股东会并依法行使权力。股东会有权选举和罢免董事会与监事会成员,制定和修改公司章程,审议和批准公司的财务预决算、投资以及收益分配等重大事项。

(2)董事会。它是公司的经营决策机构。由股东选举产生,其人选由股东推荐,通过法定程序进入董事会,董事对全体股东负责。董事会采取每人一票和简单多数通过的原则,实行集体决策,其优点是信息量大、集思广益,有利于决策的民主化和科学化。

(3)经理。它由董事会聘任,不能由政府行政机构或股东会直接任免。经理对董事会负责。其职责是对公司的日常生产经营进行统一指挥,依照公司章程和董事会的授权行使职权。

(4)监事会。它由股东代表和职工代表按一定比例组成,是公司的监督机构,向股东会负责。监事会依法和依照公司章程对董事会和经理行使职权的活动进行监督,防止滥用职权问题的发生。

以上一般规范提供了公司治理结构中股东、董事会、经理、监事会相互关系的基本框架。在实际运行中,由于公司的具体情况各不相同,在这一基本框架内,对有关几方面之间关系的规定常常不尽相同,世界上各国公司的治理结构也各具有不同特点。

2. 现代企业治理结构的要义

现代企业治理结构的要义在于明确划分股东、董事会和经理人员各自的权利和责任,从而形成三者之间的制衡关系。

首先,股东作为所有者掌握着最终的控制权,但是,股东一旦选定董事并授权董事会负责公司管理后,股东便不能随意干预董事会的工作了。

其次,董事会作为公司的法定代表全权负责公司,具体委托经理人员负责日常经营事务,并有对经理人员进行监督和确定对经理人员激励的权利。但是,董事会最终要对股东负责。

最后，经理人员受聘于董事会，作为公司的意定代理人统管公司日常事务，在董事会授权范围内进行决策，其他人不得任意干预经理人员的工作。经理人员的业绩要受到董事会的监督和评判。

公司治理结构提供了股东、董事会、经理人员相互关系的基本框架，在基本框架内，具体治理结构可以有较大的灵活性。依据各国的不同国情、各公司的具体情况，三者之间关系的确定常常是有很大不同的。三者基本关系的确定依据各国的公司法，具体职能、行为的确定则依据公司章程。

三、企业行政管理体制的含义与要素

1. 企业行政管理体制的含义

一般地说，企业行政管理体制是指一个企业的行政机构设置、行政职权划分及为保证企业行政管理顺利进行而建立的一切规章制度的总称。从本质上说，企业行政管理体制就是一个企业的管理制度的集中反映。

企业行政管理体制的含义包括以下几个要点。

（1）企业行政管理体制的核心是各级企业行政机构的权力和职责的划分。任何企业行政管理体制的建立、改革与完善，都是围绕着企业行政职权的划分或分配进行的。

（2）企业行政机构是企业行政管理体制的载体或组织形式。

（3）一定的规章制度和程序是企业行政管理体制不可缺少的组成部分。没有一定的规章制度和程序，企业行政职权就不能很好地使用，企业行政机构就不能很好地运行，企业行政管理体制也就会失去意义。

（4）企业行政管理体制具有明显的社会性，同时又受其他许多因素的影响。

2. 企业行政管理体制的基本要素

企业行政管理是企业参与社会化大生产及市场竞争的客观要求。在现代经济生活中，随着社会生产力的发展，生产分工日趋专业化，这就要求一个生产流程中各个环节最大可能地协调一致。因此，要有效地组织企业生产经营就必须有一定强制力的权威与服从机制——即企业行政管理。具体而言，企业行政管理体制包含的基本要素包括企业行政组织机构、企业行政管理职能、行政管理体制、行政运行机制四个要素。

1）企业行政组织机构

企业的行政组织机构是指从事企业经营活动的决策、执行和监督的企业最高领导机构。企业的组织机构一般来说由三个部分构成：决策机构、执行机构和监督机构。股东大会（或股东会）及其选出的董事会是企业的决策机构。股东大会是企业的最高权力机构，董事会是企业闭会期间的最高权力机构。总经理及其助手、职能参谋等组成企业的执行机构。监事会是企业的监督机构。

2）企业行政管理职能

职能是指一定的人员或组织所具有的职责和功能。职能是职与能的辩证统一。企业行政管理职能是指行政主体作为企业管理的执行机构，依法对企业事务进行管理时应承担的职责和所具有的功能。它反映着企业行政管理活动的内容与基本方向，是行政行为

本质的具体表现。

3）企业管理体制

企业管理体制是指企业管理系统的结构和组成方式，即采用怎样的组织形式以及如何将这些组织形式结合成为一个合理的有机系统，并以怎样的手段、方法来实现管理的任务和目的。

4）企业运行机制

企业运行机制是指在企业在经济社会中有规律的运动中，影响这种运动的各因素的结构、功能及其相互关系，以及这些因素产生影响、发挥功能的作用过程和作用原理及其运行方式。企业运行机制是引导和制约决策并与人、财、物相关的各项经济活动的基本准则及相应制度，企业运行机制是决定企业行为的内外因素及相互关系的总称。

四、企业行政管理体制对现代企业管理的影响

企业行政管理体系推动和保证着企业的生产、资金、经营等业务的顺利、有效进行和相互之间的协调。在现代企业中，行政部门是企业重要的管理部门。做好行政管理工作是企业有效运转的重要前提，也是经营者提高企业管理水平的一个切入点。

1. 能够使企业更好地适应形势发展的需要

改革开放以来，我国的综合国力和竞争实力大为增强。为促进我国社会、经济更好更快地发展，科学发展观、建设创新型国家、构建社会主义和谐社会等重大战略思想和战略任务被提出，这不但是当前形势发展的需要，而且对于企业的发展同样具有十分重要的指导作用。而企业要想更好地贯彻落实这些战略思想和战略任务，并以此为指导，通过企业行政管理来实现，也只有这样，企业才能更好地适应形势发展的需要。

2. 能够增强企业的核心竞争力

除了经济实力以外，企业的核心竞争力在一定程度上体现为企业的科技竞争力和可持续发展能力。从一定意义上说，企业的科技竞争力体现为紧密结合时代要求进行学习的能力。企业行政管理在企业发展中发挥着服务和保障的作用，企业在发展过程中可以通过企业行政管理，努力打造学习型企业，强化企业成员的学习，使企业积极学习先进的管理理念、经营理念和科学技术，并且将其转化到企业的生产和发展中去。这样，才能提高企业的科技竞争力和可持续发展能力，增强企业的核心竞争力。

3. 能够保证企业平稳、有序地健康发展

企业在发展中总会碰到一些困难，企业的职工也会存在思想和实际上的一些问题，这些因素，都是不利于企业稳定、健康发展的因素。同时，企业也需要同一些政府管理部门打交道，以争取项目和资金。而企业行政管理的任务，就是要努力同政府部门打交道以为企业争取良好的外部环境，并且通过各种途径解决企业职工面临的思想和实际困难以及企业的困境，为企业发展营造良好的内部环境。这样，才能保证企业平稳、有序、健康地发展。

第二节 企业行政管理体制的类型及其特点

一、企业行政领导体制

1. 企业行政领导概述

1）领导者及其本质

领导者是在人类社会活动中负责决策、组织、指挥、协调和监督的人员，是社会中的率领者、组织者。

领导者的本质是由领导者在社会生活中所处的政治地位和经济地位所决定的。它随着领导者在社会发展的各个不同阶段所处的政治地位、经济地位的变化而变化。

2）领导者的责任

领导者的责任，是领导者适应工作职位、服务的要求而理应承担的职责。领导工作具有规模大、层次多、结构复杂、情况多变的特点。虽然不同性质、不同层次、不同类型组织中的领导者有不同的具体责任，但就一般情况而言，领导者有以下主要责任：

（1）确定组织目标；

（2）制定（或贯彻执行）路线、方针和政策；

（3）正确运营组织机构；

（4）选拔，使用和培养下属人员；

（5）关心群众生活，妥善处理国家、集体和个人三者的利益关系；

（6）创造发挥下属工作人员积极性的良好客观条件和环境等。

3）行政领导

行政领导是指行政管理系统中的领导，是行政机构的领导者依法行使权力，组织管理行政事务所进行的决策、指挥、控制、协调、监督、检查等行政活动的各个层次、各个方面及全部过程。

行政领导包括执政、行政和管理三个层次。执政是指高层行政领导的决策和领导；行政是指一般行政人员的计划、指导、考核和监督；管理则是指行政基层公务人员运用各种科学方法和技术，经常性地处理大量的具体事务。

2. 企业行政领导组织机构

企业行政领导组织机构分为决策机构、管理机构、执行机构三个层次。决策机构的职责是确定企业各项行政工作（含生产经营）的总体的大政方针；管理机构的职责是运用各种管理手段实现大政方针；执行机构的职责是贯彻执行企业行政管理指令，直接调动各级人员的积极性，完成管理指令。

3. 企业行政领导职能

企业行政领导职能主要指企业领导者激励下属并指导他们的活动，选择有效的沟通渠道和方式，解决组织成员之间的冲突。企业行政领导职能的主要内容如下。

（1）凝聚员工。引导企业中的全体人员有效地理解和认同企业目标和企业文化,使全体人员步调一致地为实现企业的目标而努力。

（2）服务下属。为下属提供良好的工作环境,努力解决下属的困难,鼓励下属努力实现企业的目标。

（3）激励员工。采取不同的手段激励员工,调动全体员工的积极性,使员工以高昂的士气和最大的努力自觉地为企业做出贡献。

（4）协调沟通。企业领导者应该协调企业的不同部门与不同员工,使其向一个目标——企业目标而努力,这样才能有效地实现企业目标。

（5）领导决策。企业领导者要充分掌握企业信息、征求各方意见,从而做出科学决策。

4. 企业行政领导运行机制

企业行政领导运行机制是指企业的行政领导机构对于影响企业运作的各因素的结构、功能及其相互关系,以及这些因素产生影响、发挥功能的作用过程和作用原理及其运行方式所采取的一系列的手段而形成的机制。企业领导运行机制是引导和制约决策机构的领导者以及与预测机构领导者相关的企业行为的内外因素及相互关系的总称。

5. 企业行政领导体制的特点

企业行政领导体制除了具备自然属性与社会属性这两种基本属性之外,还具备以下几种基本特征。

（1）系统性。领导体制作为一个系统,是一个包括企业各级各类领导机构职责与权限的划分,各级各类领导机构的设置,领导者的领导层次与幅度,以及领导者的管理制度在内的有机整体。

（2）规律性。任何社会的领导活动,其成败归根结底取决于领导者的思想与活动是否符合社会生产力发展的客观规律。

（3）全局性。领导者作为个体的人,其虽然在自身所属的单位或部门中起着统御全局的关键性作用,但在总体上必须接受领导体制的规范与制约。

（4）稳定性。领导者或领导集体是经常变动的,每一个领导者的思想作风与行为方式也因人、因时、因地而异。而领导体制相对而言则是长期稳定的,它一旦形成,就会在较长时期内保持其根本内容不变。

二、企业行政咨询顾问体制

随着现代决策思想的普及,人们逐步认识到,改革和完善决策咨询顾问体制是完善企业行政管理的重要前提。

1. 企业行政咨询

企业行政咨询是指咨询机构运用科学方法,通过对相关信息的研究,对行政过程中出现的问题做出解答,以此影响行政决策的活动。企业行政咨询使行政信息的获取更具有针对性。行政咨询促进了信息管理的完善,不仅如此,咨询过程实际上又可看作是对信息管理效果的检验,对企业决策起着重要作用。

2．企业行政咨询顾问机构

我国企业行政咨询顾问机构主要包括决策研究机构、情报研究机构、咨询服务机构等。

1）决策研究机构

决策研究机构通常包括两类：一类是企业直辖的研究机构；另一类是将科研、教育与企业相结合的研究机构，如中国社会科学院的技术经济研究所、工业经济研究所，中国科学院的系统科学研究所，以及高等学校的有关专业研究机构等。

2）情报研究机构

企业行政活动与科学研究活动的关系越来越密切，科学研究、技术进步以及所管理的情报，对于企业行政管理具有重要意义，情报研究机构所提供的咨询服务也日益受到重视。

3）咨询顾问服务机构

咨询顾问服务机构是我国实行改革开放政策后形成的，主要提供有偿服务，一般不直接隶属于行政系统，但又不同于国外咨询公司。我国的咨询顾问服务机构，一般是企业的附属和隶属机构。这类机构为企业或其他机构提供咨询服务，对企业组织管理中的新问题进行专题研究，并提出相应的方案、措施与方法。

3．企业行政咨询顾问职能

企业行政咨询顾问职能主要表现在辅助领导决策，为之提供各种有科学依据的判断以及解决问题的方案、途径和方法。具体表现为以下四个方面。

1）提供决策目标的背景材料

确定或修订决策目标，既离不开对目标环境、条件及其变化的科学分析，也离不开对目标价值、可能性及其相应关系的准确把握。

2）制定并论证各种决策方案

在决策过程中，围绕特定目标制定若干可供决策者选择的方案，是企业行政咨询顾问的重要工作。企业行政咨询顾问机构在制定方案时，还可对所有方案进行可行性研究，为决策者提供论证。

3）预测企业行政活动的发展变化

企业行政领导不仅要致力于解决当前的迫切问题，也必须对发展趋势加以考虑。企业行政咨询可通过对行政活动发展变化所做的多侧面、多角度、多层次预测，协助决策者掌握更多信息，使其在较短时间内了解全局、掌握形势。

4）解答疑难和扩充知识

现代企业行政管理对领导者的才能、知识等方面都有很高的要求，但由于主客观因素的限制以及企业领导者知识方面的局限，需要咨询顾问机构为领导者解答疑难。

4．企业行政咨询顾问的管理体制

目前我国已经运营的企业行政咨询顾问机构的管理体制有多种形式，各形式之间存在一定的交叉与相容的部分，总体上有以下主要类型。

企业行政咨询顾问按行政隶属关系可划分为集中统管型咨询顾问机构和专线管理型咨询顾问机构。集中统管型咨询顾问机构是指在企业行政咨询顾问机构成立专门的机构,进行统一管理;专线管理型咨询顾问机构是指在各分支机构主管部门的直接领导下按咨询顾问机构设置的不同部门分别成立专门的管理机构。

企业行政咨询顾问机构按核算方式可划分为事业单位管理型咨询顾问机构、企业经营型咨询顾问机构和事业单位企业化管理型咨询顾问机构。事业单位管理型咨询顾问机构实行收支两条线管理,所获收入全额上交上级主管部门,支出经费根据年度计划由上级主管部门审批划拨。企业经营型咨询顾问机构在经济上实行独立核算、自负盈亏。事业单位企业化管理型咨询顾问机构在机构设置及经费使用上沿用事业管理型咨询顾问机构的模式,在财务核算上借助了企业经营型咨询顾问机构的优势。

5．企业行政咨询顾问的运行机制

企业行政咨询顾问的运行机制是指企业行政咨询顾问的生存和发展的内在机能及其运行方式,是引导和制约企业行政咨询顾问机构关于企业生产经营决策以及与人、财、物相关的各项活动的基本准则及相应制度,是决定企业经营行为的内外因素及相互关系的企业行政咨询顾问体制的总称。

企业行政咨询顾问的运行机制是企业经营过程中的辅助机制。企业的经营活动是个连续不断的过程。企业行政咨询顾问的运行机制是研究在运行过程中各企业行政咨询顾问机构与分支机构之间相互联系和作用及其制约关系,是企业运行的自我调节方式。企业行政顾问咨询运行机制可以使企业经营活动协调、有序、高效运行,增强其内在活力和对外应变能力。

6．企业行政咨询顾问体制的特点

企业行政咨询顾问体制通常具有以下特点。

1)重要性

现代企业制度要求企业管理以企业行政咨询顾问为辅助手段,通过预测、分析、反馈等企业行政咨询顾问活动,使企业的各项经营活动的目标统一到实现企业整体战略目标上来。

2)系统性

企业行政咨询顾问机构通过观念、制度、体制、规范、利益分配等方式,把构成企业经营的各要素有机地结合起来,使企业内部各种力量、资源协调、配合,以统一的意志和行为开展企业活动,提高企业整体收益。

3)有序性

企业行政咨询顾问机构之所以能作为一个整体发挥较高的功效,就在于它的有序性。健全、完善的企业行政咨询顾问机构,不仅表现在构成企业行政管理系统的各个要素处于不同地位,形成不同层次,更表现在企业行政管理咨询顾问系统中的物质、能量、信息的流通是以一定渠道有序进行的,使企业的各项经营活动按着统一的战略目标有条不紊地运行。

4）适应性

完善企业管理机制，就要使企业行政咨询顾问机构能够对动态的经济环境做出敏捷的反应，并据以进行自我调节。

三、企业行政工作责任体制

现代工业企业规模庞大、人员众多、职能复杂，制定具体化的企业行政工作责任制度，是保证行政行为规范化、克服随意性、减少行政失误的有效手段。企业行政工作责任体制的建设，有其生存和发展的必要性。

1. 企业行政工作责任体制概述

企业行政工作责任是企业及其行政工作人员因其工作职位和角色而对授权者、法律以及行政法规所承担的责任，这种责任的制度化和法律化就是行政工作责任制度。所以，行政工作责任制度是关于行政主体执行企业行政权力应该承担的政治、法律和道义的责任制度。就中国企业行政工作责任制度的理论和实践来看，中国的企业行政工作责任体制包括以下几层含义。

1）企业行政工作责任体制是一种企业行政管理的手段

管理是运用权力进行有效组织的过程。在这个过程中，与权力运用相适应的就是职位、职务和职责的统一。权力与责任相互制约，有权无责和有责无权都不可能进行有效管理。只有当权力与责任相统一时，管理才能产生其最终效果。所以，责任作为对管理者行使权力的一种制约措施，本身就是一种管理方法或手段。而企业行政工作责任体制恰恰是以一种人事管理的方法和手段出现的，它从责、权、利统一的原则出发，规范了企业行政工作人员的工作关系和工作内容、任务及标准。

2）企业行政工作责任体制，是一种以外力的约束力为支撑力的群体性机制

企业行政工作责任体制的核心，在于如何保障企业权力主体对行政部门及其管理行为的有效监督和控制。从这种意义上说，企业行政工作责任体制实际上是对企业的利益起保障作用的机制。为了确保企业行政部门和行政管理者根据职工的意志和法律的规定开展行政活动，就必须通过一定的形式来防止和反对企业行政部门肆意追求权力与特殊利益而置企业利益于不顾的现象，这就是建立健全企业行政工作责任监控体系的缘由。

2. 企业行政工作责任机构

企业行政工作责任机构是指专门负责企业行政工作责任的管理机构。企业行政责任从根本上说是由企业生产技术活动的特点决定的，企业的生产过程复杂，劳动分工精细，技术协作严密，需要许多部门、车间、班组及全体职工的共同协作才能完成，因此，必须有一个进行科学管理的企业行政责任机构，才能使企业管理工作形成一个人人有专责、事事有人管、办事有标准、工作有检查的良好局面，从而使企业行政机关和企业行政公务人员既分工又合作、既严肃又灵活。从这个意义上说，没有一个健全的、管理科学的行政责任机构，行政管理就不复存在，更谈不上企业目标的实现。

3. 企业行政工作责任体制的职能

企业行政工作责任体制的主要职能是决策计划、组织协调、控制监督以及执行的职

能。决策计划职能主要指企业行政工作责任机构依据企业行政工作责任制度对企业行政部门的工作责任进行事前规划,对企业行政部门所要承担的工作责任做出重大决策;组织协调职能是指企业行政工作责任机构要对企业行政各部门所要承担的责任进行合理的分配,协调各责任主体完成其工作责任,从而保障行政责任制度的顺利实施;控制监督职能是指行政责任体制内部对其工作责任要进行有效控制,保证责任主体在完成工作责任的同时也对其造成的失责行为负责;执行职能是指企业行政管理部门对企业行政部门违反工作责任制度的责任主体进行追究并严格执行行政工作责任制度。值得提出的是,企业行政工作责任的各项职能并不是独立的,这几项职能共同作用,促使企业行政工作责任体制的顺利运行。

4. 企业行政工作责任的运行机制

企业行政工作责任的运行机制包括确立企业行政工作责任的原则、依据、种类以及形式。

1) 企业行政工作责任的确定原则和依据

企业行政工作责任的确立必须遵循科学合理原则、系统性原则、动力原则和效益原则。科学合理原则是指企业行政工作责任的制定要符合企业发展的方向,要从企业实际需要出发,体现企业中不同行政部门,不同行政管理者的实际工作要求。系统性原则是指企业行政责任的制定要从系统整体出发,分层次进行分析。动力原则是指企业行政工作责任的制定要能够充分利用和发挥企业职工的积极性。效益原则是指责任的制定要能够提高行政管理的效能,增强企业的效益。

2) 企业行政工作责任的种类

企业行政工作责任的种类,从不同的划分原则出发,可分为不同的种类。

(1) 按制度和发布企业行政责任的权限来划分,可分为企业最高行政机构制定的行政责任与企业内部各级行政机构制定的行政责任。

(2) 按企业行政责任的不同内容来划分,可分为:企业人事行政责任,企业财务行政责任,企业行政领导责任,企业后勤保障行政责任,企业职工福利行政责任,等等。

(3) 按企业发布机构的职能性质来划分,可分为一般性行政责任和专门性行政责任。

(4) 按行政责任包含的行为规范性质的不同来划分,可分为禁止性行政责任、义务性行政责任和授权性行政责任。

3) 确定行政工作责任的形式

企业行政工作责任一般有三种形式:行政责任首长制形式,行政责任层级制形式,行政责任分权制形式。

(1) 行政责任首长制形式,是指企业行政部门把企业法定的行政责任和权力,赋予行政负责人一人承担,一个下属单位,只接受一个行政领导者的指令。这种形式一般适用于小型企业或应用于现场管理。

(2) 行政责任层级制形式,是指企业将行政部门纵向分为若干层级,上下对口,每个层级所管理的责任性质相同,但责任范围随层级下降而逐渐缩小。这种形式适合现代工业管理工作复杂、细致的特点。

（3）行政责任分权制形式，是指上级行政部门对下级行政部门做出某些行政指示和规定，下级行政部门有一定的自主决策权，从而使企业行政管理具有理性，能因地制宜，发挥下级行政机关的积极性和主动性。

5．企业行政工作责任体制的特点

企业行政工作责任体制作为企业行政管理体制的一个重要组成部分，在其建立和发展过程中形成了自身的基本特点。

（1）企业行政工作责任的主体是企业、企业行政管理部门以及行政工作人员。行政工作责任是一种责任或义务，这种责任由企业行政工作责任制度予以严格规定，企业行政人员必须遵守，行使行政工作权利的同时并承担相应的责任。

（2）企业行政工作责任制作为一种企业行政管理体制，是在企业的发展过程中形成并逐渐成熟的。一方面，它是企业整体行政管理体制的一部分，与企业的其他行政管理体制相互联系、相互制约，并在其他体制的影响下将企业行政工作责任具体化、合理化，并以此作为承担行政责任的判断依据。另一方面，它又自成体系，有其自身固有的发展趋势，企业行政工作责任的确定也应以自身体制的特点作为依据。

（3）企业行政工作责任体制的核心在于保障企业行政主体对其行政管理行为的有效控制。为了确保企业行政管理机构及其工作人员根据企业的利益开展企业行政工作，企业行政工作责任机构也负有企业工作责任监督的功能。凡违反行政工作责任的，都应受到企业行政工作责任机构做出的行政处罚。

四、企业行政监督体制

1．企业行政监督的含义

企业行政监督，可以作狭义和广义的理解。狭义的企业行政监督，主要是指企业内部的监督系统对企业行政系统特别是行政领导行使经营管理职权所进行的监控。广义的企业行政监督包括两个层次的内容。第一个层次是企业外部的监督。它首先是指国家政府作为行政管理者，通过市场监管、审计、财政、金融、税务、劳动和环保等职能部门或机构，对各类企业的成立、经营和终止所进行的监督；进而包括国家政府作为资产所有者，通过企业主管部门或资产管理机构，对国有企业占有、使用和依法处分这些资产的监督；此外，还有消费者大众及新闻媒介对企业的产品（劳务）及其经营活动的监督。第二个层次是企业内部的监督。它首先是指企业内部独立的监督系统对企业行政系统特别是行政领导行使经营管理职权所进行的监督，进而包括企业行政系统的自我监督。这两种监督，虽然监督的主体中只有一些是行政机构，其监督行为具有行政的性质，但从监督的对象看，除了对企业的依法成立的监督是对企业的所有者或发起者的监督外，其他都是或主要是对企业行政系统行使经营管理职权的监督。因此，我们把这些监督统称为企业行政监督。

2．企业行政监督机构

企业行政监督机构通常是指具有监督权的不同监督主体在监督方面的任务和权限划分，以及相应的机构设置。企业行政监督机构可分为内部监督机构和外部监督机构。

1) 内部行政监督机构

内部行政监督也称行政自我监督,是指企业行政系统内部具有监督权限的行政部门按照法定的程序和方式面对企业行政机构及其工作人员的行为所进行的行政性监察和督导。内部行政监督机构的主要形式有上下级之间的监督,主管部门对所属部门和有直接领导关系部门的监督,以及职能部门对其主管业务的监督。

2) 外部行政监督机构

外部行政监督机构是指来自企业行政部门以外的监督机构。为保证企业的合法性、合理性、企业的效益和社会对企业要求的达成,企业大多时候都需要来自企业行政部门之外的其他部门甚至是企业外部的社会监督机构的监督。外部行政监督机构主要有:履行监督(国企或国资控股企业)党员干部及公职人员的(纪委、监委和反贪局)机关,履行会计监督的审计、财政、税务机关,国家工商行政监督机构,社会媒体舆论监督机构。

3. 企业行政监督的职能

企业行政监督作为对企业及企业行政组织行使职权的监督,其职能及发挥的作用主要表现在以下几个方面。

(1) 预防。企业行政监督不仅要通过各种监督方式和途径及时发现各种已经发生的失范和失效的企业行政行为,而且更为重要的是,要通过各种行政监督制度的设立,增强行政行为的可预见性,使企业行政人员及早采取相应的防范措施。

(2) 矫正。企业行政监督机构通过企业内部和外部的行政监督,能够及时发现行政管理中的各种过失、错误或违规现象,促进有关部门采取措施加以纠正和改进,从而发挥矫正作用。

(3) 反馈。企业行政监督机构的主体通过各种途径和方式,对监督对象的企业行政管理活动过程及其结果的真实性、准确性和可靠性做出评价和反馈,不仅为决策者,而且为执行者提供改进工作的科学依据。

4. 企业行政监督的运行机制

企业行政监督的运行机制是指针对企业行政部门而设立的行政监督体制的运行方式以及影响行政监督体制运行的因素及其相互之间的关系。高效的企业行政监督的运行机制主要包括以下两方面的内容。

1) 企业行政监督的运行方式

企业行政监督的运行方式按行政管理工作的活动过程可以分为事前监督、事中监督与事后监督。

(1) 事前监督是指在行政管理部门进行行政决策、开展企业行政工作之前进行监督。

(2) 事中监督是指在行政管理部门决策与执行过程中所进行的监督。

(3) 事后监督是指行政决策或者行为做出之后由相关监督主体进行的监督活动。

2) 企业行政监督的原则

企业行政监督作为企业行政管理的重要组成部分,要受到行政管理客观发展规律的支配和影响。一般来说,高效的行政监督活动应遵循经常性与广泛性相结合的原则、客观性与公正性相结合的原则以及确定性与有效性相结合的原则。

经常性与广泛性相结合的原则是指在现代企业行政管理活动中，行政监督应当贯穿于行政管理活动的始终，即在企业行政部门的决策、组织、协调、执行等各个环节都要实行有效的监督。只有进行经常性的监督，才能揭露行政管理环节上的缺陷及其工作人员的失职行为，并查明产生这些问题的原因，为以后的工作提供依据和意见。另外，也要坚持行政监督的广泛性，即要运用各种监督力量形成统一的局面，使行政管理的一切行为、措施都受到监督。

客观性与公正性相结合的原则是指在企业行政监督过程中，必须实事求是，客观地对待企业行政管理中的每个人和每件事，深入调查，听取不同的意见，做出正确的判断。与此同时，行政监督机构还要以法律和监督制度为准绳，以事实为依据，公正地对待企业管理工作。

确定性与有效性相结合的原则是指企业行政监督的运行机制必须是具体的、明确的，监督机构的工作权限、监督范围、监督程序都必须明确，不能有任何的含糊。另外，要根据相应的信息实施监督行为，及时、迅速地发现和查明可能或已经导致违法失职行为的原因、条件，并迅速地消除这些原因和条件，有效解决失职行为产生的后果。

5. 企业行政监督体制的特点

企业行政监督体制建立的企业背景不同，制度基础各异，其特点也有很大的不同，但作为现代科学、有效的企业行政监督体制，它一般都具有以下几个特点。

1）权威性

在企业利益和私人利益存在差异以及权力所有者和行使者相对分离的情况下，监督就意味着一种权力对另一种权力的监控和制约。如果没有权力，监督只能是一种摆设，不会有任何的约束力。因此，企业行政监督最基本的特点就是具有权威性，这种在企业内部的权威性保证了企业行政监督的有效性。

2）独立性

从行政监督本身的要求来看，企业行政监督是监督主体对客体的一种限制性活动。因此，监督主体绝不能和监督客体两位一体，更不能依附或受制于监督客体，而必须具有相对的独立性，只有这样才能保证企业行政监督的客观、公正。

3）广泛性

企业行政监督涵盖了所有的企业行政行为，从运作过程到运作机制，从实体到程序，从合法性到有效性，涉及面越来越宽泛。正是有了这些多角度、多层次、多元化的监督活动，才能使对企业行政部门的管理形成一个相互联系、相互作用的监督体系，才能体现出企业行政监督的科学性。

4）多样性

随着企业社会责任在经济活动中的重要性的增强，社会舆论和社会公众对企业尤其是大型企业的关注度的提高，企业行政监督主体不再是单一的企业内部监督，而是越来越多样化，尤其是社会各界媒体的参与，使企业更加注重企业行政监督在企业行政管理中所发挥的重要作用。

第三节 企业行政管理体制的改革与发展

一、企业行政管理体制的沿革

新中国成立以后,我国政府建立了国有企业,采取了一系列发展企业的方针政策,大大促进了生产力的发展。多年以来,企业行政管理经历了一个曲折的发展过程。

1. 我国的企业行政管理开始走上科学管理

新中国成立后,在第一个五年计划期间,国家开始了大规模经济建设,兴建了156项重点工程,在全国范围全面引进和学习苏联的企业管理方法。

(1)实行计划管理。强调生产的计划性,推行生产作业计划,按计划图表组织有节奏的均衡的生产,建立了生产作业计划制度,使生产秩序走向正轨。

(2)实行技术管理。推行工艺规程,建立健全生产技术准备工作和设备预修制度,设置质量检验机构和专职检验人员进行质量管理。

(3)实行劳动人事管理。制定各种劳动定额,注意培养技术工人,组织开展劳动竞赛,实行八级工资制。

(4)实行经济管理。建立健全经济核算制度,加强资金管理。

实行这些管理措施,大大推动了生产和建设的发展,提高了我国企业行政管理水平。但由于苏联模式本身存在的缺陷和借鉴时的生搬硬套,当时我国的企业管理工作也存在不少问题,如单纯依靠行政办法,忽视民主管理,片面强调物质鼓励,放松思想政治工作等,使企业缺乏应有的自主权。

2. 企业管理有新发展但同时又有反复

1958—1966年期间,我国的企业管理工作在社会主义建设新形势下获得了一些新的经验,但也出现了较大的反复。

1958年开始"大跃进",广大干部和群众社会主义积极性空前高涨,在企业管理上出现了不少新生事物,如干部参加劳动,工人参加管理,领导干部、技术人员和工人"三结合",以及改革不合理的规章制度等。但由于"左"的错误,把第一个五年计划期间建立起来的科学管理制度和办法等都看成是不合理的而加以批判否定;不顾产品质量,不讲经济效益,使企业管理处于混乱状态,造成了不应有的严重损失和浪费。

1961年,党中央提出对国民经济进行"调整、巩固、充实、提高"的八字方针,同时颁发了《国营工业企业工作条例》("工业七十条"),总结了新中国成立以来我国企业管理正反两方面的经验,明确规定了工业企业的性质、任务、基本制度和多项管理工作,充分体现了我党优良传统与社会化大生产相结合,大胆改革与讲究科学相结合,依靠群众与严格制度相结合,思想政治工作与物质鼓励相结合等原则和精神,使我国企业管理工作重新走上科学管理轨道,并有了新的发展,从而加速了生产和技术的发展,使许多经济指标创造了历史最高水平。

3. 企业管理体制的市场化改革

在党的十一届三中全会以后，全党工作重点转移到以经济建设为中心的轨道，促使企业管理由单纯的生产型管理转变为生产经营型管理，从而使我国企业管理发展到了一个新阶段。

1979—1984 年，首先贯彻执行国民经济调整、改革、整顿、提高的方针，主要是整顿企业领导班子，实现领导班子的"四化"（即革命化、知识化、专业化、年轻化），建立经济责任制，调整劳动组织，整顿财经纪律，加强企业管理基础工作，加强企业思想政治工作等。同时，在全国范围内进行了以扩权让利为主要内容的一系列改革试点。企业从过去没有任何经营自主权和自身经济利益转变为拥有一定的经营自主权和一定比例的经济利益的实体，这是企业带有根本性的转变。

1985—2003 年，我国在全国范围内进行经济体制改革，城市经济体制逐渐展开、发展和深入，开始改革企业经营机制和经营方式，普遍推行承包制、小企业的租赁制，并进行股份制试点工作。同时，推行企业内部配套改革：实行厂长（经理）负责制和任期目标责任制；改革企业组织机构，使之适应商品经济的发展；改革干部制度，实行聘任制，公开招标选拔经营者；改革劳动制度，实行劳动合同制，优化劳动组合；改革工资制度，实行工资总额与经济效益挂钩、职工个人收入与劳动贡献相联系的多种按劳分配的形式；发展企业横向联合，允许企业兼并，组建企业集团；开展企业升级活动，提高企业质量，提升企业管理水平，等等。因此，在这段时间，企业素质有了很大提高，加强了企业的经营管理，开始推行管理现代化的工作，并制定了各种经济法规如企业法、企业破产法等，使我国企业行政管理走上了现代化、法制化的轨道。我国企业行政管理在这一新的发展阶段，总的特点是完成了由生产型管理向生产经营型管理的转变。

2004—2014 年，这一阶段的企业行政管理体制改革是所有改革中最深刻、意义最重大的一次，具体体现在如下方面。

（1）以市场化为目标的经济体制改革。新阶段经济体制改革的基本特点是以企业行政管理体制改革带动其他各方面的改革。大量事实证明，不以企业行政管理体制改革为重点，则市场化改革很难有实质性突破。

（2）以企业长期战略为目标的企业行政服务体制建设。从企业的现实基本要求看，进行以企业长期战略为目标的企业行政管理体制建设，既满足了广大企业生产经营的最主要、最迫切的要求，也突出我国企业的工作目标。

（3）以发展企业内部民主管理为目标的治理体制改革。在改革的新阶段，利益诉求、利益表达以及企业员工参与民主决策和民主管理，已成为企业行政管理体制改革的现实目标。事实上，我国企业推进行政管理改革，最直接、最现实的起点在于建立一个共同参与型企业行政管理体制，以实现良好的企业治理。

（4）以网络化、信息化为手段的现代企业行政管理体系构建。随着现代网络信息技术的发展和智能化、实时化管理系统的广泛应用，企业行政管理体制日益灵活化、扁平化、敏捷化，可以实现跨地域、跨层级、跨时间的实时管理。这不但节约会议，差旅，纸张，人力，车辆等成本费用，还可以实现高效决策，远程指挥，实时指令传达，信息传递，实时监控，运作效率大大提高。

4. 企业管理体制改革的优化与完善

2015 年以来,对于企业管理来说发生了两个重要事件,对企业行政管理体制机制的改革完善起到基础性、导向性作用。

一是 2015 年 3 月 5 日上午十二届全国人大三次会议上,李克强总理在政府工作报告中首次提出"互联网＋"行动计划。李克强总理在政府工作报告中提出,制定"互联网＋"行动计划,推动移动互联网、云计算、大数据、物联网等与现代制造业结合,促进电子商务、工业互联网和互联网金融健康发展,引导互联网企业拓展国际市场。2015 年 7 月 4 日经李克强总理签字,国务院印发了《关于积极推进"互联网＋"行动的指导意见》。"互联网＋"的本质是"互联网 2.0＋创新 2.0"的经济创新模式。互联网成为最重要的基础设施被广泛应用,以及新技术的融合,借助互联网实现无穷无尽的创新。"互联网＋"具有跨界融合、创新驱动、重塑结构、尊重人性、开放生态、连接一切等六大特征。特别是重塑结构对推动企业行政管理变革具有重要作用,由于信息革命、全球化,互联网业已打破了原有的社会结构、经济结构、地缘结构、文化结构。企业内部治理和外部合作模式都会发生了巨大改变,在权力运用、议事规则、话语权、指令传递方式等诸多方面不断在发生变化。

二是 2015 年 8 月 24 日发布的《中共中央 国务院关于深化国有企业改革的指导意见》(以下简称《意见》)。《意见》指出国有企业属于全民所有,是推进国家现代化、保障人民共同利益的重要力量,是我们党和国家事业发展的重要物质基础和政治基础。《意见》要求以解放和发展社会生产力为标准,以提高国有资本效率、增强国有企业活力为中心,完善产权清晰、权责明确、政企分开、管理科学的现代企业制度,完善国有资产监管体制,防止国有资产流失,全面推进依法治企,加强和改进党对国有企业的领导,做强、做优、做大国有企业,不断增强国有经济的活力、控制力、影响力、抗风险能力,主动适应和引领经济发展新常态,为促进经济社会持续健康发展、实现中华民族伟大复兴中国梦做出积极贡献。国企改革的主要目标是:国有企业公司制改革基本完成;国有资产监管制度更加成熟;国有资本配置效率显著提高;党的建设全面加强。同时,《意见》指出了改革的措施。①分类推进国有企业改革。将国有企业分为商业类和公益类。商业类国有企业按照市场化要求实行商业化运作,以增强国有经济活力、放大国有资本功能、实现国有资产保值增值为主要目标。主业处于充分竞争行业和领域的商业类国有企业,原则上都要实行公司制股份制改革,积极引入其他国有资本或各类非国有资本,实现股权多元化,国有资本可以绝对控股、相对控股,也可以参股,并着力推进整体上市。主业处于关系国家安全、国民经济命脉的重要行业和关键领域、主要承担重大专项任务的商业类国有企业,要保持国有资本控股地位,支持非国有资本参股。公益类国有企业以保障民生、服务社会、提供公共产品和服务为主要目标,引入市场机制,提升公共服务效率和能力。这类企业可以采取国有独资形式,具备条件的也可以推行投资主体多元化,还可以通过购买服务、特许经营、委托代理等方式,鼓励非国有企业参与经营。②完善现代企业制度。首先要加大集团层面公司制改革力度,推动国有企业集团公司整体上市;建立国有企业领导人员分类分层管理制度;实行与社会主义市场经济相适应的企业薪酬分配制度(员工的薪酬与劳动力市场基本一致并与绩效挂钩,国有企业领导人员则实行与选任方式相匹配、与企业功能性质相适应、与经营业绩相挂钩的差异化薪酬分配办法);深化企业内部用人制度改革,建立健全企业各类管理人员公开招聘、竞争上岗等制度,对特殊管理人员可以通过委托人才中介机构推荐等方式;完善国有资产管理体制,实现以管企业为主向管资本为主,推进国有资产监管机构职能转变,实行国有资本与非国有资本双向参与、混合所有制企业员工持股制度。③强化监督,防止国有资产流失。主要措施有:强化企业内部监督;建立健全高效协同的外部监督机制;实行信息公开,加强社会监督;严格责任追究。④加强和改进党对国有企业的领导。主要措施有:充分发挥国有企业党组织政治核心作用,坚持和完善双向进入、交叉任职的领导体制;进一步加强国有企业领导班子建设和人才队伍建设;切实落实国有企业反腐倡廉"两个责任",即国有企业党组织要切实履行好主体责任,纪检机构要履行好监督责任。⑤为国有企业改革创造良好环境与条件。主要措施有:完善相关法律法规和配套政策;加快剥离企业办社会职能和解决历史遗留问题;形成鼓励改革创新的氛围;加强对国有企业改革的组织领导。在这次国企改革中,允许将部分国有资本转化为优先股,在少数特定领域探索建立国家特殊管理股制度,体现了企业管理中的例外原则,有利于增强民主决策、民主管理,保证企业行政管理的正确性,减少企业重大决策、重要事项上的失误。在治理结构改革中,强调了董事会建设和规范运作,通过建立健全"权责对等、运转协调、有效制衡"的决策执行监督机制,规范董事长、总经理的行权行为,从而充分发挥董事会的决策作用、监事会的监督作用、经理层的经营管理作用、党组织的政治核心作用,将有利于解决一些企业董事会形同虚设、"一把手"说了算的问题,实现规范的公司治理。

5. 新时代企业管理体制改革发展

党的十九大以来,中国企业改革发展进入新的历史时期,面对国际形势变化和百年不遇的大变局,企业改革发展必须坚持党的全面领导,深化国有企业改革,发展壮大民营企业,积极推进"一带一路"倡议、实施中国经济内外"双循环"战略,推进高质量发展,满足人民群众日益增长的物质文化需要。

1）加强党对企业的领导,完善现代治理结构,建设中国特色现代企业制度

2021年5月,中共中央办公厅印发了《关于中央企业在完善公司治理中加强党的领导的意见》,对中央企业进一步把加强党的领导和完善公司治理统一起来、加快完善中国特色现代企业制度做出部署、提出要求。这些年,随着完成国有企业公司制改革,扎实推动国有企业党建工作要求写入公司章程,完善"双向进入、交叉任职"领导体制,为中国特色现代企业制度注入了新活力。

习近平总书记在2022年12月召开的中央经济工作会议上强调,要完善中国特色国有企业现代公司治理,真正按市场化机制运营。

2023年7月,《中共中央 国务院关于促进民营经济发展壮大的意见》发布,该意见指出,要坚持党中央对民营经济工作的集中统一领导,把党的领导落实到工作全过程各方面。坚持正确政治方向,建立完善民营经济和民营企业发展工作机制,明确和压实部门责任,加强协同配合,强化央地联动。支持工商联围绕促进民营经济健康发展和民营经济人士健康成长更好发挥作用。

2）推进经济"双循环"战略和"一带一路"倡议,构建企业体制改革新环境

2020年10月,中国共产党第十九届中央委员会第五次全体会议通过了《中共中央关

于制定国民经济和社会发展第十四个五年规划和二○三五年远景目标的建议》,该建议首次提出"双循环"战略,明确要求首先畅通国内大循环。依托强大国内市场,贯通生产、分配、流通、消费各环节,打破行业垄断和地方保护,形成国民经济良性循环。其次要促进国内国际双循环。立足国内大循环,发挥比较优势,协同推进强大国内市场和贸易强国建设,以国内大循环吸引全球资源要素,充分利用国内国际两个市场两种资源,积极促进内需和外需、进口和出口、引进外资和对外投资协调发展,促进国际收支基本平衡。

2022 年 10 月,习近平总书记在《高举中国特色社会主义伟大旗帜　为全面建设社会主义现代化国家而团结奋斗——在中国共产党第二十次全国代表大会上的报告》中指出,高质量发展是全面建设社会主义现代化国家的首要任务。发展是党执政兴国的第一要务。没有坚实的物质技术基础,就不可能全面建成社会主义现代化强国。必须完整、准确、全面贯彻新发展理念,坚持社会主义市场经济改革方向,坚持高水平对外开放,加快构建以国内大循环为主体、国内国际双循环相互促进的新发展格局。依托我国超大规模市场优势,以国内大循环吸引全球资源要素,增强国内国际两个市场两种资源联动效应,提升贸易投资合作质量和水平。推动共建"一带一路"高质量发展。

3)积极稳妥推进国有企业混合所有制改革

2020 年 5 月,《中共中央　国务院关于新时代加快完善社会主义市场经济体制的意见》发布。该意见要求积极稳妥推进国有企业混合所有制改革。在深入开展重点领域混合所有制改革试点基础上,按照完善治理、强化激励、突出主业、提高效率要求,推进混合所有制改革,规范有序发展混合所有制经济。对充分竞争领域的国家出资企业和国有资本运营公司出资企业,探索将部分国有股权转化为优先股,强化国有资本收益功能。支持符合条件的混合所有制企业建立骨干员工持股、上市公司股权激励、科技型企业股权和分红激励等中长期激励机制。深化国有企业改革,加快完善国有企业法人治理结构和市场化经营机制,健全经理层任期制和契约化管理,完善中国特色现代企业制度。对混合所有制企业,探索建立有别于国有独资、全资公司的治理机制和监管制度。对国有资本不再绝对控股的混合所有制企业,探索实施更加灵活高效的监管制度。稳步推进自然垄断行业改革。深化以政企分开、政资分开、特许经营、政府监管为主要内容的改革,提高自然垄断行业基础设施供给质量,严格监管自然垄断环节,加快实现竞争性环节市场化,切实打破行政性垄断,防止市场垄断。营造支持非公有制经济高质量发展的制度环境。建设高标准市场体系,全面完善产权、市场准入、公平竞争等制度,筑牢社会主义市场经济有效运行的体制基础。

4)优化营商环境,支持壮大民营企业发展,激发民营企业活力

2019 年 12 月,《中共中央　国务院关于营造更好发展环境支持民营企业改革发展的意见》发布,该意见指出,民营企业在推动发展、促进创新、增加就业、改善民生和扩大开放等方面发挥了不可替代的作用。深入落实习近平总书记在民营企业座谈会上的重要讲话精神,坚持和完善社会主义基本经济制度,坚持"两个毫不动摇",坚持新发展理念,坚持以供给侧结构性改革为主线,营造市场化、法治化、国际化营商环境,保障民营企业依法平等使用资源要素、公开公平公正参与竞争、同等受到法律保护,推动民营企业改革创新、转型升级、健康发展,让民营经济创新源泉充分涌流,让民营企业创造活力充分迸发,为实现"两

个一百年"奋斗目标和中华民族伟大复兴的中国梦做出更大贡献。

2023年7月，《中共中央 国务院关于促进民营经济发展壮大的意见》发布，该意见指出，要构建高水平社会主义市场经济体制，持续优化稳定公平透明可预期的发展环境，充分激发民营经济生机活力。该意见支持引导民营企业完善法人治理结构、规范股东行为、强化内部监督，实现治理规范、有效制衡、合规经营，鼓励有条件的民营企业建立完善中国特色现代企业制度。

二、现有企业行政管理体制模式存在的问题分析

企业行政管理体制不是一成不变的，也不是只有一种模式。企业采用的行政管理体制，既要满足企业规模和组织现代化大生产的客观要求，又要考虑社会制度的特点和企业的经济成分。从我国目前经济体制改革发展变化的形势来看，尤其是从发展社会主义市场经济的状况来看，我国企业行政管理还不能完全适应社会化大生产的需求，企业行政管理还未最终从根本上摆脱旧的管理模式的束缚。

1. 企业行政管理人员素质还不能适应市场经济的要求

企业行政管理不同于国家和其他非经济组织的行政管理，这是由企业的性质所决定的。企业行政管理人员不仅同一般行政管理人员一样需要懂得一般行政管理学，还要拥有经济管理、市场营销与企业生产管理等企业管理人员特有的知识。而我国现在的许多企业由于受官本位思想的影响，使得许多企业行政管理人员缺乏必要的企业生产经营管理知识，这就很难适应在市场经济条件下的企业行政管理工作。

2. 企业行政组织机构还未完全企业化

由于长期以来企业行政组织机构的设立受到国家行政管理的影响，强调上下对口，一些机构的设立与企业生产经营的关联性不大。在市场经济条件下，有些部门还需要加强。总之，我国许多企业的行政组织机构还未完全按照企业经营目标来设置。

3. 企业决策还存在效率低、缺乏科学性等问题

决策是企业的基本行为，其中经营决策是有关企业总体活动与重要经营活动的方针、目标、策略的抉择，经营决策的正确、及时对于企业的生存与发展关系极大。而决策问题牵涉领导制度、组织机构、人员素质以及对环境信息的掌握程度和决策方法等方面，它是一个综合性问题，必须用系统论、信息论、控制论的观点进行分析。

4. 企业导向自利化倾向严重，社会责任弱化

改革开放以来，我国企业改革发展不断深化，企业运行质量和效益明显提升，产生了大量核心竞争力强的明星企业。但过度的市场化也使一些企业自利化倾向严重，缺少社会责任感。近年来，频频出现企业产品质量问题，明目张胆地制售假冒伪劣产品问题，服务质量恶劣问题，国有资产流失问题，拖欠职工工资问题，内部人控制和腐败问题，等等。其重要原因是国企地位，职工主人翁地位和劳动价值，企业党组织作用，以及国有资产权益被弱化。应当在企业行政管理体制机制改革完善中解决此类制约企业长远发展的导向问题。

三、企业行政管理体制改革

与世界现代先进的企业行政管理相比,我国还存在很大差距。由于计划经济时代的后遗症在我国企业行政管理中还远未消除,中国企业行政管理的改革工作十分艰巨而迫切。其中,除为适应市场经济而转换经营机制和提高管理水平外,还须注意以下问题。

(1)要坚持党建引领,加强党对企业的领导,健全完善企业党建工作。一是加强对国有企业的领导,要正确认识和把握党的领导与公司治理的关系;正确认识和把握政治引领与企业经营的关系;正确认识和把握顶层设计与实践探索的关系;正确认识和把握长期目标与短期任务的关系。二是加强党对对民营经济工作的集中统一领导,把党的领导落实到工作全过程各方面。坚持正确政治方向,建立完善民营经济和民营企业发展工作机制,明确和压实部门责任,加强协同配合,强化央地联动。支持工商联围绕促进民营经济健康发展和民营经济人士健康成长更好发挥作用。

(2)按规范化要求,适当调整企业行政机构。目前,虽然企业行政管理机构已经过多次调整,但仍存在诸多不规范之处,如企业行政机构臃肿、人员配置紊乱、管理渠道冗余复杂等。对于这些问题,应从行政机构的体制和结构两方面加以解决。

(3)建立健全和认真执行行政部门的各项管理制度、岗位责任制度、工作程序以及一系列规范化表格、图表等,从而建立起行政部门的法治秩序。更重要的是培养出一支高素质、高效率的行政人员队伍,同时要搞好科学分工、管理分层和合理授权。

(4)健全企业行政管理的领导体制。科学的行政管理体制包括三方面的内容:以行政首长负责制为主、以咨询机构为补充,建立相应的行政监督部门。要按现代企业制度的要求,改革、完善我国现行的企业领导体制,按科学的治理结构建立新型企业领导关系模式,保证企业行政首长充分、有效地行使企业行政管理权。

(5)提倡"服务"与"合作"。一般来说,"服务"实际上是行政工作的定位,行政工作永远是为企业生产经营服务的,行政部门的定位一定是服务部门,这种观念应该深入每一个行政人员的意识中。定位准确了,工作的方法和方式也就清楚了。"合作"是一种高效率的企业行政工作质量的衡量标准。行政工作有没有合作、合作的程度如何,可以界定企业是否"健康发展"。企业要发展,行政部门必须有良好的、积极主动的合作意识。

(6)定期评价业绩,择优使用行政管理人才。对企业绩效的评价是企业行政管理的一项新需要,企业人事部门虽一直以业绩评价作为行政管理人员晋升的标准,但长期缺乏科学性和准确性,人为因素干扰太多,也有技术欠缺因素。对于前者可用部门监督的方法逐步消除,而对于后者则需从人才学角度,综合运用定量分析与定性分析等科学手段准确做出评价。通过定期评价业绩,使得企业和员工具有综合的、清晰的发展轨迹,从而为企业制定的目标而努力。

本章小结

本章主要介绍企业行政管理体制的相关知识。现代企业制度的主要内容包括企业法人制度、企业自负盈亏制度、出资者有限责任制度、科学的领导体制与组织管理制度等。

现代企业制度的基本特征是产权清晰、权责明确、政企分开和管理科学。公司治理结构是指在所有者（股东）、公司法定代表（董事会）、执行管理部门（经理）之间形成的，使公司权力机构责权分明且相互制衡的关系模式。企业行政管理体制包括企业行政组织机构、企业行政管理职能、企业行政管理体制、企业行政运行机制四个基本要素。企业行政管理体制主要包括企业行政领导体制、企业行政咨询顾问体制、企业行政工作责任体制、企业行政监督体制等内容。我国企业行政管理体制改革与发展经历了三个阶段，目前的企业行政管理体制仍然存在许多问题，亟须改革和完善。

本章练习

一、判断题

1. 企业制度的广泛建立是资本主义经济发展的产物。 （　　）

2. 财产的企业组织形式，第一次把人类追求资源配置效率的意识转换成了一个可操作的概念。 （　　）

3. 企业制度在性质上是中性的，它本身不具有社会制度的属性，因而不会影响或改变财产的所有制性质。 （　　）

4. 现代企业制度是计划经济中企业的组建、管理、运营的规范的制度形式。 （　　）

5. 对于我国建立社会主义市场经济体制来讲，建立现代企业制度是这一新经济体制的重要构成部分，它将造就社会主义市场经济运行的宏观基础，加速新体制的发育和发展。 （　　）

6. 产权在经济上的清晰是指产权在现实经济的实现方式上是清晰的。 （　　）

7. 政企分开指政府行政管理职能、宏观和行业管理职能与企业经营职能分开。 （　　）

8. 在企业制改组中，建立企业治理结构是最关键的。 （　　）

9. 经理由董事会聘任，也可以由政府行政机构或股东会直接任免。 （　　）

10. 股权是不可以转让的，股权的变更、交易都要符合法定的程序。 （　　）

二、单项选择题

1. 作为财产的实现形式或配置资源的手段，企业制度是依存于（　　）和商品经济发展的。

    A. 经济发展水平　　　　　　　　B. 社会生产力水平

    C. 经济制度　　　　　　　　　　D. 社会制度

2. 现代企业制度是现代市场经济中企业的组建、管理、运营的规范的（　　）。

    A. 经济形式　　　　　　　　　　B. 制度形式

    C. 法律形式　　　　　　　　　　D. 管理形式

3. 建立现代企业制度是社会主义（　　）体制的重要构成部分，它将造就社会主义市场经济运行的微观基础，加速新体制的发育和发展。

    A. 商品经济　　　　　　　　　　B. 计划经济

    C. 市场经济　　　　　　　　　　D. 资本经济

4. 权责明确是指合理区分和确定企业所有者、经营者和（　　　）各自的权利和责任。

    A. 劳动者　　　　　　　　　　　　B. 资本所有者

    C. 董事会　　　　　　　　　　　　D. 管理者

5. 产权清晰的企业设立后，能否有效运营，核心问题是（　　　）是否科学合理。

    A. 管理层级　　　　　　　　　　　B. 权责明确

    C. 组织结构　　　　　　　　　　　D. 内部治理结构

三、多项选择题

1. 企业制度是（　　　）的总和。

    A. 企业产权制度　　　　　　　　　B. 企业组织形式

    C. 经营管理制度　　　　　　　　　D. 行政管理制度

2. 现代企业制度的基本特征是（　　　）。

    A. 产权清晰　　　　　　　　　　　B. 权责明确

    C. 政企分开　　　　　　　　　　　D. 管理科学

3. 产权清晰是指产权在以下两个方面的清晰（　　　）。

    A. 经济上的清晰　　　　　　　　　B. 制度上的清晰

    C. 市场上的清晰　　　　　　　　　D. 法律上的清晰

4. 企业治理结构是指哪三个独立部分之间形成的一定关系？（　　　）

    A. 管理人员　　　　　　　　　　　B. 所有者（股东）

    C. 企业法定代表——董事会　　　　D. 执行管理部门——经理

5. 企业行政管理是通过（　　　）发挥作用的。

    A. 计划工作　　　　　　　　　　　B. 组织工作

    C. 指挥工作　　　　　　　　　　　D. 控制工作

四、问答题

1. 政企分开有哪几层含义？

2. 现代企业治理结构的含义是什么？

3. 企业行政管理体制的含义是什么？

4. 企业行政管理体制的基本要素有哪些？

5. 企业行政管理体制对企业管理的影响有哪些？

五、案例分析题

选 举 风 波

    齐山市帐篷厂拥有 300 多名职工，连续 4 年利润超百万元。从初创的艰难起步，到现在达到并保持了同行业中的领先水平，这一成绩主要应归功于副厂长兼党委书记王展志的努力。

    王展志现年 50 岁，年富力强，在轻工行业工作了 20 多年，在领导和同事中间留下了踏实肯干的印象。2002 年初，他被调任为齐山市帐篷厂副厂长，实际上挑起了负责全厂的重任。上任之初，他狠抓产品质量、勇创品牌，很快就打开了局面。在当时国有企业普遍不景气的情况下，他意识到设备落后是本厂发展的最大障碍，遂筹集资金 500 万元，准备引进新的生产设备。与此同时,他还采取措施完善职工的生产、生活设施,改善职工的劳动条件。

2008年初,厂长去世。主管单位齐山市轻工总企业认为帐篷厂的基础较好,王展志又在企业界影响较大,决定在帐篷厂试点民选厂长。经过征询厂领导的意见,并在车间和班组进行了摸底,总企业于3月14日招标答辩前,特地选择了一位声望一般的工会主席和另一名副厂长作为"陪选"的候选人。3月14日,总企业领导信心十足,邀请了同行业准备试点的企业进行观摩,还通知几家新闻媒体进行采访,以扩大试点影响。

进行完竞选演说之后,王展志的心情是舒坦而平静的。对这次选举他十分有把握,以为这是板上钉钉的,在场的总企业领导也满意地和他握手致意。

然而,宣布民主投票的结果时,却是如此出人意料:250名职工参加投票,三名候选人均不足20票,其余均为投外国明星、国内名人的废票。竞选委员会宣布本次投票暂停。经事后了解得知,青年职工几乎全是投弃权票或乱投。

是王厂长真的不胜任工作,还是职工中有其他的选择?总企业领导高度重视这个情况。第二天下午,总企业党委书记张得胜同企业干部处处长等几位同志一齐前往帐篷厂。

王展志受到的打击是沉重的,他准备写辞职报告。车间的工作基本上都停了,轮班的工人坐着小声议论,一些女工则干脆拿出了毛线织毛衣,工人们都在等这件事的最终结果。张得胜等人去职工宿舍打牌,边打边与轮休的工人聊天,很快事情的脉络就比较清楚了。

青年职工说,王厂长的确不容易,每天总是最早到厂,最迟离开,真正是一心扑在事业上,把厂子当作自己的家。但他工作方法简单,态度生硬,主观武断,碰到员工有错误的地方就大发脾气。他一天到晚都在忙着厂务,从不与下属沟通,不去了解员工的需要,职工虽然也知道王厂长是一心为了厂子,但在情感上很难与王厂长产生共鸣。有些职工由于受过王厂长的过火批评,意见很大,经常背地里发牢骚,这类人在青年职工中有一定影响。然而由于中层干部基本上都是由王厂长亲自提拔,他们对王厂长相当敬畏,所以员工的意见很难通过中层干部到达王厂长的桌面上。另外总企业由于帐篷厂效益独树一帜,因而从各方面都相当支持王厂长。而且王厂长在企业界由基层干到高层,对管理工厂很有自己的一套,各种规章制度、计划组织都严格而合理,职工的牢骚只能在私下场合引起喝彩,他们也不敢消极怠工。职工们认为这次选举是一次绝好的发表意见的机会,能引起总企业的关注,并希望能换一个工作作风不一样的厂长。

张得胜认为,这样一个勤勤恳恳的优秀厂长却得到这样的评价,在当前形势下,这样的同志已不适合再当厂长。经过研究,初步决定将其平调到总企业担任行政职务。

根据上述案例,解答以下问题(单项选择)。

1. 领导者的本质是由领导者在社会生活中所处的政治地位和(　　　)所决定的。

　　A.社会地位　　　　　　　　　B.经济地位

　　C.群众地位　　　　　　　　　D.法律地位

2. 企业行政领导分为决策、管理、(　　　)三个层次。

　　A.执行　　　　　　　　　　　B.计划

　　C.组织　　　　　　　　　　　D.控制

3. 现代企业领导者应具备或应努力具备良好的（　　）、优秀的政治素养、合理的知识结构以及在此基础上的实际工作能力等良好的个体素质。

　　A. 身体素质　　　　　　　　　　B. 心理素质

　　C. 身心基础　　　　　　　　　　D. 技术能力

4. 企业领导者的能力应包括基本能力和领导能力两个方面。基本能力主要包括观察能力、记忆能力、想象能力、思维能力。这些能力是发挥领导能力的基础。案例中，王展志缺乏的是（　　）。

　　A. 筹划和决策能力，即多谋善断　　　B. 组织指挥协调能力，即统筹兼顾

　　C. 人际交往能力，即相互沟通　　　　D. 改革创造能力，即推陈出新

第五章　企业行政组织

通过本章的学习,应了解企业行政组织的概念、特征以及构成要素;掌握企业行政组织的类型和功能;了解企业行政组织设计的含义和作用,掌握几种较为重要的行政组织结构形式;学会分析行政组织发展的影响因素。

案例引导

走向成熟:寄云科技落地事业部制

2018年,卓越的工业互联网服务商寄云科技组织架构深入优化,全面推行事业部制,业已成立了石油能源、电力能源、轨道交通、高端制造等行业事业部。改制后,各事业部将独立核算、自负盈亏,权力更大,责任也更大。寄云科技此举目的在于打造更加细分、垂直的行业能力,为行业客户提供更加精准、专业的服务,同时,通过事业部制让寄云科技涉足的每一个行业都能够得到持久、长远的发展。

经过一段时间的改制试运营,在事业部制下,寄云科技员工积极性得到了更大的提高,权责也更加明晰。同时,各事业部对各自负责的行业的了解也更加深入。事业部制的推行,建立在各事业部已经有了比较成熟的项目运作及营收能力的前提之上。目前,能够在多个行业打造成熟商业模式和稳定营收的公司,在工业互联网领域并不多见。

据了解,虽然国内工业互联网近年来发展迅速,但更多的服务商仍旧停留在摸索、打造标杆案例的阶段。寄云科技是目前国内为数不多的有能力聚焦于石油能源、电力能源、轨道交通和高端制造等行业头部客户的工业互联网公司。迄今为止,其已经收获了来自中石油、大唐电力、中车、中国电子、深圳地铁等大型客户的订单,并同腾讯、太极等生态伙伴达成了战略合作。

事业部制的推行,将会让寄云科技在行业细分领域更加专业和清晰,并形成持续深入耕耘重点行业的长效机制。一方面,行业的深挖将会不断打造寄云科技在细分领域的高端竞争优势。另一方面,行业的专业细分也会让寄云科技积累越来越多的行业经验和知识,也预示着将会有更多的行业共性内容被提炼出来。这样,寄云科技将能够打造越来越多的行业通用产品和服务,在提升自身服务效率的同时,引领行业的标准化发展。

寄云科技在国内较早利用大数据、云计算、人工智能等技术来解决装备故障诊断和预测、生产良率改进、运营效率分析,并率先推出了具备完整功能、以工业数据为主线的寄云 NeuSeer 工业智能平台,平台专注于工业应用的开发及工业大数据的应用。此次事业部制改革,也涉及工业互联网平台产品,这将使平台等产品的研发更加贴近各行业的需求,强化以行业需求为中心的产品理念。

综合来看,寄云科技事业部制的推行,也从侧面反映了中国工业互联网行业的发展与深化,是中国工业互联网服务走向成熟的标志。寄云科技事业部制的推行与成功落地,一方面可以为更多的工业互联网服务商提供参照,为行业的发展提供指引;另一方面将会使工业企业客户享受到更加对口和专业的服务,并将催生更多的行业应用,助力两化融合、智能制造的发展。

(资料来源:http://www.finance.hc360.com)

【启示】

案例表明,企业组织架构需要不断深入优化。通过全面推行事业部制,使各事业部独立核算、自负盈亏,权力更大,责任也更大,不但激发了各层级管理人员的积极性,而且形成更加细分、垂直的行业能力,为行业客户提供更加精准、专业的服务。通过推行事业部,使寄云科技涉足的每一个行业都能够得到持久、长远的发展。显然,企业行政组织的改革与发展已成为企业发展的重要保证。

第一节　企业行政组织概述

行政组织是行政活动的主体,是行政管理活动得以展开的物质承担者,行政过程中的一切活动都是以行政组织为基础而展开的。得力的行政领导、合理的人事行政、可行的行政决策、有效的行政监督等,均依赖于科学合理的行政组织。因此,企业行政组织始终是企业行政管理的最基本话题之一,并始终为各个企业所重视。

一、企业行政组织的概念

组织是人类最广泛的现象之一,是人类生存的方式,是连接人与社会的中介。通过组织,将个人纳入群体网络之中,使各个具体的人与人类社会联系在一起,因此可以说,没有组织就没有社会。组织的形式和目的是随着时代的发展而变化的,无论是最初出现的家庭、氏族、部落及部落联盟,还是现在的国家、军队、政党、企业、学校等组织,都是为实现某种目标和功能、按一定结构形式而活动的群体,并随着社会的进步而发展变化。

从人类社会群体的角度看,组织就是指人们为达到一定的目的,按照一定的形式联合起来,组成具有特定结构和活动方式的人类群体。简而言之,组织就是追求一定目标的人的集合体。

企业行政组织有广义和狭义之分。广义的企业行政组织是指各种为达到共同目的而负有执行性管理职能的企业组织系统。它包括所有各类企事业单位的负有管理职能的组织系统。狭义的企业行政组织是指依照企业有关规定和程序建立的、行使企业行政权力、管理企业行政事务的企业组织机构实体。企业行政管理所研究的是狭义的行政组织。

企业行政组织也是社会组织的一种，它是指企业活动中一切具有行政功能的组织机构及其组织活动，是具体实施生产经营决策的执行组织。

具体来说，企业行政组织的这一概念包括下述含义。

（1）企业行政组织同其他社会组织一样，是由一定要素组成的，但其具体内容有一定区别。它是以实现企业生产经营目标为主，而不是以实现某种政治目标为主。它实现目标的方法主要是采取经济的、行政的或其他手段，而不是采用武装和暴力。

（2）企业行政组织是企业各种具体的行政机构及其整体的总称，它包括与机构相联系的组织体制、领导制度和组织管理制度。

（3）企业行政组织还包括企业行政部门为了对企业实行有效管理，在一定范围内行使其行政管理职能而产生的各种组织活动。

二、现代企业行政组织的特征

1. 扁平化

企业行政组织结构的扁平化是指减少行政组织管理层次和扩大管理幅度。这种扁平化的组织结构是对层级制组织结构的进一步完善与发展。它将组织结构的形态由标准的金字塔形向圆筒形转化。它的特点是中间环节少，管理成本低，对组织外部环境的变化反应灵敏，适应性强。由于管理的层级比较少，信息的沟通和传递速度比较快，因而信息的失真度也比较低，同时上级主管对下属的控制也不会太呆板，这有利于发挥下属人员的积极性和创造性。

在现代网络信息技术推动下，企业组织结构呈现小型化、分散化、灵变化、联盟化和分权化趋势，企业内部行政组织结构的扁平化趋向日益明显。这将有利于发挥和调动下级及成员的工作积极性、主动性和创造性；减少管理层次，减少中层管理人员，真正精简机构，提高效率，节约管理费用；可保证信息充分、准确、畅通，提高领导者决策正确性和指挥的有效性。

2. 柔性化

当今世界，科技发展突飞猛进，新产品层出不穷，市场信息千变万化，企业为了适应生存环境的变化，必须将传统的适用于处理重复性业务活动的完整、严谨的组织设计转变为适应变化的柔性组织设计，这是组织创新的一个主要方向。

组织的柔性化是指除了具有传统的组织职能以外，还应该能够使企业具有参与国际竞争，对意外的变化迅速反应，以及根据可预期变化的意外结果立即进行调整的能力。组织的柔性化是与组织的可塑性密切相关的，只有具有较强可塑性的组织才是柔性化组织。它具有有利于创新、加快速度以及反应敏捷、避免危机的优点。

3．分立化

组织的分立化是指从一个大公司组织里再分离出几个小的公司组织，把公司组织与下属单位组织之间的内部上下级关系转变为类似外部性的公司与公司之间的关系。组织的分立化是与组织的合并化相对的，它是依据以层级制手段和市场手段组织生产的交易费用来决定的。当用层级制手段组织生产的交易费用小于用市场手段组织生产的交易费用时，企业组织就趋于合并化；反之，当用市场手段组织生产的交易费用小于用层级制手段组织生产的交易费用时，企业组织就趋于分立化。

组织的分立化可以分为横向分立化和纵向分立化两种方式。例如，横向分立化可按照新产品的不同种类进行分立，各部门会专注于产品的经营，并且充分、合理地利用专有资产，提高专业化经营的效率水平。这不仅有助于促进不同产品和服务项目间的合理竞争，而且有助于比较不同部门对企业的贡献，有助于决策部门加强对企业新产品与服务的指导和调整。它可以最大限度地提高单个产品经营单位的自主权，在单个产品市场上形成优势地位。纵向分立可按照同一产品的不同生产阶段进行，它可以集中企业的力量，提高企业同类产品的专业化生产经营水平。随着信息时代的到来，组织越来越意识到，把权力分解下去可以更好地使组织成员自由、圆满、高效地完成组织的各项工作。

4．网络化

组织的网络化（也称虚拟化）可视为组织扁平化趋势的一个极端例子。动态网络型结构是一种以项目为中心，通过与其他组织建立研究开发、生产制造、营销等业务合同网，有效发挥核心业务专长的协作型组织形式。动态网络型组织结构是组织基于信息技术的日新月异以及更为激烈的市场竞争而发展起来的一种新的组织结构常态。它以现代网络信息技术为手段，通过以市场的组合方式替代传统的纵向级组织，实现了组织内在核心优势与市场外部资源优势的动态有机结合，因而更具有敏捷性和快速应变的能力。因而，组织结构具有更大的灵活性和柔性，以项目为中心的合作可以更好地结合市场需求来整合各项资源，而且容易操作，网络中的各个价值链部分也可以随时根据市场需求的变动情况进行增加、调整或撤并。另外，这种组织结构简单、精练，由于组织中的大多数活动都实现了外包，而这些活动更多的是靠电子商务来协调处理，组织结构可以进一步扁平化，效率也会更高。

三、企业行政组织的构成要素

企业行政组织是由多种要素构成的，考察其构成要素，有利于深入了解组织和进行企业行政组织的优化。从系统论的角度看，企业行政组织是一个围绕着组织目标，由若干要素组成的开放系统。

1．组织目标

组织目标是组织成员共同追求和努力实现的某种状态或条件，决定着组织行为的方式和组织发展的方向，由此调动组织资源的配置和使用。

2．组织人员

组织是人的集合体，人们通过认同组织的价值取向和目标，通过组织程序和招聘成为组织的一员,并且接受组织的管理和约束,组织人员具有共同的属性特征和行为方式,由此与其他的组织和群体相区别。

3. 组织职能

根据组织目标,确定组织的工作任务与活动领域,组织职能是组织目标的具体化,是组织满足社会需要的职责和能力,组织职能范围,影响到组织的规模、结构和职位设置等方面的内容。

4. 组织权力

组织权力是调配组织资源、发挥组织效能、实现组织目标的控制力。广义的组织权力是指影响他人的能力。狭义的组织权力是指组织正式确认和授予的权力。

5. 机构设置

机构设置是指根据组织目标和职能范围,按照高利、高效的原则,设置适当的内部机构,体现组织分工。

6. 职位设置

职位设置是组织根据职责分工、职权专属和编制管理的要求,对于职系、职级、职责等职务管理事项做出的具体规定。职位设置确定并巩固了组织的微观管理基础,保证了组织权力的流动和组织资源的整合。

7. 组织制度

组织制度是调整组织成员利益、维护组织统一、实现组织公平和效率的规范体系,是保障组织秩序和组织成员合法权益的重要手段。

8. 组织文化

组织文化是指以组织成员的共同价值观为基础,在长期发展过程中形成的集体意识和行为方式。

9. 组织设施

组织设施是指组织的物质基础和技术手段,是实现组织目标的重要条件。企业行政组织因其目标和职能的需要,其设施条件往往代表着企业的物质条件和技术设施的先进水平。

10. 组织资源

组织资源是指有助于组织目标实现和功能发挥的人力、财力、物力、技术、专利、数据信息等资源。组织资源包括组织自身拥有的资源,也包括组织可以动员和筹集的外部环境资源。

四、企业行政组织的功能与作用

企业行政管理是企业参与社会化大生产及市场竞争的客观要求。在现代经济生活中,要有效地组织企业生产经营,就必须有一定强制力的权威与服从机制把企业各环节、各部门连接成一个健康运行的有机整体,否则,企业的各项生产经营目标可能会因缺乏组织性而不能实现。概括起来讲,企业行政组织在企业中主要有管理、协调、服务三大功能。具体而言,企业行政组织主要有以下四个方面的作用。

1. 计划作用

计划作用,即确定管理内容的目标和决定如何达到目标。现代企业行政管理必须具有计划性,做好预测工作,对企业行政工作进行指导,这是企业实现行政管理科学化和保证行政管理成功的必要条件。

2. 组织作用

企业的组织机构是企业运作的基本框架,企业的各级行政管理人员必须明确要完成的任务是什么,谁去完成,任务如何分类组合,以及各种决策应该在哪一层级上制定。

3. 指挥作用

指挥作用,即在企业行政管理中采取具体措施,确定好企业员工之间的分工合作关系,明确人们在职、责、权方面的结构体系,调动各级行政管理人员的积极性,协调各级行政管理人员之间的关系,解决组织人员之间的冲突。

4. 控制作用

控制作用,即对指挥工作的各项措施进行监测、控制与调整,包括建立激励机制、监督系统,制定奖惩条例并认真执行。通过控制来保证任务按照既定计划执行,判断企业的行政组织工作是否合理,是否还有亟须改进之处,从而增强行政工作的有效性和合理性。

第二节　企业行政组织的类型及其功能

企业行政组织的管理活动是通过不同功能的行政组织进行的,高效的企业行业管理建立在科学、合理、适用的行政组织体系之上。高效的企业行政管理体系包括反映行政管理权力关系及运作效率的决策执行体系,决定行政管理科学、合理、合规水平的技术支撑体系,以及保障行政工作有效推进的行政事务体系。为此,企业的组织机构必须围绕高效企业行政管理运作需要建立相关的组织体系。

企业行政组织,可以根据其在管理活动中的功能和作用的不同,大体划分为四种类型。

一、决策机构

决策机构指以企业最高行政领导为首的统辖全局的企业上层领导机构,是企业的首脑机构。其主要任务是负责企业活动的决策和指挥工作。

1. 企业行政组织决策机构的构成体系

现代企业行政决策机构由行政决策中枢系统、行政咨询系统和行政信息系统组成。

1) 行政决策中枢系统

在现代行政决策的组织体制中,存在一个承担全面决策责任并行使最后决策权的核心集团,这种核心集团也就是我们所说的行政决策中枢系统,又可称为行政中心。它由拥有行政决策权的领导机构及其人员组成。如在股份有限公司,股东会、董事会就是公司行政决策中枢系统。行政决策中心的任务主要是领导、协调和控制整个决策过程,确认决策问题和决策目标,然后最终抉择方案。行政决策中枢系统是现代行政决策体制中的核心部分,居于核心地位。在整个行政决策过程中既是主要权力的行使者,又是主要责任的承担者。行政决策的正确与否和行政决策的中枢系统有着重要的关系。

2）行政咨询系统

现代行政决策体系的另一个组成部分是行政咨询系统,它是一个为行政决策服务的辅助机构,主要由各专业科学研究机构和政策研究机构及其人员组成,又可称为行政决策的"智囊团"、"思想库"、"头脑公司"。行政咨询系统具有辅助性和独立性,其功能和任务首先是发现问题并向决策者提出问题,使某个决策问题引起决策者的注意,将此问题提上议事日程;其次是拟定决策方案;再者是协助中枢系统对决策方案进行评估。

3）行政信息技术系统

现代行政决策体系的最后一个组成部分是行政信息技术系统。行政信息系统的主要任务是收集和加工、处理各类行政信息,为决策中枢系统和咨询系统服务。现代社会是信息社会,信息量大且变化快。而现代行政决策必须掌握较为全面、准确和及时的行政信息。行政信息是行政决策的基础,现代信息技术支持下的现代企业行政信息系统的工作在整个行政决策过程中起着基础作用。同时现代信息技术系统作为企业运营网络体系的支撑,以及现代企业管理制度格式化、标准化、流程化、规范化体系和现代企业虚拟管理的信息流、资金流、物流的载体,对企业的生产经营整体正常运营有着基础性、决定性影响,是决策系统的前提条件和根本保证。

2. 行政决策机构的功能

行政决策机构的功能是指行政部门为履行行政职能而进行的行为设计和选择过程。

（1）行政决策是企业行政管理工作的首要环节和其他行政功能的基础。没有决策就没有行政的后续活动,只有明确了要解决什么问题、达到什么目标,行政组织和人员的行为才有明确的方向,行政管理的组织、指挥、协调、监控等活动才有依据。

（2）行政决策是企业行政领导者的首要职责和发挥才智的舞台。行政决策是行政领导者的一项最主要的能力,也是其领导水平高低的标志。因此,行政决策是行政领导者的大舞台,通过这个大舞台锻炼和发挥其才智。

（3）行政决策是保证企业行政管理工作高效运行的重要前提和关键环节。行政决策渗透于企业行政管理的全过程,正确的行政决策是将全部行政行为导向成功、高效的重要前提;反之,决策失误会导致整个行政活动产生负效应,从而直接损坏企业行政决策机构的威信。

二、指挥机构

指挥就是对企业各类人员发布命令、分派工作、提出要求的管理活动。指挥是企业行政管理必不可少的一种职能,只有在统一的指挥下,企业行政人员才能做到步调一致,生产经营活动才能顺利进行。如在股份公司的董事会领导下的经理班子及下属经理人员是行政指导职能的承担者,共同形成行政指挥体系,董事会、总经理及下属经理组成的各种"领导小组""指挥部""联席会议""专项办"等就属于指挥机构。

指挥机构的主要功能是负责企业的行政管理指挥工作,在企业行政组织中占有重要的地位。指挥机构的指挥权一般由企业行政领导掌握,企业行政领导负责对企业的行政管理工作进行统一的指挥和协调。不过,企业行政领导为保证自己有足够的精力从事决策活动和管理企业行政大事,应根据授权原则,把生产经营的行政指挥权合理授给自己下属的各级指挥机构。

三、执行监督机构

执行监督机构是监督决策落实的机构。现代企业的执行监督职能主要由两个体系来实现。一是管理人员及行政人员从上到下执行公司高层决策指令,来实现行政执行功能,所形成的企业行政执行机构体系。在此种情况下,从董事长、执行董事、总经理及各级各部门经理人员到企业班组、团队负责人都是行政执行体系的组成部分。这区别于企业经理人员独立开展的旨在落实企业决策、提高经营绩效的经营性、自主性、决策性管理行为。因此,这种决策性管理行为主要是基于自主经营管理的权力所开展的业务性决策,不涉及企业总部层面的重要事项、重大事项的决策和企业基本制度变革。二是保证行政决策落实的监督机构,如公司股东会、监事会、党组织、工会及职代会等组织机构。主要是保证企业决策、指令、意见、制度、方案等重要事项的落实。

行政执行机构主要是在行政机构直接执行中保证决策落实,保证企业最高权力的实现。同时,企业行政监督机构的主要功能是在广泛调查研究的基础上,了解、掌握、分析企业生产经营活动等各个领域、各个环节的问题,为企业经营管理人员提供意见、建议,以改进生产、经营管理工作,保证企业决策落地实施,同时,纠正企业出现的各种不正之风和不良行为,保证企业正常运营。

四、辅助机构

辅助机构是指为了企业领导或专业职能部门能实现企业行政目标,在企业内部设立的承担辅助性工作任务的机构。

1. 辅助机构的特点

辅助机构对各专业职能部门无直接的指挥权和监督权。辅助机构可分为事务性辅助机构、综合性辅助机构和专业性辅助机构,如办公室、档案室、调研室等部门。其基本特征是综合性、服务性和繁杂性,即为行政领导的决策中枢机构和职能部门提供全面服务,所涉及的工作范围极其广泛,事务复杂、琐碎。

2. 辅助机构的功能

就辅助机构的职责而言,其主要功能是以服务为导向。

1)发挥参谋助手作用,当好服务员

辅助机构应根据行政领导的要求,起草公文、组织会议、接待各种来访人员。

2）做好必要的信息沟通工作，深入实际，收集研究信息

辅助机构应就本组织面临的复杂问题进行深入的社会调查，并在此基础上进行分析、研究，提出研究报告，供行政领导进行决策时参考。同时，还应对本机构今后工作的发展方向进行超前性研究。

3）协调好领导决策机构与各业务机构之间的关系

辅助机构应将行政领导的命令、指示及时传达给下级，将员工及下级的要求与呼声及时向领导反映，以便领导者随时掌握机构内外的情况。同时，辅助机构还应代表行政领导联系员工和协调机构内部的各种关系。

4）管理本机构的人、财、物

辅助机构一方面要管理本机构工作人员的考核、培训及福利等具体事务；另一方面要负责本机构财务收支的记录与保管；同时，还要负责物资的购置、保管以及房屋的建造、维修等工作。

五、临时工作机构

临时工作机构是企业行政组织为解决某一特定问题或为调查某一事件而从各个企业部门或从行政部门中抽调人员组成的临时性组织。它的主要任务是接受委托，处理某一特殊事件或突发性事件。任务一旦完成，临时工作机构也应随之撤销。

行政组织中的临时工作机构主要有以下几个功能：①合理的临时工作机构能促进企业行政组织的临时目标的实现；②建立临时工作机构能够对行政工作产生激励，调动行政工作人员的积极性；③建立临时工作机构可以促使企业行政组织系统内部建立良好的沟通关系，临时工作机构的工作人员可以由各个部门抽调的专业人员组成，因此企业工作人员可以借此机会加强各部门之间的沟通工作，使企业行政组织得到更好的完善。

第三节 企业行政组织设计

一、企业行政组织设计的含义与作用

1. 企业行政组织设计的含义

企业行政组织设计是指企业组织管理者根据组织内外环境因素，规划、选择、建立一种适合本组织自身特点、结构优良、功能齐全、运转灵活的企业行政组织结构的过程或活动。企业行政组织设计的目的是实现组织机构的最优结构和组织成员的最佳组合。企业行政组织结构设计的具体含义包括以下几个方面：

（1）行政组织结构设计是行政组织管理者的一种有意识、有目的的管理活动，是组织管理者的职能之一；

（2）企业行政组织结构设计的依据是组织的内部因素和外部环境；

（3）企业行政组织结构设计是对组织结构的规划和选择；

（4）企业行政组织结构设计的目的是为了建立适合组织存在的具有特定条件的结

构,使组织结构的设置更加合理、运转更加灵活,从而提高组织的效益。

2. 企业行政组织设计的作用

企业行政组织设计是以企业组织结构为核心的组织系统的整体设计工作。它是企业总体设计的重要组成部分,也是企业行政管理的基本前提。企业行政组织设计的基本作用包括:合理配置企业各类行政资源,优化企业资源配置;支撑企业行政战略、目标的实现;以市场为导向,配合其他部门来满足客户需要;为企业行政管理高效运营奠定基础。

具体来讲,企业行政组织设计的作用表现在以下几个方面。

(1)企业行政组织设计的主要作用在于,在特定条件下设计和保持一种环境,使企业的行政管理工作能够在组织内协调展开,从而实现企业行政管理者对组织所拥有资源的有效计划、组织、领导和控制,并有效地完成目标任务。

(2)企业行政组织结构设计是实施企业战略的一项重要工具,一个好的企业战略要通过与企业相适应的组织结构去完成方能起作用。

(3)在企业行政组织设计中,企业不应局限于某一基本的组织形式,而应从实践出发,结合企业本身的性质和特点,对自身的组织结构进行有效调整,使其既能满足战略的要求又非常简单可行。

二、影响企业行政组织设计的因素

美国管理学家彼得斯·沃特曼认为有七种因素影响企业行政组织设计。这七种因素是战略、结构、制度、人员、技术、作风、共同价值观,即"7S"理论。这七种因素不只单向影响组织设计,还通过相互作用来影响企业行政效率。在企业行政组织结构设计中,主要应考虑以下几个方面因素的影响。

1. 组织环境

每一个组织都会受到其一般环境和任务环境的综合影响。根据组织环境的变化程度和和谐程度可以将其分为以下四种类型。①稳定而简单的环境。处于这种环境中的组织处于相对稳定的状态,一般可采用强有力的组织结构——机械式或者行政式的组织结构,通过控制、纪律和规章制度以及标准化的生产程序来进行管理。②动荡而简单的环境。处于这种环境的公司一般处于相对比较稳定的状态。面临这种状态的公司多采用机械组织结构,同时对内部的一些部门的组织结构形式进行调整,采用比较灵活的组织结构形式。③稳定而复杂的环境。处于这种环境中的企业要面对的是众多竞争对手,如供应商、政府部门、顾客以及社会利益代表团体等,这些环境因素的变化程度是比较缓慢的,但是各种因素交织在一起就形成了很复杂的环境。于是组织采用集权化的形式来进行控制。④动荡而复杂的环境。这种环境的特点是不可预测性比较高,环境要素多,要素之间彼此不相似并且处于连续变化中。面对这样的环境,组织必须强调组织内部各方面的及时、有效的相互联系,并要适当分权,给各下属机构以充分的自主决策权,以便能够迅速、有效地对动荡而复杂的环境做出反应。

组织环境的复杂性和易变性对组织结构的设计有着十分重要的影响。主要表现为:

(1)组织环境决定着组织目标的设立,当环境变化时,组织目标也要不断调整以适应环境的需要；

（2）组织环境影响着组织的价值观念；

（3）组织环境关系着组织结构的形式，面对较为确定的环境可采用较为稳定的机械式组织结构，面对较为不确定的环境可采用适应性较强的、具有弹性的有机组织结构。

2. 组织战略

组织战略是指决定组织活动性质和长期方向的目标规划。组织战略可划分为以下几种类型。

（1）防守型战略，又称守势战略。一般处于比较稳定的环境中，在市场中占有某一极小的细分市场份额并且寻求在有限的领域里稳定经营的企业组织可采用这种战略。

（2）进攻型战略。这类组织战略的重点是寻找和探索新产品和新的市场机会。因此，需要与之相适应的、具有柔性的组织机构，需要许多分权的部门，规章制度也不能太多——规范性程度要低一些，以免过多地束缚员工的手脚，让各部门有更多的自决权，而且应有完整的信息沟通网络。

（3）分析型战略。分析型战略试图汲取防守型战略和进攻型战略的优点，从而寻求最小的风险和最大的利益机会，注意将灵活性和稳定性相结合。

（4）反应战略。反应战略又称为被动性战略，这种不能持久、不稳定的战略模式是一种迫不得已的选择。

3. 组织技术

技术是组织把材料转化为最终产品或服务的机械的或智能的过程。一个组织的技术应该指其将输入资源转化为产出的整个过程中的信息决策和沟通系统、机器设备、工艺以及流程的总和。其核心是企业行政组织如何将输入转化为产出的整个过程。以知识为基础的技术受到两个方面的影响：易变性和难易程度。

行政组织设计与组织技术相适应要考虑的因素有：从事行政工作的人对自己的工作的自由决定程度；工作小组对自己目标及决策的决定程度；各个机构的相对独立程度；组织通过计划以及信息沟通与反馈来协调各种工作的程度。

4. 组织规模

组织规模的大小也影响着组织设计。组织规模主要是指一个组织内拥有的成员的总人数。在组织初期组织规模对行政组织设计的影响要大于当组织规模达到一定程度后再扩大时的影响。例如，一个拥有 2000 名员工的组织已经相当机械，增加 500 人对它来说影响并不大，但是对于一个只有 300 名员工的组织，500 人就可能使它转变得更加机械。

在组织规模扩大时，管理者往往采用两种方式直接控制成员的活动和行为，一种是采用直接监督，即增加管理人员和减小管理幅度；另外一种是采用规范化原则。管理层在规模扩大时采用规范化原则来代替代价昂贵的直接监督是合理的、可取的。在规模较大的企业里，决策众多，多层管理人员未能处理全部决策，因此易出现分权式管理的趋势。

5. 组织成员

组织成员是企业行政组织的核心结构，是组织的主体。一个企业行政组织的正常运行离不开组织成员的共同努力，因此组织成员是企业行政组织设计的基础性影响因素。组织成员包括股东、经营者、工人、技术人员、服务人员,以及企业中的参谋顾问人员。

不同的主体其利益也不尽相同,因此,各个利益团体都试图对组织中的决策过程施加尽可能大的影响,以使决策对自己的团体有利,至少不会损害其利益。而组织结构正是组织人员分工协作的设计结果,其中,管理者的决策对企业行政组织的设计起着关键作用,行政管理者是企业行政组织设计的重要影响因素。另外,组织成员的价值观念、文化素质、个性特征也影响着组织结构的设计。

三、企业行政组织设计原则

企业行政组织设计的原则是指建立健全企业行政组织,实现企业行政组织科学化、现代化所必须遵守的基本规范和规则。人们从不同角度、不同层次概括出以下几条企业行政组织设计原则。

1. 效率原则

效率原则要求企业行政组织结构和组织的每项活动都必须是富有效率的。无论采用哪种组织结构形式、何种管理手段,都必须将效率原则放在首位。

2. 目标明确化原则

任何一个组织的存在都是由其特定的目标决定的,每一个组织以及组织里的每一个人都应与特定的任务、目标有关,否则的话,就没有其存在的意义。企业行政组织的设计,一定要明确组织总目标是什么,各分支机构的分目标是什么,以及每个人的工作是什么,并紧紧围绕目标来开展活动,这就是目标明确化原则。

3. 统一指挥与分权管理相结合的原则

统一指挥就是要求企业各级行政机构必须服从它的上级行政管理机构的命令和指挥。分权管理就是把权力分给下级,使下级在一定的权限范围内有独立处理事务的权力。

统一指挥使上下级组成一条等级链,它反映并规定了上下级的权力、责任和联系渠道,有利于上级意图的贯彻执行。但是,如果上级过多地集中权力,就不利于调动下级的积极性和创造性;同时,上级领导也会淹没于烦琐的事务之中,以致忽视了自己的决策功能,成为庸庸碌碌的事务主义者,而且还会助长官僚主义、命令主义作风。因此,在进行组织设计时,应将统一指挥与分权管理结合起来,适当分权给下级。

四、常见的企业行政组织结构及其运用

常见的企业行政组织结构主要有直线型企业行政组织结构、直线参谋型企业行政组织结构、职能型企业行政组织结构、事业部型企业行政组织结构、矩阵型企业行政组织结构等几种类型。

1. 直线型企业行政组织结构

在这种组织结构下,工作人员依照作业流程被分成不同的部门和等级,指挥和管理职能基本上由一人(例如总经理)执行,各部门分派专人负责,部门经理全权处理部门事务,对部属具有直接权威,部属只对直接上级负责。

这种组织结构的特点是：各级企业行政领导者直接对下属进行统一的指挥与管理，不专门成立职能机构，一个下级单位只接受一个上级领导者的指令。

2. 直线参谋型企业行政组织结构

这种组织在实际作业中仍采用直线式，另设专家、顾问作为管理生产经营工作、企业行政工作的参谋，对下级机构的工作提出建议和指导，但参谋人员没有决策权和指挥权。这种结构既解决了直线型组织结构中企业行政主管人员压力过重的问题，也兼顾了统一指挥和管理，能较好地适应大生产的要求。

3. 职能型企业行政组织结构

这种组织结构的基本特点是采用按职能实行专业分工来取代直线型结构的全能式领导，在各级行政领导者之下，设置按专业分工的职能机构和职能人员并授予相应的职能权力。企业行政组织按职能进行专业分工，一般可分为三个部分：办公事务行政，班组行政，人事行政，财务行政。

4. 事业部型企业行政组织结构

事业部型企业行政组织结构的基本特点是：把企业的生产经营活动按产品大类或地区的不同划分部门，设立事业部；各个事业部在企业统一领导下实行独立经营、单独核算，自负盈亏；各个事业部都有一个利润中心，利润中心是实现企业目标利润的责任单位，统一管理所属产品或地区的生产、销售、采购等活动，在经营管理上相当于大企业内的一个小的分支企业。

事业部型企业行政组织结构实行决策权与行政管理权分开的原则。企业总部主要负责研究和制定企业宏观战略、发展目标与长期计划，规定经营利润指标和价格浮动幅度，并对事业部的经营管理、人事、财务实行监督，但不插手事业部的具体日常行政事务。事业部按照企业的整体政策构架，结合市场和竞争对手的实际情况，灵活采取应对之策，以确保自身的发展壮大。

5. 矩阵型企业行政组织结构

矩阵型企业行政组织结构是把职能划分的部门和按产品(项目)划分的小组结合起来组成一个矩阵，管理人员既同原职能部门保持组织与业务上的联系，又参加项目小组的工作。职能部门是固定的组织。项目小组是临时性组织，完成任务后即自动解散，其成员回原部门工作(见图 5-1)。

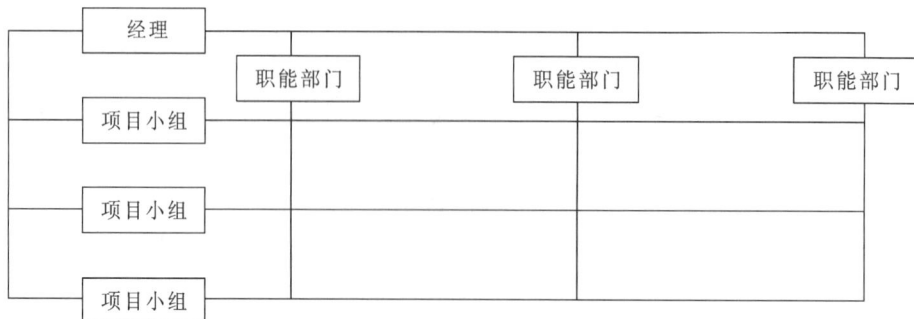

图 5-1 矩阵型企业行政组织结构

1）矩阵型企业行政组织结构的优点

（1）将企业的横向与纵向关系相结合，有利于协作生产。

（2）针对特定的任务进行人员配置，有利于发挥个体优势，集众家之长，提升项目完成的质量，提高劳动生产率。

（3）各部门人员的不定期的组合有利于信息交流，增加互相学习的机会，提高专业管理水平。

2）矩阵型组织结构的缺点

（1）由于项目组是临时性组织，容易使人员产生短期行为。

（2）小组成员的双重领导问题会造成工作中的矛盾。

矩阵型行政组织结构较适用于一些集中多方面专业人员集体攻关的项目或企业。航天航空企业、工程建设企业等采用这种组织结构形式，效益比较明显。

6. 网络型组织结构

网络型组织结构是一种只有很精干的中心机构，以契约关系的建立和维持为基础，依靠外部机构进行制造、销售或其他重要业务经营活动的组织结构形式。被联结在这一结构中的各经营单位之间并没有正式的资本所有关系和行政隶属关系，只是通过相对松散的契约（正式的协议书）纽带，透过一种互惠互利、相互协作、相互信任和支持的机制来进行密切的合作。

网络型组织结构是目前正在流行的一种新型组织设计，它使企业管理者对于新技术、时尚或者来自海外的低成本竞争能具有更大的适应性和应变能力。在网络型组织结构中，组织的大部分职能从组织外"购买"，这给企业管理者提供了高度的灵活性，并使组织集中精力做最擅长的事。

1）网络型企业行政组织结构的优点

（1）降低管理成本，提高管理效益，从而提高经济效益。

（2）实现了企业全世界范围内供应链与销售环节的网络型组织结构整合。

（3）简化了机构和管理层次，实现了企业充分授权式的管理。

2）网络型企业行政组织结构的缺点

它的缺点是可控性太差。

（1）这种组织的有效动作是通过与独立的供应商广泛而密切的合作来实现的，由于存在着道德风险和逆向选择性，一旦组织所依存的外部资源出现问题，如质量问题、提价问题、及时交货问题等，组织将陷入非常被动的境地。

（2）外部合作组织都是临时的，如果组织中的某一合作单位因故退出且不可替代，组织将面临解体的危险。

（3）网络组织还要求建立较高级别的组织文化以保持组织的凝聚力，然而，由于项目是临时的，员工随时都有被解雇的可能，因而员工对组织的忠诚度比较低。

网络型组织结构并不是对所有企业都适用的，它比较适合于玩具和服装制造企业。它们需要相当大的灵活性以对时尚的变化做出快速反应。网络型组织结构也适合于那些制造活动需要廉价劳动力的公司。

五、组织设计中应注意问题

1. 理解不当：行政组织设计变革就是机构和人员的增减

很多企业在企业组织需要进行改造的时候单纯地在机构和人员的增减上面做文章。殊不知，机构和人员的变化，会牵涉相应的流程、职能、职权等方面的变化。如果只进行数量上的简单加减而忽略内在相关因素的变化，这样的组织改革是不会成功的。

2. 理解不透：为精简而精简

一些企业不能充分理解精简机构的意义，单纯地将其作为组织设计的标准。这些企业的领导者怀着满腔热情也在搞改革，结果却是"为精简而精简"：一种情况是，机构撤并后，觉得不适应工作需要，又赶紧恢复，或是以新的面目出现，"新瓶装旧酒"，结果人员减了又增；另一种情况是，在部门人员精简后，未能加强培训和改进管理工作，职工的工作习惯和责任心跟不上，只是对付眼前的日常事务，工作越做越粗，产生明减暗不减等现象。

3. 盲从：照猫画虎

一些企业领导者看到大势所趋，不得不对本企业进行组织机构改革。抄袭别的企业的组织条文和方式，就等于放弃了弄清自己特定组织及其环境的特殊方面的机会。企业领导缺乏对本企业组织的深刻认识，当外部形势要求进行组织改革时，便东拼西凑地抄袭其他企业的做法，没有考虑企业组织的需要，也没有科学地设计新组织的功能，其结果当然是适得其反。

4. 头疼医头，脚疼医脚：缺乏科学的组织设计

有的企业行政领导对企业组织缺乏深入了解，因此在组织设计时采取"头疼医头，脚疼医脚"的方法。某个时候销售工作比较重要，就增加销售人员，而另一时候生产常常出现问题，便又加强生产部门的力量；今天这几个部门之间的协调较多，就增设一个副厂长进行处理，明天那几个部门产生了矛盾，又增设一个副厂长，等等。组织设计和变动没有全面、系统的考虑和安排，势必会造成组织结构的无序和业务流程的混乱。

企业是一个系统而复杂的生产经营组织体，而且是一个开放和动态的有机体，进行组织设计时，必须着眼于这个组织的整体性和系统性，同时又要考虑到各个不同组织之间的差异性和矛盾关系。有效的管理组织设计是一个系统的、探索性的实施过程。

第四节　企业行政组织发展

一、企业行政组织发展的意义

1. 企业行政组织发展的内涵

企业行政组织发展是指企业为适应行政发展的基本要求，依据科学、有效的方法不断完善行政组织结构与体制，健全组织的各种制度规范并协调组织内部关系以保持与企业行政环境的整体平衡状态，使其内部充满活力并提高管理效率的行为过程。企业行政组织发展的内涵主要包括以下几个方面：

（1）企业行政组织发展是企业适应环境变化，在对社会趋势进行科学预测的基础上为追求自身生存和发展而做出的变革；

（2）企业行政组织发展是企业行政组织在稳定、持续过程中的一种有规划的、长期的变革；

（3）企业行政组织发展是企业为实现动态平衡、促进全面发展而进行的变革；

（4）企业行政组织发展是企业行政组织为提升绩效而进行的变革。

2．企业行政组织发展的意义

1）企业行政组织发展是社会发展的必然要求

随着企业的不断发展，其内部关系也在不断发展和完善，企业行政管理也必然随之而不断做出调整和变革，因此必然要进行企业行政组织发展。

2）企业行政组织发展是企业行政管理自身发展的要求

企业必须随着社会环境的变化不断进行自身的调整，完善自身的行政管理。因此，企业行政组织发展是一个长期的、连续不断的过程。

3）企业行政组织发展是消除企业行政管理中的弊病的重要途径

不断进行企业行政组织发展，建立科学的领导制度，不仅可以消除行政管理的种种弊病，而且有利于保证企业经营管理的正常运行。

二、企业行政组织形态及其影响因素

企业行政组织形态，是指企业行政组织的存在形式。企业行政组织形态不是单一、固定的，而是具有多样性和适应性，随着企业环境和各种因素的发展变化而改变。具体说来，影响企业行政组织形态的主要因素有如下几种。

（1）国家经济管理体制。国家经济管理体制形成企业的外部体制环境，影响着企业的经营管理方式和运作模式。

（2）企业所有制性质。企业所有制性质不同，企业行政组织的结构形态也不尽相同。

（3）行业特点。行业不同，管理方式和重点都有很大区别，其行政组织形态也有所不同。

（4）生产规模。一般说来，生产规模越大，管理层级就越多，企业行政组织形态也就越复杂。

（5）生产技术的复杂性和专业化程度。生产技术复杂的企业，管理工作就相应复杂，同一般企业相比，其职能部门划分更细、层次更多。

（6）市场需求的变化。当市场需求发生变化时，就要求企业组织形态作相应调整。

（7）企业的地理位置。当一个联合企业的若干个下属工厂分布的地区分散时，其下属工厂的独立自主权就相对大些，联合企业的组织形态也就比较松散。

（8）企业的管理水平和职工的素质。管理水平高、职工素质好的企业，其组织的管理幅度就相对宽一些，而且组织结构的设计也相对科学一些。

三、企业行政组织发展的动力与方式

1. 企业行政组织发展的内在动力

企业行政组织发展的动力是指促使组织由低级向高级发展、由无序向有序进化的各相关因素在交互作用中产生的力量总和。研究企业行政组织发展的动力必然涉及两个相关概念，即行政效率和行政效益。行政效率与行政效益，是两个相关而又有所不同的概念。行政效率是单位时间内行政资源耗费与产出的比率，偏重于行政资源的投入与产出的量的比较；行政效益是行政效果的社会评价，注重行政效果满足企业需求并产生企业效益的质的分析。行政效率与行政效益二者的关系是，行政效益是行政效率的方向和目标，行政效率是行政效益的必要条件而非充分条件。只有在符合行政效益标准的前提下，行政效率"高"才具有行政效益"好"的意义，但是不能说，只要有行政效率就一定有行政效益。

追求行政效率和行政效益是行政组织改革的内在动力。当行政效率和行政效益不佳的时候，行政改革的要求就会被提上议事日程。

相对说来，企业行政组织更加关注行政效率问题，这是因为，从实现行政管理目标、节约行政资源、提高资源的使用效率的角度出发，行政组织追求行政效率有其强烈的内在动机。企业行政组织发展往往带有内在性，即行政发展是由企业行政组织自身发动、领导和组织的，只有在企业行政组织认识到行政改革的必要性并且采取实际行动时，行政改革才可能推向前进；否则，仅有外部压力，还是无济于事。

2. 企业行政组织发展的外部动力

行政组织发展的外部动力主要指的是行政环境的压力，行政组织发展的外部动因是指组织系统所处的政治环境、经济环境、人口环境、自然环境和文化心理等影响因素。这些环境因素的发展变化是推动行政组织变革与发展的主要原因和动力。

3. 企业行政组织发展的内、外部动力作用的方式

推动行政组织发展的动力因素是众多的，这些动力因素并不是彼此孤立、互不相干的，也不是单个地对行政组织发展产生影响，而往往是几个方面的动力因素同时发生不同程度的影响，产生合力，共同推动企业行政组织的发展。

1）在内因不变的情况下外因引起企业行政组织发展

外因中的政治因素、经济因素等与企业行政组织的体制和职能关系密切，是直接推动行政发展的因素；自然环境因素、心理因素、文化因素等是间接因素，主要通过对政治因素、经济因素的影响间接地起作用。外部环境因素的变动，往往要求行政组织重新确定职权范围和职能范围，转换行政管理模式，以确保行政效果符合企业发展的要求。

2）在外因不变的情况下内因引起企业行政组织发展

行政发展的内部环境因素，主要是行政效率低下，行政机构膨胀，行政权力不合理扩张，行政组织与其管理、服务的对象之间的关系趋于紧张，不能满足社会公众的基本需要，行政组织占用和耗费的社会资源巨大，但社会效益不够显著，在按照现行的体制和机制难以解决这些问题时，由内因驱动企业行政组织发展。

3）内因和外因同时变化、相互作用引起企业行政组织发展

企业行政组织的运行过程实际上是一个内、外因素不断变化、相互影响和相互作用

的过程。以内因为主导的行政组织发展,一般集中在行政效率目标上,往往是较为平稳的、局部性的发展;外因推动型发展相对说来是全局性、深层次、剧烈的发展。

四、企业非正式组织与行政组织发展

1. 企业正式组织与非正式组织的概念

现代管理理论认为,正式组织是指企业为了有效实现其目标而规定的组织成员的正式的相互关系和组织体系,包括组织结构、方针政策、规划方案、规章制度、运行方式、管理模式等。行政组织是正式组织,是通过正式的组织设计和规划,借助组织结构图和部门职责、职务说明书等制度性文件所确定的,有着明确的目标、任务、结构、功能以及责权关系。正式组织具有目的性、正规性和稳定性。

非正式组织是指组织中没有经过上级或一些相关的程序而建立起来的以感情联系为主要沟通方式的组织。非正式组织是伴随着正式组织的运行而形成的,是由工作性质相近、社会地位相当、价值观念和行为方式相互认同、感情融洽、关系密切的组织成员组成的,其特点是自发性、内聚性和不稳定性。传统和古典时期的组织管理理论强调正式组织的作用,而行为科学理论强调了非正式组织的作用。要想达到理想的管理绩效,这两者的结合是必然的趋势。

2. 非正式组织与行政组织发展的关系

非正式组织可能对行政组织发展具有积极作用:一是信息交流,即一些不便通过正式行政组织解决的问题,通过非正式组织却易于解决;二是通过对协作意愿的调解,维持正式行政组织内部的团结;三是对行政组织成员具有保护作用,使之不会受到正式行政组织的过度支配。

当然,非正式组织也可能对组织发展产生负面影响,例如非正式组织的成员联合抵制企业组织的变革等。作为企业管理者,应该尽可能发挥非正式组织的积极作用,避免非正式组织的负面影响。

本章小结

本章主要介绍了企业行政组织知识。企业行政组织是社会组织的一种,它是指企业活动中一切具有行政功能的组织机构及其组织活动。企业行政组织在企业中主要有管理、协调、服务三大功能。企业行政组织,根据其在管理活动中的功能和作用的不同,大体可以划分为五种类型:决策机构,指挥机构,执行机构,辅助机构,临时机构。企业行政组织设计,是指企业行政组织遵循科学的组织管理原则,实现组织机构的最优结构和组织成员的最佳组合。企业行政组织设计的原则,是指建立健全企业行政组织,实现企业行政组织科学化、现代化所必须遵守的基本规范和规则。企业行政组织发展是指企业为适应行政发展的基本要求,依据科学、有效的方法不断完善行政组织结构与体制。行政组织发展动力是指促使组织由低级向高级发展、由无序向有序进化的各相关因素在交互作用中产生的力量总和。现代管理理论认为,正式组织是指企业为了有效实现其目标,所规定的组织成员的正式的相互关系和组织体系，包括组织结构、方针政策、规划方案、规章制度、运行方式、管理模式等。非正式组织是指组织中没有经过上级或一些相关的程序而建立起来的以感情联系为主要沟通方式的组织。行为科学强调了非正式组织的作用。要想达到理想的管理绩效，这两者的结合是必然的趋势。

本章练习

一、判断题

1. 行政组织是行政活动的主体，是行政管理活动得以展开的物质承担者，行政过程中的一切活动都是以行政组织为基础而展开的。（　　）

2. 狭义的企业行政组织就是指各种为达到共同目的而负有执行性管理职能的企业组织系统。（　　）

3. 企业行政组织是企业活动中一切具有行政功能的组织机构及其组织活动。（　　）

4. 组织目标是组织成员共同追求和努力实现的某种状态或条件，决定着组织行为的方式和组织发展的方向，由此调动组织资源的配置和使用。（　　）

5. 组织的经济是指只要组织结构设计合理，就能达到管理的高效率。（　　）

6. 企业行政组织权责结构的科学配置，既要做到纵向各层次、横向各部门、各职位的合理分权和分工，又要做到明确各部门、各岗位与整个组织之间的权责关系，进而形成合理的结构。（　　）

7. 决策机构负责企业的所有的生产工作，在企业行政组织中占有重要的地位。（　　）

8. 企业领导为保证自己有足够的精力从事决策活动和管理企业大事，应根据授权原则，把生产经营指挥权全部授给自己下属的各级生产指挥机构。（　　）

9. 企业行政组织遵循效率原则，无论是哪种组织结构形式，何种管理手段，都必须将效率原则放在首位。（　　）

10. 外部环境因素的发展变化是推动行政组织变革与发展的唯一原因和动力。（　　）

二、单项选择题

1. 企业行政组织有效地组织企业生产经营活动，是保证（　　）顺利实现，提升企业竞争力的重要保障。
　　A.企业管理　　　　　　　　B.企业行政
　　C.企业效益　　　　　　　　D.企业目标

2. 企业行政组织发展是（　　）发展的要求。
　　A.经济　　　　　　　　　　B.行政管理自身
　　C.企业管理　　　　　　　　D.企业

3. 企业行政组织形态，是指企业行政组织的存在形式。企业行政组织形态不是单一、固定的，而是具有（　　），随着企业环境和各种因素的发展变化而改变。
　　A.随意性和可变性　　　　　B.层次性和进步性
　　C.迂回性和复杂性　　　　　D.多样性和适应性

4. 行政组织的外部因素主要指的是（　　）的压力。

    A. 行政环境　　　　　　　　　　B. 法律环境

    C. 经济环境　　　　　　　　　　D. 制度环境

5. 非正式组织，是指组织中没有经过上级或一些相关的程序而建立起来的以（　　）为主要沟通方式的组织。

    A. 职位关系　　　　　　　　　　B. 感情联系

    C. 正式的工作联系　　　　　　　D. 规章制度

三、多项选择题

1. 现代企业的行政组织具有（　　）特征。

    A. 扁平化　　　　　　　　　　　B. 分立化

    C. 柔性化　　　　　　　　　　　D. 纵向性

2. 企业行政组织的构成要素主要有（　　）。

    A. 职能目标　　　　　　　　　　B. 机构设置

    C. 权责结构　　　　　　　　　　D. 人员选配和运行程序

3. 企业行政组织在企业中主要有（　　）功能。

    A. 控制　　　　　　　　　　　　B. 协调

    C. 服务　　　　　　　　　　　　D. 管理

4. 企业行政组织可以分为（　　）。

    A. 决策机构　　　　　　　　　　B. 辅助机构

    C. 生产指挥机构　　　　　　　　D. 职能机构

5. 企业行政组织设计的原则有（　　）。

    A. 精简原则　　　　　　　　　　B. 效率原则

    C. 统一指挥与分权管理相结合原则　D. 目标明确化原则

四、问答题

1. 企业行政组织的定义是什么？

2. 企业行政组织都有哪些功能？

3. 常见的企业行政组织架构形式有哪几种？

4. 企业行政组织发展的动力与方式有哪些？

5. 非正式组织的作用有哪些？

五、案例分析题

通用公司的组织结构变革

当杜邦公司刚取得对通用汽车公司的控制权的时候，通用公司只不过是一个由生产小轿车、卡车、零部件和附件的众多厂商组成的"大杂烩"而已。这时的通用汽车公司由于不能达到投资人的期望而濒临困境，为了使这一处于上升时期的产业为其投资人带来应有的利益，公司在当时的董事长兼总经理皮埃尔·杜邦以及他的继任者艾尔弗雷德·斯隆的主持下进行了组织结构重组，形成了后来为大多数美国公司和世界上著名的跨国公司所采用的多部门结构。

在通用公司的新型组织结构中,原来独自经营的各个工厂依然各自保持独立地位,总公司根据其服务的市场来确定其各自的活动。这些部门均由企业的领导者即中层经理们来管理,通过下设的职能部门来协调从供应者到生产者的流动,即继续担负着生产和分配产品的任务。这些公司的中低管理层执行总公司的经营方针、价格政策和命令,遵守统一的会计和统计制度,并且掌握这个生产部门的生产经营管理权。最主要的变化表现在公司高层上,公司设立了执行委员会,并把高层管理的决策权集中在公司总裁一个人身上。执行委员会将时间完全用于研究公司的总方针和制定公司的总政策,而把管理和执行命令的负担留给生产部门、职能部门和财务部门。同时在总裁和执行委员会之下设立了财务部和咨询部两大职能部门,分别由一位副总裁负责。财务部担负着统计、会计、成本分析、审计、税务等与公司财务有关的各项职能;咨询部负责管理和安排除生产与销售之外的公司其他事务,如技术、开发、广告、人事、法律、公共关系等。职能部门根据各生产部门提供的旬报表、月报表、季报表和年报表等,与下属各企业的中层经理一起,为该生产部门制定出"部门指标",并负责协调和评估各部门的日常生产与经营活动。同时,根据国民经济和市场需求的变化,不时地对全公司的投入-产出做出预测,并及时调整公司的各项资源分配。

公司高层管理职能部门的设立,不仅使高层决策机构——执行委员会的成员们摆脱了日常经营管理工作的沉重负担,而且使得执行委员会可以通过这些职能部门对整个公司及其所属各工厂的生产和经营活动进行有效的控制,保证公司战略得到彻底、正确的实施。这些庞大的高层管理职能机构构成了总公司的办事机构,也成为现代大公司的基本特征。

另外,在实践过程中,为了协调职能机构、生产部门及高级主管三者之间的关系和联系,艾尔弗雷德·斯隆在生产部门间建立了由三者中的有关人员组成的关系委员会,加强了高层管理机构与负责经营的生产部门之间广泛而有效的接触。实际上这些措施进一步加强了公司高层管理人员对企业整体活动的控制。

根据上述案例,解答以下问题(单项选择)。

1. 在通用公司新形式的组织结构中,原来独自经营的各工厂,依然保持各自独立的地位,总公司根据它们服务的市场来确定其各自的活动。这些部门均由(　　)管理。

A.总裁　　　　B.高层管理者　　　C.中层经理们　　D.基层经理

2. 事业部型企业行政组织结构实行(　　)的原则。

A.决策权与行政管理权分开　　　B.专业分工

C.统一指挥与管理　　　　　　　D.按职能划分

3. 通用公司改革后最主要的变化表现在公司高层上,公司设立了(　　),并把高层管理的决策权集中在公司总裁一个人身上。

A.董事会　　　B.股东大会　　　C.CEO　　　　D.执行委员会

4. 通用公司庞大的(　　)构成了总公司的办事机构,也成为现代大公司的基本特征。

A.董事会　　　　　　　　　　B.股东大会

C.高层管理职能机构　　　　　D.执行委员会

第六章 企业行政资源配置

通过本章的学习,应了解企业行政资源配置的含义及重要性;理解企业环境对企业的影响;掌握企业行政资源配置的几个重要领域的管理方法。

案例引导

成功源于科学的企业行政资源配置

如何有效地生产粮食是人类一直面临的重大问题。据统计,全世界每年约有1/3的粮食因受到病虫和杂草危害而遭受损失。100多年前,创立于德国路德维希港的巴斯夫公司,一直为发现和生产各种农业化学品而孜孜不倦地工作着。目前,巴斯夫公司经营着世界上最大的化工厂,并在35个国家中拥有300多家分公司和合资企业及各种工厂,拥有雇员13万人。

巴斯夫公司之所以能够在百年经营中兴盛不衰,在很大程度上归功于它在长期的发展中确立的激励员工的五项基本原则。具体地讲,这五项基本原则包括如下内容。

1. 对职工分配的工作要适合其兴趣和工作能力

不同的人有不同的工作能力,不同的工作也同样要求由不同工作能力的人胜任。企业家的任务在于尽可能地保证所分配的工作适合每一位职员的兴趣和工作能力。巴斯夫公司采取以下四种方法做好这方面的工作:①数名高级经理人员共同接见每一位新雇员,以对其兴趣、工作能力有确切的了解;②除公司定期评价工作表现外,公司内部应有正确的工作说明和要求规范;③利用电子数据库贮存了有关工作要求和职工能力的资料与数据;④利用"委任状",由高级经理人员小组向董事会推荐提升到领导职务的候选人。

2. 论功行赏

每位职工都对公司的一切成就做出了自己的贡献,这些贡献与许多因素有关,如和职工的教育水平、工作经验、工作成绩等有关,但最主要的因素是职工的个人表现。

　　巴斯夫公司的原则是：职工的工资收入必须视其工作表现而定。巴斯夫公司认为，一个公平的薪酬制度是高度刺激劳动力的先决条件，工作表现得越好，报酬也就越高。因此，为了激励个人的工作表现，工资差异是必需的。另外，公司还根据职工表现提供不同的福利，例如膳食补助金、住房、公司股票等。

　　3. 通过基本和高级的训练计划，提高职工的工作能力，并且从公司内部选拔有资格担任领导工作的人才

　　除了适当的工资和薪酬之外，巴斯夫公司还提供广泛的训练计划，由专门的部门负责管理，为公司内部人员提供本公司和其他公司的训练课程。公司的组织结构十分明确，职工可以获得关于升职的可能途径的资料，而且每个人都了解自己的岗位职责。该公司习惯于从公司内部选拔经理人员，这就为有才能的职工提供了升职机会，有助于使他们保持较高的积极性。

　　4. 不断改善工作环境和安全条件

　　一个适宜的工作环境，对激励员工十分重要。如果工作环境适宜，职工感到舒适，就会有更佳的工作表现。因此，巴斯夫公司在工厂附近设立各种专用汽车设施，并设立弹性的工作时间。公司内有11家食堂和饭店，每年提供400万顿膳食。每个工作地点都保持清洁，并为体力劳动者设盥洗室。这些举措深得公司雇员的好感。

　　巴斯夫公司建立了一大批保证安全的标准设施，由专门的部门负责，例如医务部、消防队、工厂高级警卫等。他们都明白预防胜于补救。因此，对全体员工要定时给予安全指导，提供必要的防护设施。公司经常提供各种安全措施，并日夜测量环境污染指数和噪声分贝。各大楼中每一层都有一名经过专业安全培训的职工轮流值班，负责安全防卫。意外事故发生率最低的那些车间会得到安全奖励。这些措施使公司内的意外事故发生率降至较低水平，使职工有一种安全感。1984年，巴斯夫公司在环境保护方面耗费了7亿马克的资金，相当于公司销售净额的3.5%。

　　5. 实行持合作态度的领导方法

　　巴斯夫公司领导认为，在处理人事关系中，激励劳动力的最主要原则之一是持合作态度。上级领导应像自己也被领导一样，积极投入工作，并在相互尊重的气氛中合作。巴斯夫公司给领导者规定的任务是商定工作指标、委派工作、收集情报、检查工作、解决矛盾、评定下属职工以及提高他们的工作水平。

　　在巴斯夫公司，如果上级领导委派了工作，就由上级领导亲自检查，职工自身也自行检查中期工作和最终工作结果。在解决矛盾和纠纷时，只有当各单位自行解决矛盾的尝试失败后，才由更上一级的领导人解决。

　　巴斯夫公司要求每一位领导人的主要任务是根据所交付的工作任务、工作能力和表现评价下属职工，同时应让职员感觉到自己在为企业完成任务的过程中所起的作用。如果将巴斯夫公司刺激劳动力的整个范畴简单表达出来，那就是"多赞扬，少责备"。巴斯夫公司认为，一个人工作做得越多，犯错误的机会也就越多，如

果不允许别人犯错误,甚至惩罚犯错误的人,那么雇员就会尽量少做工作,以避免犯错。

(案例来源:"企业行政管理案例库")

【启示】

巴斯夫公司的案例表明,企业的行政资源配置对企业行政管理和企业员工的激励都是至关重要的,要使企业长盛不衰,除了要有过硬的产品质量外,也要对企业的资源包括人力资源、文化资源、企业形象以及企业的工作环境进行良好的管理,使企业的行政资源发挥最大效用。

第一节　企业人力资源管理

一、企业人力资源管理概述

1. 人力资源的含义

人力资源一般是指能够从事生产活动的体力和脑力劳动者,通俗地说就是人。把"人"看作一种资源,是现代人事管理的一个创新。人力资源与物质资源、信息资源相对应,构成企业的三大资源。然而,人力资源是一种特殊的资源。

相对于物质资源和信息资源来说,人力资源有以下几个特点。

(1)人力资源是一种活性资源,与物质资源和信息资源相比,具有创造性。现实中,这种活性资源还表现在如果没有被充分使用,就不能激发其潜能,其才能就会萎缩,人力资源的浪费是资源的最大浪费。

(2)人力资源是具有增值性和可开发性的资源。物质资源在使用过程中,通过磨损或被加工,其独立形态就不存在了,其价值会转移到新的产品中去。而人力资源在使用过程中,伴随着经验和知识的积累,在生命周期内的一定阶段会不断增值,并且可以通过培训、教育、体育锻炼等投资活动提高其价值。

(3)人力资源是企业利润的源泉。物质资源和信息资源必须通过人的加工创造、流通才能实现价值,因此可以说人力资源是创造剩余价值的主体,是企业利润的源泉。

(4)人力资源是一种具有战略性的资源。企业的高速、持续发展必须依靠大批优秀人才的支持。

2. 企业人力资源管理的含义及内容

1)企业人力资源管理的含义

企业人力资源管理是指对企业人力资源的取得、开发、保持和利用等方面所进行的计划、组织、指挥和控制活动。它是研究企业组织中人与人关系的调整、人与事的配合,以充分开发人力资源,挖掘人的潜力,调动人的积极性,提高工作效率,实现组织目标的理论、方法、工具和技术。所以,也可以把人力资源管理或称为人事管理。

2)企业人力资源管理的主要工作内容

具体说来,现代企业人力资源管理主要包括以下一些具体内容和工作任务。

（1）制订人力资源计划。根据组织的发展战略和经营计划,收集和分析人力资源供给与需求方面的信息与资料,预测人力资源供给和需求的发展趋势,制订人力资源招聘、调配、培训、开发及发展计划等。

（2）人力资源成本会计工作。人力资源管理部门应与财务等部门合作,建立人力资源会计体系,开展人力资源投入成本与产出效益的核算工作。人力资源会计工作不仅可以改进人力资源管理工作本身,而且可以为决策部门提供准确和量化的依据。

（3）岗位分析和工作设计。对组织中的各个工作和岗位进行分析,确定每一个工作和岗位对员工的具体要求,包括技术、种类以及工作的责任和权利等方面的情况。这种具体要求必须形成书面材料,这就是工作岗位职责说明书。

（4）员工的招聘与选拔。根据组织内的岗位需要及工作岗位职责说明书,利用各种方法和手段,如接受推荐、刊登广告、举办人才交流会等,从组织内部或外部招聘、选拔人员,并且经过资格审查,从应聘人员中初步选出一定数量的候选人,再经过严格的考试,如笔试、面试、评价中心、情景模拟等方法进行筛选,确定最后录用人选。

（5）雇佣管理与劳资关系。员工一旦被组织聘用,就与组织形成了一种雇佣与被雇佣、相互依存的劳资关系,为了保护双方的合法权益,有必要就员工的工资、福利、工作条件和环境等事宜达成一定协议,签订劳动合同。

（6）员工培训和发展。为了提高广大员工的工作能力和技能,有必要开展富有针对性的岗位技能培训。对于管理人员,尤其是对即将晋升者有必要开展提高性的培训和教育,目的是促使他们尽快具有在更高一级职位上工作的全面知识、熟练技能、管理技巧和应变能力。

（7）工作绩效考核。工作绩效考核,就是对照工作岗位职责说明书和工作任务,对员工的业务能力、工作表现及工作态度等进行评价,并给予量化处理的过程。考核结果是员工晋升、接受奖惩、发放工资、接受培训等的有效依据,它有利于调动员工的积极性和创造性,检查并改进人力资源管理工作。

（8）促进员工的职业生涯发展。人力资源管理部门和管理人员有责任鼓励和关心员工的个人发展,帮助其制订个人发展计划,并及时进行监督和考察。这样做有利于促进组织的发展,使员工有归属感,进而激发其工作积极性和创造性,提高组织效益。

（9）员工工资报酬与福利保障设计。合理、科学的工资报酬福利体系关系到组织中员工队伍的稳定与否。人力资源管理部门要从员工的资历、职级、岗位及实际表现和工作成绩等方面为员工制定相应的、具有吸引力的工资报酬福利标准和制度。

（10）保管员工档案。人力资源管理部门有责任保管员工入公司时的简历以及进入企业后关于工作主动性、工作表现、工作成绩、工资报酬、职务升降、奖惩、接受培训和教育等方面的书面记录材料。

二、企业人力资源管理的重点环节

改革开放以来,我国企业的人力资源管理取得了显著进步。但是,目前我国企业人力资源管理总体水平尚处在从科学管理向现代管理的过渡阶段,在当前及未来一定时期,以下几个方面仍将是企业人力资源管理的重点环节。

1.转变人力资源管理职能,建立一支面向现代企业制度的人力资源管理队伍

当前,我国企业人力资源管理岗位上的多数从业人员缺乏专业素质,其表现是既不具备人力资源管理的基础知识,也不具备该领域的工作经验。随着企业体制的变革以及企业竞争的加剧,对于人力资源管理人员的胜任能力也提出了更高的要求。因此,企业急需一批知识水平较高,通晓现代企业管理知识并具备强烈的市场意识,能够制定和实施企业管理战略的人力资源管理队伍。

2.实现人力资源在数量上和质量上的合理配置

这项工作是企业人力资源管理的基础,也是企业对人力资源进行有效整合、实现组织战略目标和发展目标的关键。一些企业并不缺少人才,但是由于缺少对人力资源的合理配置,造成人力资源的较大浪费。在这种情况下,更要加强对人力资源在数量和质量上的合理配置。重点加强企业中高端经营管理人才、专业技术人才和高技能人才培养,建立人才发展体系,整体提高企业人力资源发展利用水平。

3.建立科学、客观、规范的绩效管理体系

绩效管理是企业实现目标、整合人力以及开发员工能力和技能的重要战略措施。但是,目前不少企业的绩效管理仍流于形式,不能与企业发展和员工个人发展进行有效的结合,也使得收入分配方面的平均主义问题一直难以得到彻底的解决。要真正在企业中形成以工作贡献为基础,与企业战略相结合,与激励机制相统一的绩效管理体系是一个复杂的过程,我国企业还有很长的路要走。

4.改革企业内部收入分配制度

我国企业内部的收入分配制度改革一直处在不断的探索之中,并随着我国企业制度的改革而不断得到深化。经过多年的探索,我国基本明确了企业内部的收入分配制度改革模式,即"市场机制调节,企业自主分配,职工民主参与,政府监控指导"。改革的目的是保障职工的合法权益,也为企业创造稳定的发展环境。如企业建立"工资集体谈判"制度,政府制定"最低工资标准"等。

三、企业人力资源管理中存在的主要问题及解决方案

1.企业人力资源管理中存在的主要问题

目前在我国许多企业中,人力资源管理仍然存在不少问题,人力资源的效用不能得到充分发挥,其问题主要体现在以下几方面。

1)人力资源浪费现象严重

我国一些单位出现"人才高消费"现象。一些单位在招聘人才时,不是从实际出发,而是片面追求高学历,产生了畸形的人才消费现象,一些科技人才被安排在只需简单的脑力劳动的岗位上,导致了人力资源的浪费。

2)人力资源管理中存在低素质人才"驱逐"高素质人才的"格雷欣效应"

许多企业为了解决长期存在的机构臃肿、人浮于事的状况,采用竞争上岗、优胜劣汰的办法裁减冗员。然而在此过程中出现了低素质人才不愿走、高素质人才不愿留的不良局面。

还有一些单位在选人、用人时，不是论功绩如何，而是论背景、论资历。一部分人不是积极干工作，而是想方设法拉关系、走后门、找靠山，由此助长了不正之风。

3）人力资源流失现象严重

许多单位花费高成本引进了一些人才，而这些人才最终成了单位发展过程中的匆匆过客，这给单位造成了极大的经济损失。究其流失原因不外乎个人、社会、组织三方面的因素。一方面，企事业单位在招聘人才时，往往只重专业技术水平，而忽视了人才的道德因素和社会责任心。另一方面，企事业单位在招聘人才时，对人才的专业水平要求过高，却未能安排具有挑战性的、能充分发挥个人才能的职位，导致一些人才缺乏成就感，对岗位缺乏兴趣。另外，一些企事业单位在业绩考核、晋升制度等方面不够合理，也是导致人才流失的原因之一。

4）人力资源开发的动力不足

企业经营者往往倾向于制定短期目标，而人力资源开发的周期相对较长，短期内难以取得收益。很多企业更愿意将人力、财力和物力投入到生产中，进行粗放型经营，忽视人力资源的开发。

2．解决方案

1）引导管理者转变观念，真正树立以人为本的管理理念

以人为本的思维方式，其核心理念就是把人力资源看作企业最重要的资源，管理的重点是创造一个好的环境，让每个员工充分地发挥所长，做出更大的绩效。在对待所属人员时，应特别注意他们希望公平、追求平等的愿望。要把那些传统的旧观念彻底摒弃，尽快树立与当今时代相适应的新观念，包括人是资源的新观念和人力资源是第一资源的新观念等。

2）制定人力资源发展规划，规范人力资源管理模式

要实现企业在一定时期的经营发展目标并使企业得以迅速发展，需要多少人才，需要什么样的人才，是自己培养还是通过外部引进等办法来解决，这些都需要经过缜密的调查和思考，制定完整的人力资源发展规划。如今，企业竞争日趋激烈，人力资源的流动也随之加速，因此企业不但要制定短期的人力资源发展规划，更要制定中长期的发展规划，实现短期规划和中长期规划的有机结合。

3）做好工作分析与职位设计，建立一整套高效率的人力资源管理机制

工作分析是开展人力资源管理工作的基础，是人力资源管理的平台。在我国现有的企业尤其是国有企业中，人浮于事的现象还很严重，突出表现为人和事的不匹配，这不但降低了管理效率，而且增加了管理成本。现代企业组织应根据生产经营的实际需要进行科学的工作分析与职位设计，合理设置岗位并进行规范的分析描述，确定各个岗位的工作职责，并以此为基础建立一整套高效率的人力资源管理机制，实现传统人事管理向现代人力资源管理的转变，切实提高管理效率，提升管理水平。

4）全面加强企业文化建设，培育企业精神

企业文化是企业在长期的生产经营过程中形成的价值观念、经营思想、群体意识和行为规范的综合体。它产生于企业自身，得到全体管理者和员工的认同与维护，并随着企业的发展而日益强化，最终成为企业发展取之不尽、用之不竭的精神源泉。一个企业之所以能够成

为优秀的企业,一个十分重要的原因就是它成功地创造了一种能够使全体员工衷心认同的核心价值观和使命感,企业文化作为企业的核心价值观念一旦被全体员工衷心认同或共有,就会影响人们的思维模式和行为模式。在优秀的企业文化下,员工才能树立积极的工作价值观,才能真正感受到成功的乐趣,企业才能真正被员工所热爱。因此,营造一个良好的企业文化环境,有利于企业人力资源的有效管理。

第二节 企业行政经费管理

一、企业行政经费管理的意义

企业经营活动的重要目标之一就是要获取最好的经济效益,为社会提供丰富的产品。为达到这一目标,企业一方面要进行物资设备的现代化;另一方面要推进企业经费管理的有效实施。企业行政经费管理就是研究物资设备的科学管理及其活动和人员经费的有效使用的经济管理科学。

行政经费管理与其他管理的不同之处在于它是一种价值管理,是对企业再生产过程中的价值运动进行的管理,它涉及面广、灵敏度高、综合性强,是企业的一项综合性管理活动。加强企业行政经费管理对于调整产业结构、降低企业成本、增强企业竞争能力、提高企业经济效益都具有十分重要的意义。

二、企业行政经费管理的内容

企业行政经费管理的内容涉及资金筹措管理、物资管理、设备管理、资金运用管理、成本管理、利润管理、价值工程及投资决策管理等领域。具体包括以下内容。

1. 组织物资设备供应,提高物资设备的利用效率

科技是第一生产力,而体现现代科技成果的新材料、新设备是开发新产品的重要生产要素和生产手段,与提高企业经济效益息息相关,因此要积极组织物资设备供应,以保证生产需要;同时要尽可能提高设备的利用效率,以发挥其最大效用。

2. 组织资金供应,提高资金的利用率

办企业离不开资金,资金的供应既要合理又要节约,应能保证生产经营活动的资金需要。在管好用好资金方面,要力求少花钱、多办事,提高资金利用率。

3. 倡导绿色节能,降低成本增加盈利

企业行政经费资源管理要努力挖掘内部潜力,促使企业大胆改革,合理使用人力和物力,降低生产耗费,减少资金占用,增加企业盈利。推行智慧化后勤保障系统,打造绿色节能办公室,做到节能工作标准化,完成能源监控与管理。在促进企业成本降低方面,要实现高产、优质、低耗、多盈利的统一。

4. 加强法规监督,维护财经纪律

法规监督就是利用政策、法令在生产经营活动中对行政经费进行控制与调节,使其在生产经营过程中更好地发挥能动作用,促进生产的发展。财物资源的监督具体而言就是对企业物资设备的利用、资金的使用、生产的耗费、费用的开支、成本的形成以及收入的实现和分配等方面实行的监督，以使企业遵守财经纪律。

三、企业行政经费预算及使用中的问题

1. 企业行政经费预算的管理流程问题

企业行政经费预算是指企业未来某一特定期间，以实现企业的预期利润为目的，以销售预测为起点，进而对生产、成本及现金收支等进行预测，并编制预计损益表、预计现金流量表和预计资产负债表，反映企业在未来期间的财务状况和经营成果的活动。企业通过全面预算管理工作的开展，能够帮助管理者进行有效的计划、协调、控制和业绩评价，对企业建立现代企业制度、提升管理水平、增强竞争力有着十分重要的意义。

2. 企业行政经费预算管理中存在的问题

我国企业实施企业行政预算管理的时间尚短，据有关调查显示，在我国开展预算管理的企业中，大部分做得并不到位，预算失败的个案也不在少数，在实施的过程中，通常会出现以下问题。

（1）为预算而预算。企业只是将行政预算管理作为管理制度的组成部分，而不是将其作为实施企业发展战略的具体手段，只重视短期活动。

（2）片面理解预算管理。有些企业把预算管理等同于财务预算管理，甚至将其视为财务部门的预算，认为编制预算只是财务部门的职责，甚至把预算理解为财务部门控制资金的计划和措施。

（3）预算执行力度不够，轻视预算监控。在整个预算执行过程中，领导班子参与程度较低，预算执行管理控制力度较小，造成会计核算与资金管理不匹配，预算和资金流出失控，执行的随意性很大，经常出现资金互相挪用以及投资与成本随意调节等情况，造成编制的预算与执行的结果之间存在很大的偏差。

四、完善企业行政经费预算途径

1. 建立以企业战略为导向的预算模式

行政经费预算管理应当是具有战略性的，是面向未来的，其目的主要是为了实现企业的战略目标。无论是预算目标的制定，还是在预算执行过程中的调整，都要有利于战略目标的实现，这样才能有效防范企业的短期行为。

2. 强化行政经费预算管理的预测功能

在制定预算之前，企业应该将影响预算的因素加以归纳，然后找出若干种主要因素，在预算中予以重点考虑，并尽可能拟定出相应对策。对其他次要因素，也应该在预算中加以体现，不能忽视。

3. 改进行政经费预算编制方法

企业应该视外部环境状况使用不同的预算编制方法，不能刚性规定指标的完成程度。例如：在市场环境不稳定的情况下，采用弹性预算的方法；在市场环境稳定的情况下，采用固

定预算的方法,或者通过项目分析,对性质不同的项目分别采用零基预算、弹性预算、滚动预算等方法。此外,还可以根据企业所处的不同生命周期,采用不同的预算编制方法等。

4. 导入经营预算和管理预算概念,进一步丰富和完善预算编制内容

由于企业管理可分为经营和管理两个方面,故从行政经费预算管理的功能角度分析,可将预算划分为经营预算和管理预算两个层次。经营预算主要是传统意义上的企业预算内容,即企业日常发生的各项活动的预算,如利润预算、销售预算、生产与成本预算及资本预算等,指标以综合性的财务指标为主;管理预算是企业具体的执行性预算,如基建项目进度管理预算、人力资源管理预算、新产品研发预算、研究项目预算等,其预算指标是将财务指标和非财务指标相结合而成的。

第三节　企业形象建设与品牌管理

一、企业形象建设与品牌管理在企业行政管理中的重要性

1. 塑造良好的企业形象是企业发展的迫切要求

企业形象,是指企业在社会公众及消费者心目中的总体印象,是企业文化的外显形态。具体地说,企业形象是由企业产品形象、经营服务形象、管理者形象、员工形象、公共关系形象等综合因素组成的。

随着市场经济的发展,商品日益丰富,人们的购买行为已不再仅仅满足于对商品使用价值的物质需要,而是取决于对商品审美价值的文化精神需求,进而言之,是取决于对商品品牌和企业形象的需求。这就使企业间不仅存在着产品价格的竞争,而且存在着企业整体形象的竞争。

企业形象管理不仅能够全面提升企业的整体形象和经营管理水平,促进企业经济效益和社会效益的提高,而且优秀的企业形象管理还能够直接促进产品的销售。全方位、深层次地导入企业形象管理已成为具有远见卓识的现代企业家们的必然选择。

企业形象管理是一个系统工程,仅靠一个人的能力是很难完成的,所以一些大型企业设立了专门机构和人才进行企业形象的整体规划与运作。更多的中小企业则是聘请专业的企业形象管理公司来进行企业形象管理。由于企业形象管理涉及企业的方方面面,小到徽章、工作证、信封、信笺、名片,大到公司招牌、建筑物外观、员工制服、车辆及产品标志等,所以,企业形象管理需要进行系统的规划、设计和实施。

2. 品牌管理在企业管理中的重要意义

什么是品牌?品牌是一种错综复杂的象征,它是产品属性、名称、包装、价格、历史、信誉、广告方式等无形要素的总称。品牌也是消费者对品牌持有者的印象,以其自身的经验而给出界定。产品是工厂生产的东西,品牌是消费者所购买的东西。产品可以被竞争者模仿,但品牌则是独一无二的;产品极易过时、落伍,而成功的品牌却能持久不衰,品牌的价值将长期影响企业的生产经营。

对于企业来说,品牌的内涵在一定程度上反映了企业文化。品牌不仅是对外销售的

利器,而且是对内管理的潜在力量。在营销中,品牌是唤起消费者重复消费的最原始动力,是企业的灵魂。有一个企业家说过,"没有品牌,企业就没有灵魂;没有品牌,企业就会失去生命力"。对企业而言,品牌竞争力的高低决定着企业与企业之间利润的大小,也决定着产品与产品之间的成败,更决定着企业与企业之间的强弱。

创造强势品牌对于一个企业来讲是一件意义深远的事情,是企业获得核心竞争优势的基础,也是企业在当代国际化的市场经济竞争中是否能迅速崛起、强盛起来的关键。创建强势品牌的最终目的是持续获取良好的销售业绩与利润。由于无形资产的重复利用几乎不需要成本,只要有科学的态度与高超的智慧来规划品牌延伸战略,通过理性的品牌延伸与扩张就能充分利用品牌资源这一无形资产,实现企业的跨越式发展。

二、企业形象的策划、设计与建设

1. 企业形象的策划、设计与建设的内涵

企业形象策划(CI)的历史最早可追溯至 20 世纪初。1908 年,德国著名建筑设计师彼得·贝伦斯为德国的 AEG 公司设计了简明的字母化标志,并将其应用到公司的系列产品以及便条纸、信封、建筑、店面之中,贝伦斯的这些设计实践被公认为是企业形象策划的雏形。自 CI 产生以来,欧美和日本的知名企业对 CI 的成功导入使其以破竹之势在业内建立声誉。企业形象策划战略并非包治百病的灵丹妙药,但其合理和科学的内涵是企业走向成功的关键。

企业形象设计就是通过统一的整体传达系统将企业文化外化为企业形象的设计过程,它反映企业的自我认识和公众对企业的外部认识,以产生一致的认同感与价值观。企业形象设计包括理念识别系统、行为识别系统、视觉识别系统三大部分,这三大部分统称为 CIS 系统。

(1) 企业理念识别(MI)系统。从理论上说,企业的经营理念是企业的灵魂,是企业哲学和企业精神的集中体现,也是整个企业识别系统的核心和依据。企业的经营理念要反映企业存在的社会价值、企业追求的目标以及企业的经营内容等方面,尽可能通过简明确切的、能为企业内外乐意接受的、易懂易记的语句来表达。

(2) 企业行为识别(BI)系统。企业行为识别的要旨是企业在内部协调和对外交往中应该有一种规范性准则。这种准则具体体现在全体员工上下一致的日常行为中,也就是说,员工的一举一动都应该是一种企业行为,能反映出企业的经营理念和价值取向,而不是独立的、随心所欲的个人行为。行为识别,需要员工在理解企业经营理念的基础上,将其转化为发自内心的自觉行动,只有这样,才能使同一经营理念在不同的场合、不同的层面中具体落实到管理行为、销售行为、服务行为和公共关系行为中去。

(3) 企业视觉识别(VI)系统。任何一个企业要进行宣传并将其品牌传播给社会大众,从而塑造可视的企业形象,都需要依赖传播系统。传播的成效大小完全依赖于在传播模式中的符号系统的设计能否被社会大众辨认与接受,并给社会大众留下深刻的印象。符号系统中的基本要素都是传播企业形象的载体,企业通过这些载体来反映企业形象,这种符号系统可称为企业形象的符号系统。VI 是一个严密而完整的符号系统,它的特点在于展示清晰的"视觉力"结构,准确地传达独特的企业形象,通过差异性面貌的展现,达成

企业形象识别的目的。

企业形象策划的塑造是经由理念、行为、视觉三个方面的贯彻而达成的,而这正是企业求真、向善、臻美三个过程的完美统一。

(1)求真。即尊重事实和客观规律,进而大胆探求并坚持真理,它是现代科学发展和进步得以实现的前提条件。正如科学哲学家劳丹所说:"科学的事业是理性的事业。"而对于企业来说,企业的生产必须遵循客观规律——效益来自对客观规律的认识和把握。企业也只有不断地探求真理,才能使其产品的品质得以保证。

(2)向善。从哲学上讲,企业形象策划价值观是关于对象有用性的认识。而企业的价值观是企业全部或多数成员一致赞同的关于企业意义的终极判断。重视赢利固然是企业生存和发展的需要,也是社会经济发展的前提条件,但是企业毕竟是社会系统中的一个有机组成部分,它和社会系统中的其他要素有着千丝万缕的联系。企业的经营活动,正是在与政府、顾客、金融机构、媒体等社会各个部分的关系中得以实现的。因此,企业不能置这些联系于不顾,单纯地追求自身的利益。企业存在的价值和意义依赖于社会各界公众的认可与支持。因此,企业选择向善的价值理念,是基于对自身导向的正确认识,也是与社会文明进步保持一致的。向善是企业文化的重要内容,是企业的一种内在规定性。

(3)臻美。即渐臻佳境,满足人们对情感的诉求。企业生产过程也是人的本质力量对象化的过程,成功的生产经营活动能使人的本质力量得到现实的肯定,这也是企业能带给员工审美愉悦的本质所在。

2.企业形象设计的阶段

1)企业实态调查阶段

把握企业的内部认知、外界认知和设计现况,并从中确认企业给人的形象认知状况。

2)企业形象设计概念确立阶段

以调查结果为基础,分析企业内部认知、外界认知、市场环境与各种设计系统的相关问题,来拟定企业的定位与应有形象的基本概念,并以此作为企业形象设计规划的原则依据。

3)设计作业展开阶段

根据企业的基本形象概念,将其转变成具体可见的信息符号。并经过精致作业与测试调查,确定完整的、符合企业实际的识别系统。

4)完成与导入阶段

将设计规划完成的识别系统加以整合,制作成标准化、规范化的手册或文件,并排定导入实施项目的优先顺序,对企业的广告活动进行策划与统筹。

5)监督与评估阶段

确保设计符合原先设定的企业形象概念,如发现原有设计规划有缺陷,应及时做出检讨与修正。

三、企业品牌管理

1.企业品牌管理的步骤

品牌管理是个复杂、科学的过程,不可以忽略任何一个环节。下面是成功的品牌管理应该遵循的四个步骤。

1）勾画出品牌的"精髓"，即描绘出品牌的理性因素

首先把品牌现有的可以用事实和数字勾画出的人力、财力、物力因素找出来，然后根据目标再描绘出需要增加哪些人力、物力和财力才可以使品牌的精髓部分变得充实。这里包括消费群体的信息、员工的构成、投资人和战略伙伴的关系、企业的结构、市场的状况、竞争格局等。

2）掌握品牌的"核心"，即描绘出品牌的感性因素

由于品牌和人一样除了有躯体和四肢外还有思想和感觉，所以我们在了解现有品牌的核心时必须了解它的文化渊源、社会责任、消费者的心理因素和情绪因素并将情感因素考虑在内。根据要实现的目标，重新定位品牌的核心并将需要增加的感性因素一一列出来。

3）寻找品牌的灵魂，即找到品牌与众不同的求异战略

通过第一和第二步骤对品牌理性和感性因素的了解和评估，升华出品牌的灵魂及独一无二的定位和宣传信息。人们喜欢吃麦当劳，不是因为它的美味，而是因为它能带给儿童和成年人一份安宁和快乐的感受；人们喜欢去 Disney 乐园并不是因为它的游乐功能，而是因为人们可以在那里找到童年的梦想和乐趣。所以品牌不是产品和服务本身，而是它留给人们的想象和感觉。品牌的灵魂就代表了这种感受。

4）品牌的培育、保护及长期爱护

品牌形成容易但维持起来是个艰难的过程。没有良好的品牌关怀战略，品牌是无法健康成长的。很多品牌只靠花掉大量的资金做广告来增加客户资源，但由于不知道品牌管理的科学过程，在拥有知名度后，不再关注客户需求的变化，不能提供承诺的一流服务，失望的客户只有无奈地选择了新的品牌，致使花掉大把的钱得到的品牌效应只是昙花一现。所以，品牌管理的重点是对品牌的维护。

2. 品牌管理的四个重点要素

1）建立卓越的信誉

因为信誉是品牌的基础。没有信誉的品牌几乎没有办法去竞争。中国加入 WTO后，很多"洋"品牌同中国本土品牌竞争的热点就是信誉。由于"洋"品牌多年来在全球形成的规范的管理和经营体系使得消费者对其品牌的信任度远远超过了本土品牌。本土品牌同跨国品牌竞争的起点是树立信誉，不是依靠炒作，而是通过提高管理水平，增强质量控制能力，建立增加客户满意度的机制，以及提升团队的整体素质来建立信誉。

2）争取广泛的支持

因为没有企业价值链上所有层面的全力支持，品牌是不容易维持的。除了客户的支持外，来自政府、媒体、专家、权威人士及经销商等的支持也同样重要。有时候，还需要知名人士的支持并利用名人效应增加品牌的信誉。

3）建立亲密的关系

由于客户需求的动态变化和取得信息的机会不断增加，为客户提供个性化和多元化的服务已成为唯一的途径。只有那些同客户建立了密切、长期的关系的品牌才会是最后

的胜利者,因此,国内外的品牌现在都不遗余力地想办法同客户建立直接联系并保持客户的忠诚度。

4)增加亲身体验的机会

客户的购买习惯发生了巨大的变化。仅凭广告上的信息就决定购买的行为已经越来越少了。消费者需要在购买前进行尝试或体验后再决定自己是否购买。所以品牌的维持和推广的挑战就变成了如何让客户在最方便的环境下,不需要花费太多时间、精力就可以充分了解产品或服务的质量和功能。这种让客户满意的体验可以增加客户对品牌的信任并产生购买的欲望。

四、企业行政管理在企业形象建设与品牌管理中的作用

消费者对企业及其产品的接受,首先取决于一种心理认同和文化认同,取决于企业的社会形象。企业行政管理在塑造企业形象和品牌管理中具有以下作用。

1. 有助于企业及时了解各种影响企业形象的舆论与信息

在企业进行生产经营活动中,经常会与公众之间产生矛盾。矛盾是普遍存在的,一些矛盾如认识上的差异、利益上的冲突、信息沟通上的障碍、意识形态领域的矛盾等会对企业的经营管理产生许多不利的影响。企业行政管理工作就是要认识矛盾、分析矛盾,找出解决矛盾的办法。首先,应加强思想教育。企业要树立自律意识、社会至上意识、尊重社会舆论意识,加强企业内部团结。其次,应经常组织一些协调性活动,沟通思想,消除成见,创造合作共事的融洽气氛。再次,应建立信息反馈系统,及时发现问题,分析问题,校正偏差。最后,一旦出现矛盾纠纷,应立即着手开展公关工作,沟通信息,查清事实,在实事求是的基础上协商并解决矛盾,争取谅解,以求合作。

2. 有助于传播企业或品牌的良好形象

企业刚刚进入市场时,应通过公关、宣传,让社会公众了解企业,对企业的产品、服务、经营观、价值观等产生认同,对企业产生深刻的印象,从而为企业的发展奠定扎实的基础。公关是提高品牌知名度的重要手段,这已经为实践所证明。健力宝公司创立于1984年,成立之初只是广东的一个酒类生产企业。当时,公司从广东体委获悉,中国乒乓球队准备向社会征集专用饮料。健力宝感觉这是一个千载难逢的机会,在他们的努力下,终于成为中国乒乓球队的专用饮料。1984年,第23届奥运会在美国洛杉矶举行,《东京新闻》以《中国靠"魔水"加快出击》为题,首次介绍了中国运动饮料健力宝,由此,健力宝获得"中国魔水"的美誉,成为中国最具知名度的饮料品牌。此后几年,健力宝的品牌营销就与运动结合在一起。此时的健力宝的品牌文化内涵非常明晰,即健康、运动,从而打动了当时的一大批主流消费群体,并成为风行一时的运动饮料。随着中国乒乓球队征战国际乒坛,健力宝也因此扬名海外。健力宝多次为中国乒乓球队举行庆功会,这一系列活动使健力宝的品牌形象家喻户晓,由此开始了它对中国运动饮料领域长达18年的领导地位。

3. 有助于企业进行统筹决策

知己知彼,百战不殆。调查是企业行政管理获取成功的法宝,在企业行政管理中若闭门造车,不进行任何社会调查,也不知道客户心理,所做出的管理决策也肯定是不科学的。

所以企业行政管理人员一定要把调查研究作为制订企业行政计划的一个前提。通过一系列的调查研究,分析未来社会及行业发展的趋势及其后果。通过不同的、多层次的调查研究,可以了解社会舆论以及公众的态度和期望值。

4. 有助于企业品牌效应的发挥

市场经济是竞争性经济,企业之间在质量、价格、优质服务、优美环境等多方面都存在着激烈的竞争。竞争取胜的手段之一就是通过行政管理工作,发挥品牌效应,树立良好的企业形象。而企业与顾客有着直接、密切的联系。良好的品牌效应是通过满足消费者的需求、维护消费者的正当权益、吸引顾客而取得的,可以使顾客树立起坚定的消费信念和对企业的偏爱,从而扩大企业的财源。良好的品牌效应,作为企业社会交往的"名片",为企业开展横向经济联合、广交朋友打开渠道,使企业经营向外向型发展,向社会四方渗透,逐步提高企业在社会各界的影响力。行政工作或许本身不能直接给企业带来利润,但它可以间接地转化成经济效益,成为增加企业赢利的推动力量。

第四节　企业文化资源开发与运用

一、企业文化资源及其开发与运用的重要性

1. 企业文化资源的渊源及其类型

什么是企业文化?管理学上的解释是:企业文化,或称组织文化,是一个组织由其价值观、信念、仪式、符号、处事方式等组成的特有的文化形象。企业文化是一种由企业的领导者精心培育,经全体员工一致认同,通过长期塑造形成的企业全体人员共同遵循的价值观、目标、愿景、行为规范,以及物化到企业全部活动、所有流程、各个层面的灵魂个性和精神动力。企业文化是企业的灵魂、信仰、价值观,是企业家和全体员工共享的精神家园。也就是说,企业文化是一种思想、理念,是一个企业所特有的而且也是每个企业必须具有的意识形态。建设企业文化的最终目的就是更好地实现企业经济目标及谋求企业的生存和发展。

企业文化资源是"一个企业在其企业文化体系的构建中的一切思想文化资料来源"。在企业文化建设中,企业文化资源从哪里来?有的人认为,企业文化作为一门学说,起源于西方,因此,企业文化资源需要从国外引进;也有人认为,企业文化是企业固有的成分,有了企业,势必就会产生企业文化,因此,企业文化资源来自企业的久远历史。这两种看法都各有其理,但也有其偏颇之处。首先,一种外来的理论,固然为我们提供了可供借鉴的思想资源,但这种思想资源只有切合实际并以合乎现实要求的方式表达后,才能为企业员工和社会大众所接受和认可;其次,虽然有了企业就有了企业文化,但这种文化具有不自觉性,是一种无意识的文化,尚不能引领企业的发展。因此,企业文化资源适切的渊源应该是"来自企业自身所具有的企业文化资源,并在先进的理论指导下自觉地开发资源、评估资源、整合资源"。

根据企业文化资源的不同来源,可以把企业文化资源分为企业文化外部资源、企业文

化内部资源、企业文化核心资源三大类。企业文化外部资源是指对企业产生影响的各种外部文化要素，包括民族文化资源、地域文化资源、行业文化资源、社会文化资源、政治文化资源、经济文化资源、国际文化资源；企业文化内部资源是指生成企业文化的内在环境和内部因素，包括企业历史文化资源、企业体制文化资源、企业管理文化资源、企业经营文化资源、企业环境文化资源、企业网络文化资源；企业文化核心资源是指企业人的价值取向和思想元素，包括企业家文化资源、管理者文化资源、普通员工文化资源。

2. 企业文化资源开发与运用的重要性

企业文化资源是企业文化建设的源头活水和基石，企业文化建设离不开企业文化资源的开发和运用。企业文化资源开发与运用在企业行政管理中的重要作用主要表现在以下几个方面。

1）企业文化资源是企业的核心资源

任何企业都会倡导自己所信奉的价值理念，而且要求这种价值理念成为员工的价值理念，从而使其成为指导企业及其员工的灵魂。因此，企业文化实际上是指导企业及其员工的一种价值理念。这种价值理念体现在每个员工的意识上，并最终成为指导员工行为的一种思想，因而企业文化最终作为企业的灵魂而存在。从现实状况来看，任何一个企业所倡导的企业文化，恰恰就是这个企业在制度安排及经营战略选择上对人的价值理念的一种要求，也就是要求人们在价值理念上能够认同企业制度安排及企业战略选择，并以符合企业制度安排及战略选择的价值理念指导自己的行为，因此企业文化资源实际上是作为企业的核心而存在的。

2）企业文化资源的开发与运用是企业制度及企业经营战略得以实现的重要保障

企业实际上是人的组合体，而人又是有思想的，任何人的行为都会受到自身思想的指导和约束，因此，企业文化作为每个企业员工的一种价值理念，当然会对企业员工的行为产生作用。企业文化是企业员工的行为准则，从而会对企业产生重要的作用。这种作用既包括激发企业活力，也包括约束企业行为。所以开发及运用企业文化资源能够使员工自觉、主动地执行企业制度，贯彻企业经营战略，保障企业战略目标的实现。

3）企业文化资源的开发与运用是企业制度创新与经营战略创新的理念基础

企业文化是企业制度和企业经营战略的要求在员工价值理念上的反映，反过来，企业文化也会对企业制度的安排以及企业经营战略的选择产生一种反作用，因为人的价值理念支配人的选择及行为。正因为如此，企业文化的创新必然会带来员工价值理念的创新，而这种价值理念的创新，会推动企业制度和经营战略的创新。由此可见，企业文化资源的开发及运用在企业制度和经营战略的创新上是具有非常重要的意义的。

4）企业文化资源的开发与运用是企业保持活力的内在动力

企业活力最终来自人的积极性，只有人的积极性被调动起来了，才能使企业最终充满活力，而人的积极性的调动，往往又要受到人的价值理念的支配。只有一个人在价值理念上愿意去干某件事的时候，他才会有内在的积极性；如果一个人对某件事在理念上不认同，即使强迫他去干，也不一定会干好。所以，要想让企业中的每一个人都能够积极地从事某项活动,就要首先让他在理念上认同这件事。因此,企业文化作为员工所信奉的价值理念,必然会直接涉及企业的活力,并作为企业活力的内在源泉而存在。

从上述四点可以看出,企业文化资源的开发与运用实际上是企业的一个极为重要的问题,我们绝不能忽视企业文化资源的开发与运用。企业文化资源同企业制度、企业经营战略一样重要,是企业的一个重要组成部分。

二、企业文化资源的开发

"资源型"的企业文化是指企业文化还停留在资源阶段,企业耗费大量财力所宣扬的文化只发挥了有限的作用,尚需进一步予以有效开发和利用。开发企业文化资源,要注意以下几个方面。

1. 企业文化资源的开发要使企业文化资本化

资本型的企业文化能够使企业建立融洽的社会关系,能够争取到更多客户,从而赢得市场,赢得消费者的钟情和偏爱;能够招揽更多更优秀的人才加盟,发挥人才的潜能,留住人才。"资本型"的企业文化能够使员工加强沟通、促进协调,使上情下达、下情上达、信息通畅;能够使企业决策更易于得到贯彻和执行,使企业组织更具活力。

"资本型"的企业文化是一种黏合剂、催化剂,能够加强企业的凝聚力、向心力。能够在企业内部建立起积极的合作秩序,使员工的个人目标和企业的发展目标相一致,最大限度地减小企业内部的摩擦和冲突,显著降低企业运营成本和经营风险。

"资本型"的企业文化能够影响员工的工作绩效和工作满意度。它能激发员工的潜能,提高员工的工作效率,使每个员工的边际贡献达到最大。

2. 企业文化资源的开发要保持企业文化的活力,注意文化创新

为了保持企业文化的活力,在开发企业文化资源时应该对企业文化进行维系、强化,以有效发挥其作用。企业的外部资源环境是动态变化的,企业文化也应吐故纳新、与时俱进,随着竞争环境的变化而不断调整。文化创新是企业不断追踪时代变化,确保文化资本保值、增值的重要手段。在世界经济发展日新月异的今天,创新的企业文化能够使企业从容应对变幻莫测的外部环境,能够使企业不断创造出新的产品和服务。

3. 企业文化资源开发要与人力资源开发相结合

人力资源开发在企业文化的推广中起着不可替代的作用。全员培训是推动企业文化变革的根本手段。企业文化对于企业的推动作用得以实现,关键在于全体员工的理解认同与身体力行。为此,在企业文化变革的过程中,必须注重培训计划的设计和实施,督促全体员工参加培训和学习。这就需要将人力资源开发和文化资源开发相结合,从而推动企业文化资源开发和人力资源开发的共同进步。

三、企业文化资源的运用

1. 以企业文化的认知度为前提进行员工的招聘

在招聘尚未开始前,企业就要将企业的价值观念与用人标准结合起来。在面试过程中,借助多种手段对应聘者的性格特点和价值观念进行分析,淘汰不符合要求的人员。美

国西南航空公司就是通过面谈等方式了解应聘者是否认同本企业的文化,有意识地进行员工选择。

2. 以企业文化中的共同愿景强化员工关系管理

员工关系管理的起点是让员工认同企业的愿景。没有共同的愿景,缺乏共同的信念,难以整合资源和引导企业发展壮大。企业要尽可能地了解每个员工的需求和发展愿望,即员工的个体愿景,用企业文化的驱动力引导员工做出相应的工作行为。要引导员工依据个人愿景和企业目标,设定自己的职业生涯规划,明确个人的成长必须依附企业平台。当企业的愿景和个人的愿景达成一致时,可以使员工明白企业存在的社会意义和自己作为企业的一员的意义,从而使其产生使命感与责任感。

3. 让公平的约束、激励机制成为企业的一种文化资源

对一个优秀的企业而言,良好的用人机制和职业发展环境比高薪更具吸引力。知识管理专家玛汉·坦姆仆的大量实证研究表明,企业的技术和管理人才(知识型员工)注重的四个要素及其排序和比重分别为:个体成长占 34%,工作自主占 31%,业务成长占 28%,金钱财富只占 7%。因此,让公平的约束、激励机制成为企业的一种文化显得尤为重要。

第五节　企业工作环境管理

一、企业工作环境及其对企业生存和发展的影响

所谓企业工作环境,是指一种工作的氛围和条件。这种氛围和条件虽然看不见、摸不着,但群体中的每个人都能切身感受到,它既是一种相互间的信任与支持、理解与沟通、默契与配合、鼓励与帮助、团结与协作的气氛,又是一种催人奋进,激人向上的竞争机制。在这种环境条件和竞争机制下,责、权、利紧密有机结合在一起,个人要对企业尽自己应尽的义务,同时个人的权利需求又可得到充分的保障、维护与尊重。

1. 企业工作环境影响员工的身心发展

人不是孤立存在的,必须在一定的环境中生存和发展。工作是人类对自然和对自身的改造。因此,企业工作环境在客观上影响着员工生理和心理的发展。

按照行为科学的观点,工作行为及效率是人与所处环境的函数。企业工作环境是由诸多因素构成的,如物理因素(光线、颜色、声音、通风、振动等)、化学因素(致敏性、致癌性、致畸性、刺激性等)、生物学因素(微生物、寄生虫、动物、植物等)、社会心理因素(人际关系等)等。

虽然企业工作环境的改善不能直接激励员工的积极性,但能够减少失误,增加工作的安全性,有助于员工的身心健康,也可提高劳动效率。同时,工作环境会改变一个人的思想、认识、行为方式,从而改变人的心理,使工作效率达到新的平衡。

因为员工是企业最基本、最核心的生产要素,不管工作环境对企业员工造成的是直接

影响还是间接影响，这些影响最终会体现在企业的生存和发展问题上，因此工作环境对企业的发展来说也是至关重要的。

2. 企业工作环境影响员工的工作积极性

良好的企业工作环境是自由、真诚和平等的工作环境，就是员工在对自身工作满意的基础上，与同事、上司之间关系相处融洽，互相认可，有集体认同感，充分进行团队合作，共同达成工作目标，在工作中共同实现人生价值的环境。在这种环境里，每个员工在得到他人的认可的同时，都能积极地贡献自己的力量，并且全身心地朝着组织的共同目标努力，在工作中能够机动、灵活地调整工作方式，使之具有更高的效率，从而促进企业的健康、稳定发展。

二、企业工作环境的构成

根据企业工作环境的形态，可以将企业工作环境分为自然工作环境和无形工作环境两大部分。

1. 企业自然工作环境

企业自然工作环境是指对生产（工作）过程和产品质量或服务有影响的相关条件。这些条件既包括人为的因素（如心理的、社会的），也包括物的因素（如温度、湿度、洁净度、粉尘等）。物的因素一般包括：厂房维护、灯光照明、噪声、取暖、通风、空调、电器装置的控制，以及与厂房、设施维护有关的安全隐患等。良好的自然工作环境不仅有利于企业员工的身体健康，而且会给企业员工的心理健康带来正面影响，可以增加企业员工对企业的满意度和认可度，使企业员工能够积极地参与工作，提高工作效率。

2. 企业无形工作环境

企业无形工作环境是相对于有形的自然工作环境而言的，是指在一个单位中逐步形成的，具有一定特色的，可以被单位成员感知和认同的气氛或环境。它一般是指在有形工作环境的基础上，企业通过有意识的创造延伸而成的工作环境，并且随着人类社会的发展而不断丰富和演变。企业无形工作环境比较虚化，通常指企业在建立之初或经过长期发展形成的一种工作环境，它类似于日渐成熟的企业文化。

企业无形工作环境具体包括人际关系、领导方式与作用，以及心理相融程度和沟通畅顺程度等，是团体内的小环境、软环境。无形工作环境的营造是内部环境建设中最能体现以人为本的主旨的一项管理工作。良好的无形工作环境有助于增进人际关系的融洽，提高群体内的心理相融程度，从而产生巨大的正面心理效应，激发员工积极工作的动力，提高工作效率；反之，不良的无形工作环境会使员工感到心理压抑，缺乏工作热情，丧失积极向上的精神和动力，不利于实现组织目标。

三、企业工作环境管理

人们从事任何工作都必须在一定的环境中进行。企业工作环境不仅要为劳动者提供进行正常工作的物质条件，同时要尽可能满足劳动者的内在需求。因此，企业为劳动者创造良好的工作环境，既是提高劳动效率和经济效益的需要，也是保护劳动者身心健康和提高工作积极性的需要。

企业工作环境管理主要包括企业办公室环境管理和企业组织环境管理。

1．企业办公室环境管理

办公室环境一般可分为硬环境和软环境。硬环境包括办公室所在地、建筑设计、室内空气、光线、颜色、办公设备及办公室的布置等外在客观条件。软环境包括办公室的工作气氛、工作人员的个人素养、团体凝聚力等社会环境。

制约办公室环境的因素有很多，主要有自然因素、经济因素、人的素质修养因素等。办公环境的好坏受自然环境的影响很大。一般来说，员工整体素养较高，则员工相处融洽，团体凝聚力强。在外界条件较好的情况下，更适合于办公室工作人员工作，从而达到事半功倍的效果；反之，如果员工整体素养较低，则气氛不融洽，互相猜疑，矛盾重重，会严重影响工作，即使有现代化的办公设施等技术条件，也未必能带来高效率。因此，软环境的建设比硬环境的建设显得更为重要。

2．企业组织环境管理

环境是组织赖以生存的土壤，它既为组织活动提供条件，同时也必然对组织的活动起到制约作用。所以组织环境的类型影响到应采用的组织结构的类型，组织中的不同部门或事业都必须与不同的环境相适应，组织应该调整战略以适应环境。究竟如何调整战略，应视环境的不利程度而定。总之，组织环境调节着组织结构设计与组织绩效的关系，会影响到组织的有效性。

在人类产生之前，自然界就客观存在着。当人类通过社会活动形成了组织，与组织及组织活动相关的一切物质和条件的集合体就成为组织环境。组织环境是一个复杂的综合体，是由各种事物和条件组成的系统。单一的某个事物或某个条件只是环境的一个组成单元或子系统，只有与某个组织相关的一切外部条件的集合体才可以称为该组织的环境。组织环境是组织所处的环境，是客观世界中与组织相关联的一部分，组织环境的性质与内容都与组织紧密相关。

四、企业工作环境问题及优化

1．企业自然工作环境的问题及其优化

自然工作环境一方面要确保员工的健康，使他们即使在较大压力下也能保持工作与健康的平衡，另一方面要有助于提高工作效率。首先，工作环境一定要健康、舒适，如光线照明、空气流通等最基本的办公环境设施要符合员工身心健康的最基本要求，让员工能健康、舒适地工作；其次，工作环境要优雅，让员工能从繁忙的工作中得到舒缓、放松和休憩，使员工以快乐的心情进行工作。

2．企业无形工作环境的问题及其优化

企业的无形工作环境是看不见、摸不着的，但可以基本确定的是，无形工作环境是在企业的主流文化和员工之间的不断交流与互动中逐渐形成的，没有人与人之间的互动，工作环境也就无从谈起。人是环境中最重要的因素，好的工作环境是由人创造的。

在我国，由于传统文化的影响，工作环境在很大程度上受到领导者个人领导风格的影响,这就决定了良好的工作环境的创造取决于管理者的管理风格。下列所提出的建议都需要由管理者身体力行。

（1）要从制度层面确定各个部门、工作职位之间的明确分工。部门之间、岗位之间的合作是否顺利是工作环境好坏的一个重要标志,有了明确的分工才会有良好的合作。

（2）从企业文化建设着手,提高员工的工作热情,营造一个相互帮助、相互理解、相互激励、相互关心的工作环境,从而稳定工作情绪、激发工作热情,形成共同的工作价值观,进而产生合力,达成组织目标。

（3）真诚、平等的内部沟通是创造和谐的工作环境的基础。企业内部绝对不允许官僚作风的存在,职务只代表分工不同,应当鼓励不同资历、级别的员工之间建立互相信任、互相帮助和互相尊重的合作关系。

（4）应该重视部门内团队的建设,努力尝试构建学习型组织,营造宽松的工作环境。部门内应该有良好的学习风气,要鼓励和带领团队成员学习先进的技术和经验,在进行工作总结的时候应该同时进行广泛而有针对性的沟通和交流,不断总结教训,共同分享经验。

人才的成长、人才作用的发挥,既取决于个人的内在素质,又取决于所处的客观环境。公司应鼓励员工大胆创新,不怕失败,使之产生一种"以公司为家"的依恋感,使企业和员工成为真正的命运共同体和利益结合体。事实证明,这种宽松的环境有着更为强烈的控制力和持久力,更有利于培养员工对企业的忠诚度。和谐的工作环境能使员工充分发挥自己的聪明才智,为企业的发展做出更大的贡献。

本章小结

本章主要从企业人力资源管理、企业行政经费管理、企业形象建设与品牌管理以及企业文化资源、企业工作环境五个方面介绍了企业行政资源的配置问题。企业人力资源管理是指对企业人力资源的取得、开发、保持和利用等方面所进行的计划、组织、指挥和控制活动。行政经费管理与其他管理的不同之处在于它是一种价值管理,是对企业再生产过程中的价值运动进行的管理,它涉及面广、灵敏度高、综合性强,是一项综合性的管理活动。企业文化资源"是一个企业在其企业文化体系的构建中的一切思想文化资料来源"。企业形象,概括地说是一个企业在社会公众及消费者心目中的总体印象,是企业文化的外显形态。企业工作环境是指一种工作的氛围和条件。以上五种资源构成了企业行政资源,做好这五种资源的管理对企业行政管理工作具有重大的意义。

本章练习

一、判断题

1. 人力资源一般是指能够从事生产活动的脑力劳动者。（   ）

2. 人力资源是企业利润的源泉。物质资源和信息资源必须通过人的加工创造、流通

才能增加价值,因此可以说人力资源是创造剩余价值的主体,是企业利润的源泉。(　　)

3．行政经费管理与其他管理的不同之处在于它是一种资源管理,是对企业再生产过程中的价值运动进行的管理,它涉及面广,灵敏度高,综合性强,是一项企业综合性管理活动。　　　　　　　　　　　　　　　　　　　　　　　　　　　　　　　　　　　　(　　)

4．企业形象是企业文化的内显形态。　　　　　　　　　　　　　　　　　　(　　)

5．企业形象具有强大的凝聚人才、吸引人才的功能。　　　　　　　　　　　(　　)

6．企业文化资源是企业的核心资源。　　　　　　　　　　　　　　　　　　(　　)

7．企业文化资源是企业文化建设的源头活水和基石。　　　　　　　　　　　(　　)

8．所谓企业工作环境,是指一种工作的氛围和条件。　　　　　　　　　　　(　　)

9．企业工作环境影响着职工的生理和心理健康。　　　　　　　　　　　　　(　　)

10．良好的环境有助于增强人际关系的融洽,提高群体内的心理相融程度,从而产生巨大的心理效应,激发员工积极工作的动机,提高工作效率。　　　　　　　　　　　(　　)

二、单项选择题

1．人力资源是我国可持续发展的(　　)。
A．第一资源　　　　　　　　　　　B．第二资源
C．第三资源　　　　　　　　　　　D．第四资源

2．下面哪项选择不是人力资源的特点?(　　)
A．创造性　　　　　　　　　　　　B．不可再生性
C．增值性　　　　　　　　　　　　D．可开发性

3．VI视觉识别系统、BI行为识别系统、MI理念识别系统这三大部分统称为(　　)。
A．CIT系统　　　　　　　　　　　B．CS系统
C．CV系统　　　　　　　　　　　D．CIS系统

4．(　　)是企业不断追踪时代变化,确保文化资本保值、增值的重要手段。
A．制度创新　　　　　　　　　　　B．理念创新
C．文化创新　　　　　　　　　　　D．结构创新

5．工作环境对员工(　　)的最直接影响是通过感觉实现的。
A．工资　　　　B．生理　　　　C．心理　　　　D．地位

三、多项选择题

1．企业的三大资源有(　　)。
A．文化资源　　　　　　　　　　　B．人力资源
C．物质资源　　　　　　　　　　　D．信息资源

2．企业行政人员管理艺术表现为(　　)。
A．选贤任能,知人善任　　　　　　B．用人所长,扬长避短
C．宽以待人,团结为重　　　　　　D．合理授权,量才而行

3．行政经费管理与其他管理的不同之处是(　　)。
A．价值管理　　　　　　　　　　　B．灵敏度高
C．综合性强　　　　　　　　　　　D．保密性高

4. 企业文化资源分为（　　　）。

  A. 企业人力资源   B. 企业文化外部资源

  C. 企业文化内部资源   D. 企业文化核心资源

5. 企业无形工作环境具体包括（　　　）。

  A. 颜色   B. 人际关系

  C. 光照   D. 心理相融程度

四、问答题

1. 人力资源的特点有哪些？

2. 企业人力资源管理的概念及其重点环节是什么？

3. 企业行政人员管理的要点是什么？

4. 企业工作环境的构成是什么？

5. 开发及运用企业文化资源的重要性是什么？

五、案例分析题

华为公司品牌炼制"三件宝"

  华为作为国内首屈一指的通信科技品牌,其在国内市场的领先地位以及不断拓宽的海外业务均令行业内叹服,至今,华为服务已应用于全球 170 多个国家和地区,服务全球前 50 强运营商中的 45 个。2016 年华为销售收入估计达到 5200 亿元,同比增长 32%,这意味着华为超越 IBM,进入全球 500 强前 75 名,增速居全球千亿规模企业第一。在这样一个市场瞬息万变、技术飞速更新的时代,华为成功的宝典是什么呢?

1. 壮大实力之宝典:追赶科技前沿的研发投入

  2016 年全球研发投入 100 强公司中,华为赶超苹果公司,位居中国第一。据欧盟委员会 2016 年 12 月底发布的"2016 全球企业研发投入排行榜",华为以 83.58 亿欧元研发投入位居中国第 1、世界第 8。作为中国企业排名最高的代表,华为的研发投入主要集中在电信领域,以确保其大规模基础设施供应商的领先地位。相比而言,苹果公司 2016 年全年研发投入为 74.1 亿欧元,世界排名第 11 位;美国制造业巨头 IBM 2016 年全年研发投入 45.15 亿欧元,世界排名第 27 位。此外,在前一百名的榜单中,互联网巨头 BAT(百度、阿里巴巴、腾讯三大互联网公司首字母的缩写)中也只有百度上榜,全年研发投入为 14.44 亿欧元。毋庸置疑,阿里巴巴和腾讯在研发投入方面想必更低,三者相加,其研发投入也不能与华为相提并论。

2. 长盛不败之源泉:长期锤炼的人才选育方略

  华为的持续发展壮大,离不开任正非的人格魅力与远大追求、华为的"狼文化"与集体奋斗以及华为甄别、选拔和培养干部的各种举措三大关键要素。任正非从小经历家庭贫困、三年大饥荒、"文革"等,使他愈发坚强努力、胸怀大志。1987 年,任正非带领 6 人创办华为。任正非凭借着自己的人格魅力与远大追求,带领团队历经艰难险阻,一步一个脚印,走出了华为的发展壮大之路。"资源会枯竭,唯有文化生生不息",任正非用"狼文化"来带领的团队,通过员工控股制度、末位淘汰制度、明白为谁而战以及公平、公正、公开的奖惩制度实施"狼文化",在实践中激励员工。

3. 持续发展之保证:不断超越自我的制度创新

华为员工有一个共同的理念:胜则举杯相庆,败则拼死相救。对此,任正非的总结是:我们公司唯一的武器是团结,唯一的战术是开放。华为在管理实践中进行了一系列的制度创新探索。这一制度创新设计包括:第一层是财富共享的制度设计;第二层是权力的分享。华为的制度创新的关键设计是分享:分好钱,分好权,共享成就感。到 2016 年 6 月底,华为有 8.45 万名员工股东,占有 98.60％的股份,创始人任正非仅占有 1.4％,无任何外部财务股东。一大批 20 岁和 30 岁出头的年轻知识分子占据着华为从下到上的权力走廊。但是华为的分享制度是以奋斗者为本。唯有直接或者间接、重大或者微小的围绕客户为组织做贡献的任何劳动,才是华为所倡导和认可的,这样的劳动者才是合格的奋斗者,才能够获得与贡献大小相匹配的财富、权力和成就感。这种简单、一元的价值创造、价值评价和价值分配的激励机制,是华为凝聚 17.6 万名知识员工的根本所在。

根据上述案例,解答以下问题(单项选择)。

1. 品牌管理的重点是(　　)。
   - A.品牌的建立
   - B.品牌的开发
   - C.品牌关系的建立
   - D.品牌的维持

2. 华为品牌形象的背后是以(　　)为支撑的。
   - A.广告
   - B.适时调整产品策略
   - C.规划好品牌识别
   - D.持续、大量的研发投入

3. 华为的文化是"(　　)"。
   - A.共享文化
   - B.分享文化
   - C."狼文化"
   - D.奋斗文化

4. 以下(　　)不是华为发展壮大的三大关键要素。
   - A.广告宣传
   - B.任正非的人格魅力与远大追求
   - C."狼文化"
   - D.选拔和培养干部的各种举措

第三篇

企业行政运作管理篇

企业行政运作管理工作与企业经营管理业务处于同等重要的地位。伴随着企业经营管理业务的开展,企业的行政运作管理工作必须开展起来。本篇正是介绍与经营活动同时进行的企业行政决策与计划、企业行政关系及协调、企业行政沟通等企业行政运作管理工作。通过本章的学习,可以了解与企业经营管理业务相对应的企业行政运作管理工作的重要性及其相互配合,从而认识到企业行政管理工作对经营管理业务的支持和帮助作用。

第七章 企业行政决策与计划

通过本章的学习,应了解企业行政信息调研的重要性,企业行政计划的执行与控制等;理解企业行政信息的类型及作用,企业行政预测、决策、计划的含义、特点及作用;掌握企业行政信息调研的方法,企业行政预测、决策、计划的方法及类型。

案例引导

远见和魄力:卓越的决策能力

我们常说,选择比努力更重要,选择决定命运。选择能力就是做出正确决策的能力,因此,持续做出正确决策,无疑是成长最为关键的要素。华为作为互联网时代最具影响力的公司,它的发展也不例外。华为从成立到现在,一直保持快速成长,背后的原因,是任正非卓越的决策能力。

在任正非所有的决策中,有一个关键的决策,对华为的发展有着举足轻重的作用。这个决策,为后来华为在全世界快速扩张,多个业务线同时发展,无往而不利,打下了坚实的基础。这个决策就是引进 IBM 工作流程,为公司构建完善的管理系统。

1999 年,华为和 IBM 达成了一项重量级合作,由 IBM 派出咨询团队进驻华为,用师傅带徒弟的方式,手把手帮助华为改进、完善公司的工作流程。这是一个历时 10 年的华为管理升级项目,涉及公司的研发、供应链、客户关系管理等方方面面。在工作最复杂的阶段,IBM 有 270 名咨询师在华为工作。据说仅第一阶段,就花出去了 20 亿元人民币,整个项目共花出去了 50 亿美元。这样一笔钱在现在,对华为来说可能不算什么。但是要知道,1998 年华为的全部销售额,才不过 89 亿元人民币。

为什么一个规模不大的创业公司,要投入这样大的一笔费用来进行管理升级?在很多人看来,这样做毫无必要,毕竟那个时候,努力赚钱、扩张市场才是最重要的。这个决策背后的原因,源于任正非对行业趋势的一个判断。任正非说:"在 21 世纪初,也许在 2005 年,真正会产生一次网络革命。光传输与先进的交换技术,使通信费用数十倍地降低。用户、业务的迅猛增长难以预计,必须规模化才能缩短新产品的投入时间。"

也就是说,任正非认为未来的通信行业将迎来一个爆发式的增长,而华为要想在未来的市场里占有一席之地,迅速做大,就必须增强公司内部管理,完善财务、人力、产品开发等各个流程,以适应公司的高速发展。

IBM开发的这套系统叫集成产品开发(IPD)。这套系统,让华为的管理进入了高度系统化,提高了华为整体的组织能力。

后来华为能够在全球和各大巨头抗衡,大杀四方,体现出来的极强的产品研发能力和这套系统分不开。轮值董事长郭平曾经这样评价IPD的价值,他说:"引入IPD后,华为开始了管理体系的变革。我们经历了'穿美国鞋'的痛苦,实现了从依赖个人、偶然推出成功产品,到制度化、持续性推出成功产品的转变。"

这套系统同时也提升了华为团队的管理水平,使华为在以后快速发展,员工人数快速增加的前提下,没有出现混乱和"大公司病",能够让华为十几万人,有序高效地开展工作。2012年,轮值董事长徐直军在接受《财富》杂志专访时说:"7万多人的研发队伍能有序开展工作,这是我们与IBM合作开展变革的成果。即使再加7万人,我们也能有序地运作。"

华为今天取得的成就,很大程度上取决于任正非的这个决策,这次管理升级,为华为以后的高速发展打下了坚实的基础。这一切的背后,是任正非能准确判断行业发展趋势和公司扩张的瓶颈,同时又具备一掷千金的胆量和魄力。

从华为这个例子,我们可以看到一个优秀领导人极为关键的一个特质——过人的胆识。

什么是胆识?具体来说分为两个层次:一个是远见,另一个是胆量。

第一,远见。远见,就是能够把握趋势,看到机会,这需要创始人有着长远的眼光。而眼光来自见识。俗话说"见多识广",只有看得多了,眼界开阔了,才能对一件事物有更加清晰和全面的认识,也才可能有远见。这也是为什么多数互联网公司创始人都有留学背景,张朝阳、李彦宏等都是如此,或者有过出国的经历。当时国内互联网行业很不成熟,甚至是一个全新的东西,只有在国外,你才能真正了解互联网产业,才能做出正确的判断和决策。因此,培养远见的一个重要方式,就是要开阔自己的眼界,了解自己所在行业的前沿动态,才能把握趋势,也才能有远见。

第二,胆量。胆量就是魄力,在看到机会时,有胆量下重注,也就是我们说的敢于"all in"。2002年底,徐直军受任正非委托,召开了手机立项讨论会。任正非听完,表情非常平和,缓缓地对当时华为的财务副总裁纪平说:"纪平,拿出10亿元来做手机。"很多人可能对华为拿出10亿元这件事没什么概念。要知道,2002年,华为公司的净利润也就10亿元。这就是魄力,任正非决定要做一个新产品,华为会押上全部去做,全力以赴。不像很多公司小打小闹地先进行小投入。抱着试一试的心态,是没有办法做出好产品的。

(资料来源:墨尔本的夏天,疯狂读书2022年1月1日,有删改)

【启示】

这一案例表明:企业行政领导的决策对于企业整体发展战略及生产经营活动具有重要的决定和影响作用。掌握决策和计划知识,提高决策能力,对企业发展至关重要。

第一节　企业行政信息调研

一、企业行政信息调研工作的重要性

信息调研工作是企业行政管理不可缺少的构成要素之一。没有企业行政信息调研，就无法获得企业行政信息，也就无法顺利进行企业行政管理。

行政信息调研工作在行政决策中具有非常重要的地位和作用。概括地说，企业行政信息是企业行政决策的基础，是决策思维的原料。行政信息质量的高低决定企业行政决策的可靠性和可行性，信息越多、越完整、越准确、越及时，企业行政决策的思维的广度、深度就越大。行政信息调研工作上不去，不仅会直接限制企业行政管理信息服务工作的健康、有序发展，而且会对企业行政管理工作带来不利的影响。

企业行政决策过程，实际上就是行政信息的调研、搜集、处理、传递、变换过程。企业行政信息调研贯穿于企业行政管理活动的始终，具体体现在如下方面。

1. 优化的决策目标形成于高质量的企业行政信息的搜集

发现决策问题的前提是搜集信息。制定行政决策目标，首先要通过信息调研，广泛搜集有关本企业的各方面的信息，依据这些信息来发现问题和解决问题，进行科学预测，才能初步确定决策目标。在此基础上确定的企业行政目标才可能切合实际，具有系统性、可行性、规范性。

2. 科学的决策方案的形成和抉择倚重于科学的信息处理

决策方案的拟定，要依据事实材料，信息是用于决策方案制定的宝贵资源。对各个备选方案进行分析、比较、评估，也要以过去的、现在的、未来的信息作为依据，并利用"外脑"集体智慧来进一步处理信息，去粗取精，去伪存真，要运用科学的方法和先进的技术来检查和加工信息，使之成为可靠、有用的信息。

3. 顺利的决策实施取决于反馈信息及其有效利用

选定的决策方案能否顺利实现既定目标，达到预期效果，还要看其实施过程是否重视消息反馈，并根据反馈信息及时调整、修正方案。只要有高效的信息反馈，及时研究问题，拿出纠正办法，行政决策实施过程中的指挥、协调、监督、控制等活动具有可靠的信息依据，决策方案就能顺利实施。

二、企业行政信息的类型及作用

企业行政信息的类型划分没有固定的标准，主要取决于企业分析问题的不同需要，它可以按来源、内容等不同进行分类，各类企业行政信息对于企业的经营管理所产生的作用也各不相同。

1. 按来源分类可以分为外部信息和内部信息

外部信息指的是会对企业的经营管理产生影响的相关利益者的信息。例如国际市场信息、国家政策信息、消费者信息、材料供应商信息等，它对于企业的发展会产生重要影响。内部信息是指企业内部生产管理所产生的一系列信息。例如企业战略信息、企业日常事务信息、企业办公室行政信息、企业后勤信息等，它和企业行政管理的外部信息不同，它所产生的作用具有直接性，比如人力资源短缺的信息往往会产生企业领导对人力资源管理的关注并做出相应的决策。

2. 按内容分类可以分为市场的信息、消费者的信息、企业本身的信息

市场的信息所涉及的是与企业的经营、决策相关的外在行业竞争者的行动以及国家政策的变动所产生的信息。例如，国家对于乳制品行业的调查，当地政府对钢铁行业的支持等信息。对这些信息的掌握则有助于企业及时掌握市场环境的变化以及消费者对于本企业的产品和服务的满意度与忠诚度，从而为企业未来计划的制订找到依据。

三、企业行政信息调研的方法

随着市场竞争的日趋激烈，企业决策的风险性越来越高，信息调研的准确度和参考性越来越难以把握，因此，对信息调研的方法的选择就显得格外重要。企业行政信息调研，是指企业为获取相关信息、数据或资料，组织人力、物力和智力资源，选择适当的研究方法和研究内容，系统规划、设计和指导信息调研工作，并通过一系列措施保证信息调研活动始终在掌控之中，且得以科学、合理、高效、有序地开展。收集企业行政信息的方法有多种。如查阅法、交流法、索取法、咨询法、调研法、计算机检索法等。其中最基本的收集第一手资料的方法是企业行业信息调研。当前应着重做好以下三种调研。

（1）系统性调研。系统性调研就是围绕企业行政管理工作的酝酿、决策，以及决策的实施、完善和深化，持续进行调查，为领导决策和深化改革提供依据和建议。这种调研与企业行政工作紧密结合，使调研工作在决策的全过程中能够自始至终提供连续服务，增强其针对性、及时性和连贯性。

（2）典型性调研。在进行典型性调研中，应特别注意从全局出发，选准题目，真正抓住对整个企业的工作有指导意义的典型，为领导决策和工作部署打开新的思路，拓宽视野，提供新的经验。

（3）追踪性调研。在决策实施过程中，及时、全面、系统地调查、了解、分析、研究各方面、各层次对决策的贯彻执行情况，帮助领导者修改、完善决策，驾驭全局。

在开展信息调研工作中，还应注意以下几个方面的问题。

（1）遵循领导决策规律，提高"谋""策"的价值和效用。出谋献策时应遵循以下原则。①建议的针对性。建议总是为了解决一定时期、一定条件下的针对性问题而提出的。针对性是"谋""策"的有用性的前提。为了增强针对性，要抓住领导最关心的症结性问题开展调研。首先要抓重点，就是要抓那些牵一发而动全身的关键环节；其次是抓"焦点""热点"，就是要抓领导和群众普遍关心、亟待解决的问题。②分析的全面性。领导者在考虑问题和部署工作时注重统筹安排、权衡利弊，使整体工作得以全面协调发展。因此，在向领导者提供参谋意见时，必须要全面、客观、多维地看待事物，抓住本质，分析问题，这样领导做出的决策才能科学、合理。③见解的创新性。即有新见解、新思维、新观念、新观点，能给人以启迪。这是"谋""策"的灵魂。人云亦云、生搬硬套的"建议"毫无价值。提出新见解、新观点并不是要追求时髦，也不是故意标新立异、显示水平，而是要提出鲜为人知或被人们忽视的,能够体现事物本质和反映事物发展方向的思想、观点。④提议的适时性。领导决策必须适时,任何决策只能在其生命周期内发挥功能和威力。这就要求信息工作者提出的参谋意见必须适时,就是要言当其时,自己的意见提得恰到好处,建议措施切实可行。

(2)调查研究与领导解决实际问题相结合,把调研成果转化为指导和推动工作的实际措施。信息调研工作不侧重于理论而侧重于政策,不侧重于长远而侧重于当前,不侧重于探讨而着眼于执行。调研工作的目的并不是等调查工作完成后写出一篇调查报告,见之于刊物就束之高阁。调研工作应该与领导决策、指导工作、解决实际问题紧密结合,这样才能真正达到信息调研工作的目的,成为推动企业行政管理工作的强大动力。

四、企业行政信息调研工作的开展

企业行政信息调研是以信息工作部门为主体,以企业行政工作信息为基础,以提高信息层次和质量为目的,以具有较强的针对性、时效性、应用性为特征的一种调研工作。企业行政信息调研工作的有效开展,对于拓展企业信息的广度与深度,做好领导决策服务工作,促进企业的健康发展,具有重要的现实意义。那么如何开展企业行政信息调研工作呢?可从以下方面着手。

1. 做好企业行政信息调研题目的选定

调研题目既是调研的出发点,又是调研所要达到的工作目标。题目选得准,才能制定可行的方案,明确调研的重点,选择合适的方法。否则,就只能是事倍功半,甚至是徒劳无功。因此在选择调研题目时,一定要深入思考、反复论证,决不可信手拈来,"眉毛胡子一把抓"。在筛选信息调研题目时,应当把握以下几点。

(1)针对企业领导十分关注、急需了解和解决的问题。开展信息调研工作的目的是为领导了解情况、制定决策和指导工作服务,理所应当地应该急领导所急、想领导所想,这是选择调研题目时首先应当把握的一个方向。

(2)应紧紧围绕贯彻落实企业行政中心工作选择题目。在每个时期,企业行政工作都有其重点。因此,选择题目时必须掌握各阶段的工作重点,帮助领导更好地把握当前的中心工作,实施正确、有效的领导。

(3)抓住具有典型性、针对性的问题。事物的发展都有一个从量变到质变的过程,在事物处于萌芽状态时,信息调研应及时抓住问题,深入调研,综合分析,提供有价值、有建设性的高层次信息,这对于领导了解情况、做出决策十分重要。

(4)要筛选和确定那些既符合信息工作部门职能特点,又具有可操作性的题目,这样才能发挥信息工作部门在为领导决策服务中的"轻骑兵"作用。

2. 企业信息调研工作应遵循科学程序

(1)做好准备工作。在调研前,应当认真学习与调研题目有关的文件、政策、法律法规,领会各级领导的有关指示精神,掌握相关知识,了解有关调查对象的背景情况和现时发展动态,为信息调研工作做好准备。

(2)开展调查是整个信息调研活动的中心环节,也是最关键的环节。在调研的起始阶段,可以把调研的范围扩大,调查对象选得多一点,以尽可能多地收集各方面的情况。在此基础上,要确定重点调查对象,对其进行系统、周密的调查,对重点问题和关键情况要"打破砂锅问到底",对收集到的情况,力求点面结合、系统完整、准确无误。对了解到的情况和收集到的材料进行整理归纳时,要从大处着眼、小处着手,对素材进行筛选、核对,理出头绪。然后进行定量定性分析,从中把握主要矛盾,抓住问题本质,找出带有规律性的东西,加以理论概括,形成判断和做出结论。

五、企业行政信息调研工作的总结与呈报

对于企业调研信息的总结与呈报是调查研究成果的集中体现,是企业领导决策和指导工作的依据,其质量好坏是衡量调查研究成果大小的重要尺度。要写好调研总结,首先必须确定好主题。调研人员通过深入调查,了解情况,集思广益,把握事物的内在规律,得出正确结论,提出合理建议,这就是主题。主题不仅应当明确、清晰,而且应当新颖、深刻,建议应当具有较强的可操作性。其次应当注意谋篇布局和文字用语,使报告结构合理、条理清晰、观点明确,而且语言生动,富有文采。只有这样,调研信息才能具有较强的吸引力和说服力,从而更好地为领导了解情况、制定决策、指导工作提供优质服务。最后,把整理好的总结呈报给相关主管部门,并做好追踪调查和后期反馈。

第二节　企业行政预测

一、企业行政预测的含义及作用

1. 企业行政预测的含义

企业行政预测是企业行政机构根据历史资料和最新信息以及预测对象的运动变化趋势与规律,运用适当的方法和技巧,对预测对象的未来状态进行分析、估算和判断的活动。

预测作为一种探索未来的认识活动由来已久。在远古时代,人们便开始以不同的方式预测着庄稼的长势、身体的状况、命运的走势等。事实上,在现实中,当人们着手做一件事情时,也总要预测、考虑它的前景和后果。当然,诸如此类的预测活动大多基于预测者的直觉、经验、预兆和猜测,其中不乏宗教神话、迷信和主观臆断。

严格意义上的预测发源于近现代社会。在20世纪三四十年代,对预测的研究只是停留在哲学范畴的纯理论与纯学术层面,谈不上具体的应用。20世纪50年代以来,科学技术的发展、生产力的提高、工业化的发展以及现代化浪潮的掀起,在对人类的发展起着巨大的推动作用的同时,也给人类在人口、环境、能源等领域带来了不同程度的危机。这便迫使人们日益意识到预测未来的重要性。客观的需要导致人们广泛开展预测研究,预测研究的领域不断扩大,方法也逐步完善。预测学已发展成为一门应用十分广泛的科学。

2. 企业行政预测的特点

企业行政预测作为对客观事物未来状态和行为的认识活动,有其自身的特点,主要表现在如下方面。

（1）企业行政预测具有可靠性。事物的未来从某种意义上说是可以预知的，如果方法科学、数据可靠、信息准确，预测的结果是有参考价值的。

（2）企业行政预测具有超前性。预测不是对事物历史、现状的描述和解释，而是对事物未来的超前反映。它能够突破客观事物的现实规定和历史界限，合乎逻辑地推测事物的未来。

（3）企业行政预测具有相似性。企业行政预测是企业对事物未来状态的概率判断，由于事物的发展不是简单的重复，总要受到各种不断变化着的因素的影响，因此，事前的预测与实际结果往往会出现一定的偏差，预测结果只是一个近似值。

（4）企业行政预测具有不精确性。企业行政预测的任务在于以某种概率预估企业的发展趋势，指出一个大致的发展方向和轮廓，因而不可能确切地描述每一个细节，具体规定未来活动的精确形式、状态和行为。即使行政预测的结果是正确的，它也不可能完全精确。

3. 企业行政预测的作用

具体来说，企业行政预测对于企业行政决策的作用主要表现在如下方面。

（1）企业行政预测是帮助企业领导认识决策对象的重要手段。现代企业行政管理活动的规模越来越大，企业行政决策者面临着太多影响因素众多、结构复杂的问题，而且企业活动的变化越来越快。对于企业行政决策者而言，不仅要了解决策对象的过去和现状，而且必须辅之以具有未来可能性的信息，才能为科学决策打下基础。企业科学预测可以开阔视野，为企业领导决策提供与之相关的企业未来发展趋向的资料，从而为企业决策者认识未来提供新的工具。

（2）企业行政预测可以分析、判断决策对象的种种可能性，解释事物发展中的各种趋向，从而为拟定各种可能的备选方案提供依据。

（3）企业行政决策是选择决策方案、进行最佳决策的方法。在进行决策方案选优的过程中，需要对各种方案进行多方比较、评估和论证，这都需要借助于企业行政预测的技术和手段来进行。通过预测，帮助决策者进行比较和鉴别，从而为决策优化提供依据。

（4）企业行政预测是避免和防止企业行政决策片面化并有效执行行政决策的前提。预测通过揭示事物发展中的不利因素和潜在问题，促使企业领导者周密思考，既考虑到成功的机会，也考虑到失败的可能性。这样就能大大减少企业决策的片面性和失误的可能性。

二、企业行政预测方法

企业行政预测方法是适应企业预测需要并在预测实践中产生和发展起来的。到目前为止，各种预测方法已达 200 余种，但这些方法绝大部分还处于试验阶段。对企业行政预测方法的分类也有多种，尚未统一。企业行政预测方法大致可以分为两类：企业定性预测和企业定量预测。现介绍一些最常用的企业行政预测方法。

1. 企业定性预测方法

1）专家预测法

专家预测法亦称专家评估法，它是以专家为索取未来信息的对象。这些专家在预测对象和相关学科方面都应具有相当的水平，并且具备一种在大量感性经验材料中看到事物的本质的能力。专家预测法主要是将各领域的专家组织起来，运用专业知识和经验，根据企业行政预测对象的外界环境，通过直观归纳，对预测现象的过去、现状以及变化发展的过程进行综合分析与研究，找出预测对象的运动特性和发展规律，从而对预测对象的发展趋势和状况做出判断。专家预测法最大的优点是在缺乏足够的统计数据和没有类似情况可供借鉴的情况下，也可以对预测对象的未来状态做出有效的推测。

专家预测法可分为个人判断预测法和专家会议预测法两种。

（1）个人判断预测法。它是指依靠专家对预测对象的未来趋势及状况做出个人判断。专家个人判断预测法的最大优点是能够最大限度地发挥个人的智慧和创造能力，但是仅依靠个人的分析和判断进行预测，得到的预测结果难免会带有片面性，可能误差较大。

（2）专家会议预测法。它是指依靠一定数量的专家，对预测对象未来的发展趋势及状况做出判断。与个人判断预测法相比，专家会议预测法具有如下特点：①专家会议获取的信息量要比单个成员占有的信息量大；②专家会议考虑的因素要比个人多；③专家会议提供的预测方案和对策要比单个成员提供的方案和对策更加具体；④专家会议能够发挥团体的智能叠加效应，这一效应大于团体中每个成员单独创造力的总和；⑤通过多个专家之间的信息交流，可产生"思维共振"，进而发挥创造性思维，有助于在较短的时间内获得富有成效的创造性成果。

然而，专家会议预测法也存在一些缺陷，例如，专家们的心理压力较大，易出现"随大流"的从众现象，忽略少数人的意见，受自尊心或其他顾虑的影响而不愿公开修正已发表的意见等。当预测项目规模庞大而又比较复杂时，常采用专家会议预测法。

2）德尔菲法

德尔菲法，又称专家意见法，是指依据系统的程序，采用匿名发表意见的方式，即团队成员之间不得互相讨论和横向联系，只能与调查人员发生关系，使其反复填写问卷，以集结问卷填写人的共识及搜集各方意见，用来构造团队沟通流程、应对复杂任务和难题的管理技术。

德尔菲法是在20世纪40年代由O.赫尔姆和N.达尔克首创，经过T.J.戈尔登和兰德公司进一步发展而成的。德尔菲这一名称起源于古希腊有关太阳神阿波罗的神话，传说中阿波罗具有预见未来的能力。1946年，兰德公司首次将这种方法用于预测，后来该方法被迅速、广泛采用。

德尔菲法是预测活动中的一项重要工具，在实际应用中通常可以划分三种类型：经典型德尔菲法、策略型德尔菲法和决策型德尔菲法。

德尔菲法的具体实施步骤如下。

（1）组成专家小组。按照预测课题所需要的知识范围确定专家。专家人数的多少，可根据预测课题的大小和涉及面的宽窄而定，一般不超过20人。

（2）向所有专家提出所要预测的问题及有关要求，并附上与问题相关的所有背景材料，同时请专家提出还需要什么材料。然后，由专家做出书面答复。

（3）各个专家根据其所收到的材料提出自己的预测意见，并说明自己是怎样利用这些材料并提出预测值的。

（4）将各位专家第一次的预测意见汇总，列成图表，进行对比，再分发给各位专家，让专家比较自己同他人的不同意见，修改自己的意见。也可以把各位专家的意见加以整理，请身份更高的其他专家加以评论，然后把这些评论分发给各位专家，以便他们进行参考后修改自己的意见。

（5）将所有专家的修改意见收集起来进行汇总，再次分发给各位专家，以便做第二次修改。逐轮收集意见并为专家反馈信息是德尔菲法的主要环节。收集意见和信息反馈一般要经过三四轮。在向专家进行反馈的时候，只给出各种意见，但并不说明发表各种意见的专家的具体姓名。这一过程重复进行，直到每一个专家不再改变自己的意见为止。

（6）对专家的意见进行综合处理。

德尔菲法同常见的召集专家开会，通过集体讨论得出一致预测意见的专家会议法既有联系又有区别。德尔菲法能发挥专家会议法的优点：①能充分发挥各位专家的作用，集思广益，准确性高；②能把各位专家意见的分歧点表达出来，取各家之长，避各家之短。德尔菲法的主要缺点是过程比较复杂，花费时间较长。

2. 定量预测方法

1）时间序列预测法

时间序列预测法是一种历史资料延伸预测，也称历史引申预测法。它是以时间数列所能反映的社会经济现象的发展过程和规律性，进行引申外推，预测其发展趋势的方法。

时间序列也称时间数列或动态数列。它是将某种统计指标的数值按时间先后顺序排到所形成的数列中。时间序列预测法就是通过编制和分析时间序列，根据时间序列所反映出来的发展过程、方向和趋势进行类推或延伸，借以预测下一段时间或以后若干年内可能达到的水平。

常用的时间序列预测法包括简单平均预测法、移动平均预测法、指数平滑法三种。将按时间顺序发生的若干结果加以简单平均，以平均值作为下一期的预测值，称为简单平均预测法。简单平均预测法的优点在于"简单"，但它只能反映一个整体的平均值，而不能反映其发展趋势。于是，需要根据各期实际值对预测值的影响大小，给予不同的加权，并以加权平均值作为下一期的预测值，此即移动平均预测法。以加权平均值作为下一期的预测值，比较接近实际值，但仍有滞后现象。更进一步改进的结果就是指数平滑法。指数平滑法，是对整个时间序列进行加权平均，并以此平均值作为下一期的预测值。

2）回归分析预测法

回归分析预测法是在分析市场现象自变量和因变量之间相关关系的基础上，建立变量之间的回归方程，并将回归方程作为预测模型，根据自变量在预测期的数量变化来预测因变量在预测期的数量变化的方法。在对市场现象的未来发展状况和水平进行预测时，如果能将影响企业对象的主要因素找到，并能取得其相关数据资料，就可以采用回归分析预测法进行预测。回归分析预测法是一种具体的、行之有效的、实用价值很高的常用企业行政预测方法。

回归分析预测法的主要步骤如下。

（1）根据预测目标确定自变量和因变量。被预测或被解释的变量称为因变量，用 Y 表示；用来预测或解释因变量的一个或多个变量称为自变量，用 X 表示。

（2）建立回归预测模型。依据自变量和因变量的历史统计资料进行计算，在此基础上建立回归分析方程，即建立回归分析预测模型。

（3）进行相关分析。回归分析是对具有因果关系的影响因素（自变量）和预测对象（因变量）所进行的数理统计及分析处理。只有当自变量与因变量确实存在某种关系时，建立的回归分析方程才有意义。因此，作为自变量的因素与作为因变量的预测对象是否有关，其相关程度如何，以及判断这种相关程度的把握有多大，就成为进行回归分析必须要解决的问题。

（4）检验回归分析预测模型，计算预测误差。回归分析预测模型是否可用于实际预测，取决于对回归预测模型的检验和对预测误差的计算。只有通过各种检验且预测误差较小时，才能将回归分析方程作为回归分析预测模型进行预测。

（5）计算并确定预测值。利用回归分析预测模型计算预测值，并对预测值进行综合分析，确定最后的预测值。

三、企业行政预测的一般程序与步骤

为了对企业行政决策对象进行科学预测，获取准确的预测结果，必须遵循一定的程序与步骤。一般来说，企业行政预测需按照以下程序与步骤来进行。

1. 明确企业行政预测对象

企业行政预测对象是由企业决策系统根据企业要求、决策需要等所提出的预测主题而确定的。企业行政预测目标和决策目标应当协调一致。确定企业行政预测对象，首先要明确预测对象，确定要预测的数量和参数；在明确预测对象时，还要明确预测期限的长短，因为预测总是相对处于一定时间领域的事物状态和行为的揭示，离开时间，预测便会失去意义。

2. 搜集信息和资料

信息和资料是企业行政预测的依据，预测结果的可靠性，在很大程度上取决于所搜集到的信息和资料。搜集信息和资料要求全面、系统，也包括搜集和分析历史信息和资料。信息和资料的来源是多方面的，如统计资料、情报信息、调查资料等。在搜集信息和资料时，要对信息和资料来源进行认真检查、全面鉴别，剔除偶然的、不实的甚至虚假的数据，要设法使数据的误差降低到预测研究所允许的范围之内，提高信息和资料的准确性程度。

3. 确定预测方法和模型

近年来，国外发展起来的预测方法有 200 多种，仅常用的预测方法就有 20 多种。预测方法与技术虽有多种，但任何一种都不是万能的。因此，必须根据预测对象的本质特征，预测的参数、指标，获取数据的情况，以及我国的国情，选取相应的预测方法。为了提高预测精度，最好同时选用不同的方法，这样可以相互验证预测结果。

4. 进行预测计算和分析

预测计算和分析是求得预测结果的实际步骤。在预测方法和模型确定之后，具体运

算属于纯技术问题,并不是十分困难。然而,社会现象的变化是错综复杂的,很难完全按照一个模式发展下去,许多关键的变量也是在不断变化着,而且数学模型本身无法对社会政治和社会心理的不可量化的因素进行分析、评估。

5．评审预测结果

预测结果是制定决策的重要依据,因此应当对预测结果进行分析和检验。进行分析和检验的核心是企业行政的预测精度。预测精度又称预测准确度,是指对系统未来所做的主观判断与客观实际所能符合的程度,也就是预测结果是否为决策者提供了可靠、准确的未来信息。由于人类对客观世界认识的局限,加之受到客观事物随机性的制约和预测理论与方法的影响等,预测未必能确切地估计预测对象的未来状态,因而要分析影响预测精度的各种因素,研究这些因素的影响程度和范围,进而估计预测误差的大小,评估原来的预测结果。在分析评价的基础上,通常还要对原来的预测值进行修正,得到最终的预测结果。在分析评价之后,编写预测报告,最后将预测结果输入决策中枢机构,作为制定决策的依据和参考。

第三节　企业行政决策

一、企业行政决策的含义、特征与作用

决策是人们就需要解决的问题所做的行为设计和抉择过程。企业行政决策是决策的一种,它是企业行政机构为履行行政职能所做的行为设计和抉择过程。企业行政决策具有不同于其他决策的特征。

1．企业行政决策主体的特定性

与其他企业决策不同,只有具有行政权力的企业组织和人才能成为企业行政决策的主体。对此,我国公司法和有关法律作了明确的规定,行政权由企业行政机构行使。企业行政机构之外的某些部门或机构通过委托、授权等形式获得一定的行政权后,亦可成为行政决策的主体。

2．企业行政决策客体的广泛性

由于企业行政管理的范围和内容极其广泛,企业行政决策的内容也非常广泛,包括企业的规章制度、规则、文化等都需要通过企业行政决策加以解决。而其他决策,主要限于企业各自的内部事务。

3．既定企业行政决策的权威性

企业行政决策体现的是企业的经营理念和企业的整体利益。因此,既定的企业行政政策不仅对企业行政组织的内部成员以及企业各级行政组织管辖范围内的部门和个人都具有约束力,表现出企业行政决策的权威性。

企业行政决策贯穿于企业行政管理的全过程,直接关系着企业行政管理的成败。具体体现在如下两个方面。

（1）企业行政决策是企业行政管理过程的首要环节和执行各项管理职能的基础。决

策是先导，企业行政管理实践中遇到的各种需要采取行动的问题，都首先依赖于企业的行政决策。同时，企业行政管理的各项职能都是为实现决策目标服务的，所以说决策是执行各项管理职能的基础。

（2）企业行政决策正确与否是企业行政管理成败的关键。企业行政决策的正误是企业行政管理成败的关键，这已为企业行政管理的实践所证明。2005年，广东佛山健力宝公司领导层的决策失误直接导致健力宝公司被统一集团收购。可见，企业行政决策直接关系着企业行政管理的成败和企业的整体发展。

二、企业行政决策的类型

企业行政决策根据不同的标准可以进行不同的分类，常见的分类有如下几种。

1. 依据企业行政决策涉及问题的规模和影响程度的不同，可分为战略决策、战役决策和战术决策

战略决策是指对带有全局性、方向性的重大问题的决策，它影响深远，涉及范围广泛。战役决策是指为战略决策所制约并为之服务的局部性或阶段性决策。战术性决策则是指对技术性问题的决策。

2. 依据企业行政决策目标性质的不同，可分为程序化决策和非程序化决策

程序化决策是对重复出现的、有一定规范和原则可遵循的问题的决策。非程序化决策是对偶然发生或首次出现的、没有现成规范和原则可遵循的问题的决策。非程序化决策一般更为复杂，企业领导者应将主要精力集中在非程序化决策上。

3. 依据企业行政决策条件和结果的不同，可以分为确定型决策和非确定型决策

确定型决策是指面临确定的环境和条件，各不同方案的结果也是确定的，因而可按要求从中选出最佳方案的决策。不确定型决策是指面临多种不确定的环境和条件，每种方案在不同环境和条件下的结果又是不确定的，因而从中选择方案没有把握，要冒风险的决策。这类决策，要求领导者慎重对待，往往要在多方面分析比较、综合评价的基础上才可做出。

4. 依据企业行政决策目标要求的不同，可分为最优决策和满意决策

最优决策是指追求理想条件下的最优目标的决策。满意决策则是指在现实条件下求得满意目标的决策。由于企业行政管理内容的广泛性和目标诸多方面条件的复杂性，绝对的最优目标实际上是无法实现的。因此，企业行政决策通常都是满意决策，即相对的"最优决策"。

三、企业行政决策的方法

企业行政决策的方法有两大类：计量决策方法和主观决策方法。没有一种方法是万能的，问题在于如何根据具体决策问题的性质和特点加以灵活运用。

1. 计量决策方法

计量决策方法是建立在数学工具基础上的决策方法，其核心是把决策与变量以及变量与目标之间的关系用数学公式表示出来(即建立数学模型),然后根据决策条件,通过计算求得答案。这种方法可以适用于决策过程中的任何一步,特别适用于方案的比较和评价。

1) 边际分析法

评价、选择方案可使用边际分析法,即把追加的支出与因追加支出而增加的收入相比较,二者相等时即达到临界点。若组织的目标是取得最大利润,则当增加的收入与追加的支出相等时,这一目标就能达到。

2) 费用效果分析法

当各个方案的数量、目标远不如利润、生产率、费用等所表示的那样具体明确时,费用效果分析法是一种选择方案的好方法。它是传统的边际分析法的进一步完善和演变。其主要特点是:把注意力集中在一个方案或系统的最终效果上,即根据每个方案在为目标服务时的效果来权衡它们的优缺点。同时还要从效果着眼,比较每个方案的费用。费用效果分析法是解决综合性、非常规性决策问题的效益成本分析。

3) 概率方法

概率方法在科学、工商业和日常生活中起着重要作用。概率方法可分为两个学派:一个是客观派,相信只有经过大量试验后反复出现的事态才能用概率理论来分析;另一个是主观派,是第二次世界大战后才应用于决策的学派,认为决策者根据所能得到的证据,对一件事的发生具有什么样的信念,就是这件事的概率。主观概率以经验推理为基础,推论事情发生的可能性。一般地,主观概率适合于非常规的、不重复的决策,而客观概率可用于常规的、重复的决策。

4) 效用方法

效用方法主要以决策者要求的最大值为根据。效用的最大值的含义是指决策者所要选择的目标在于获得最大限度的满足。

5) 期望值方法

期望值方法是为了减少决策结果的不可靠性而采用的一种方法。决策者对一个方案可能出现的正反两种结果,分别估计其得失数值,再以其可能实现的概率加权,求得两项乘积的正或负的差额,再把各个方案的这种差额加以比较而做出决策。

6) 博弈论方法

博弈含有冲突的因素。这种决策不能单顾自己一方,还要估计到对手一方,犹如两人对弈,是一个胜负问题。其理论基础是数学。

7) 线性规划方法

线性规划是解决多变量最优决策的方法。它是在各种相互关联的多变量的约束条件下,去解决或规划一个对象的线性目标函数最优的问题。其中目标函数是指决策者要求达到的目标的数学表达式,用一个极大或极小值表示;约束条件是指实现目标的能力资源和内部条件的限制因素,用一组等式或不等式来表示。

上述这些决策方法都被称为决策的"硬"方法。其优点为:①提高了决策的准确性、最优性和可靠性;②可使领导者、决策者从常规的决策中解脱出来,把注意力集中在具有关键性、全局性的重大而复杂的战略决策方面,有助于领导者提高重大战略决策的正确性和可靠性。

其局限性表现为:①对于许多复杂的决策来说,并不具备可以运用的简便可行的数学手段,在许多决策问题中,有些变量是根本无法确定的;②数学手段本身比较深奥难懂,很多决策人员并不熟悉它,掌握起来也不容易;③采用数学手段或计算机技术花费不菲,一般只用在重大项目或具有全局意义的决策问题上,而不直接用于一般决策问题。

2. 主观决策法

主观决策法也称决策的"软"方法,是指运用心理学、社会心理学的成就,采取有效的组织形式,在决策过程中,直接利用专家们的知识和经验,根据已掌握的情况和资料,提出决策目标及实现目标的方法,并做出评价和选择。

主观决策法的具体形式有很多。其优点是:方法灵便,通用性强,容易被一般管理者接受,而且特别适合于非常规决策,同时还有利于调动专家们的积极性,提高其工作能力。其局限性表现为:由于它是建立在专家个人直观判断的基础上,容易受到决策组织者个人倾向的影响,使决策缺乏严格论证。

四、企业行政决策的过程

企业行政决策是企业的一种行政行为,是指企业行政机构工作人员在处理企业行政事务时,为了达到预定的目标,根据一定的情况和条件,运用科学的理论和方法,系统地分析主客观条件,在掌握大量有关信息的基础上,对所要解决的问题或处理的事务做出决策。企业行政决策过程主要包括以下四个阶段。

（1）情报活动阶段:发现问题,确定目标。这是企业行政决策活动的第一个阶段。目标的确定包括两个方面:一是通过对整体环境的调查、研究,找出决策理由;二是在调查出所积累材料的基础上,分析和辨明决策条件,进而确立决策目标。

（2）设计活动阶段:拟订备选方案。这一阶段的基本任务可以表述为:列出备选方案,确定备选方案的执行后果,对备选方案可能产生的结果进行对比性评价。

（3）抉择活动阶段:选定最佳方案。在备选方案拟订之后,就进入选定行政方案的关键阶段,因为它直接关系到行动方向以及要达到什么目标的问题。方案的价值标准一般是方案实施后的作用、效果、利益等。

（4）决策过程反馈阶段:评价和检验实施效果。这是指在整个决策过程的确定目标、拟订方案和选择方案的不同阶段中,不断地通过信息反馈,对过去尤其最后的抉择进行实践性评价和检验,验证决策的正确与否及其程度,及时修正决策方向或弥补决策遗漏,从而避免重大决策失误。

五、企业行政决策的影响因素

在企业领导制定企业行政决策的过程中,会受到很多因素的影响,这些因素影响着企业行政决策的效果。

1. 环境

环境对组织决策的影响是不言而喻的,其影响是双重的。

（1）环境的特点影响着组织的活动选择。比如，位于垄断市场上的企业，通常将经营重点致力于内部生产条件的改善、生产规模的扩大以及生产成本的降低，而处在竞争市场上的企业，则需密切关注竞争对手的动向，不断推出新产品，努力改善营销宣传策略，建立健全销售网络。

（2）对环境的习惯反应模式也影响着组织的活动选择。即使在相同的环境背景下，不同的组织也可能会做出不同的反应。而这种调整组织与环境之间关系的模式一旦形成，就会趋向固定，限制着人们对行动方案的选择。

2. 初始决策

在大多数情况下，组织决策不是在一张白纸上进行初始决策，而是对初始决策的完善、调整或改革。初始决策是目前决策过程的起点，"非零起点"的目前决策不能不受到过去的决策的影响。初始决策对目前决策的制约程度要受到它们与现任决策者的关系的影响。如果过去的决策是由现在的决策者制定的，而决策者通常要对自己的选择及其后果负管理上的责任，因此通常不愿对组织活动进行重大调整，而倾向于仍把大部分资源投入到过去方案的执行中，以证明自己的决策是一贯正确的。相反，如果现在的主要决策者与组织过去的重要决策没有太大的关系，则通常易于接受重大改变。

3. 决策者对风险的态度

由于决策是人们确定未来活动的方向、内容和目标的行动，而人们对未来的认识能力有限，目前预测的未来状况与未来的实际状况不可能完全相符，因此在决策指导下进行的活动，既有成功的可能，也有失败的危险。做出任何决策都必须冒一定程度的风险。组织及其决策者对待风险的不同态度会影响到企业行政决策方案的选择。愿意承担风险的组织，通常会在被迫对环境做出反应以前即采取进攻性的行动；而不愿承担风险的组织，通常只能对环境做出被动的反应。

4. 组织文化

组织文化制约着组织及其成员的行为以及行为方式。在企业行政决策层次上，组织文化通过影响人们对改变的态度而发生作用。在偏向保守、僵化的组织中，人们总是根据过去的标准来判断现在的决策，总是担心在变化中会失去什么，从而对将要发生的变化产生怀疑、害怕和抗御的心理与行为；相反，在具有开拓、创新气氛的组织中，人们总是以发展的眼光来分析决策的合理性，总是希望在可能产生的变化中得到什么，因此渴望变化、欢迎变化、支持变化。显然，欢迎变化的组织文化有利于新决策的实施，而抵御变化的组织文化则可能给新决策的实施带来灾难性的影响。

5. 时间

美国学者威廉·R.金和大卫·I.克里兰把企业决策类型划分为时间敏感决策和知识敏感决策。时间敏感决策是指那些必须迅速而尽量准确地做出决策。战争中军事指挥官的决策多属于此类，这种决策对速度的要求远甚于质量。例如，当一个人站在马路当中，一辆疾驶的汽车向他冲来时，关键是要迅速跑开，至于跑向马路的左边近些还是右边近些，相对于及时行动来说则显得比较次要。相反，知识敏感决策对时间的要求不是非常严格。这类决策的执行效果主要取决于质量而非速度。制定这类决策时，要求人们充分利用知识,做出尽可能正确的选择。组织关于活动方向与内容的决策,即前面提到的战略决策,基本属于知识敏感决策。

第四节　企业行政计划

一、企业行政计划的含义和特点

企业行政计划是企业行政机构为达成企业行政决策目标而进行的筹划活动及所制定的实施步骤与方法。

从企业活动程序的角度来说,企业行政决策所确定的目标必须通过制订和执行相应的行政计划才能落实。没有计划,则组织、执行、控制、监督将因失去标准而无法实施。企业行政计划的特点如下。

(1) 预见性。这是企业行政计划最明显的特点之一。企业行政计划不是对已经形成的事实和状况的描述,而是在行动之前对行动的任务、目标、方法、措施所做出的预见性确认。

(2) 针对性。企业行政计划一方面是根据企业的方针政策以及上级部门的工作安排和指示精神而制订的,另一方面是针对本单位的工作任务、主客观条件和相应能力而制订的。总之,企业行政计划具有很强的针对性。

(3) 可接受性。企业行政计划需要各个部门的理解、认可和配合才能落实。但由于各部门人员专业背景不同,认识上有差异,计划只有考虑到人们对其理解的一致性程度和认可接受程度,才有可能得到落实。

(4) 可行性。可行性是和预见性、针对性紧密联系在一起的,预见准确、针对性强的计划,在现实中才真正可行。

(5) 约束性。企业行政计划一经通过、批准或认定,在其所指向的范围内即具有约束作用,在这一范围内无论是集体还是个人都必须按计划的内容开展工作和活动,不得违背和拖延。

二、企业行政计划的类型

按照不同的分类标准,企业行政计划可分为多种类型。

(1) 按所指向的工作、活动的领域的不同,可分为企业工作计划、企业学习计划、企业生产计划等。

(2) 按适用范围大小的不同,可分为企业整体行政计划、单位行政计划、班组行政计划等。

(3) 按适用时间长短的不同,可分为企业长期行政计划、中期行政计划、短期行政计划三类,具体还可以分为十年计划、五年计划、年度计划、季度计划、月份计划等。

(4) 按指挥性强弱的不同,可分为企业行政指令性计划、企业行政指导性计划。

(5) 按涉及面大小的不同,可分为企业行政综合性计划、企业行政专题性计划。

三、企业行政计划的指标和分类

企业行政计划的数量化和具体化,是表明经济现象的特征、规模、数量对比关系等的重要语言。企业行政计划指标应当是一组互相关联、能全面反映企业行政目标体系的指标体系。企业行政计划指标既要保持与企业总体指标的一致性,又要体现企业的主动性,必须反映企业的目标内容。同时,企业行政计划指标必须能反映企业经营管理的经济效益,即反映投入和产出的关系。

企业行政计划指标体系应当是由企业行政贡献性计划指标、企业利益性计划指标、企业竞争性计划指标和企业支持性计划指标四个部分组成的完整体系。①企业行政贡献性计划指标包括实施行政管理所带来的产值及其增长率、其他产值、企业产品产量及增长率、企业行政计划的质量等。②企业利益性计划指标包括实现利润及其增长率、缴纳利税及其增长率、企业留利及增长率、职工平均奖金及工资增长率等。③企业竞争性计划指标包括市场占有份额、得标率等。④企业支持性计划指标包括战略计划、劳动计划、物资供应计划等。

四、企业行政计划的编制

企业行政计划的编制通常按照以下程序进行。

1. 订立目标

没有目标的企业,根本就不知道自己正在做什么,每日只管开门营业,晚上关门,每月做一次结算,看是赚钱还是赔本。除此之外,不知如何行动,不知如何改进,往往浪费了资源,结果却一无所得。

2. 检视资源

企业订立了目标之后,如何去实行,如何把目标实现,需要一套详细的计划。但是,企业行动计划一定要有足够的资源作支持,因此,应先检视企业有多少资源可用,包括财力、人力、原料、设施等,或其他可以换取到的资源。

3. 制定行动方案

有了目标就要有行动,因此企业要设计若干套行动方案,以便进行比较和选择,每套行动方案都会受到资源的限制,管理人员要发挥创造力,制定出有新意的方案,尽量避免因循守旧。

4. 评选方案

高层管理人员手上有了一套套方案,就要逐一仔细阅读评价,看哪一套最可行。把每一方案的优缺点都列出来,最后选出优点最多、缺点最少、可行性最强的方案作为蓝本。然后继续斟酌研究,看看还可以怎样改善,最后选定方案,作为行动纲领。

五、企业行政计划的执行与控制

企业行政计划的编制只是为管理者未来的活动提供了蓝图和路线。它的价值只有在实际的贯彻和执行中才能体现出来。企业行政计划的执行就是把计划蓝图变为现实。在这一阶段，企业的主要任务是确保企业行政计划按照预定的路线和时间进行下去。计划的效果很大程度上取决于计划的执行效果。在实践中，计划的失败主要是在计划的执行过程中出现的，这主要与大多数管理者对计划的执行未予以足够重视有关。企业行政计划的执行具体要抓好以下几点。

1. 核实计划

在企业行政计划执行之前，必须对已批准和公布的计划进行最后的核实，以确保所有的任务安排都是合情合理的。通常，许多任务在编制计划的时候就开始了，这就要求管理者对任务的最新情况有所了解，并把它们考虑到下一步的任务分配中。

2. 落实任务

落实任务就是让每一个与任务相关的人员了解自己在计划完成过程中扮演的角色，具体的任务和要求，以及相关的权益，使他们能够主动接受分配的任务并设法完成任务。向相关人员阐释计划与其自身的利害关系并使其在有关文件上签字是落实任务的关键。

3. 激发执行者的紧迫感

把任务落实到每一个人以后，还要激发每个人的紧迫感。只是告诉执行者任务的内容、性质和具体要求，并不意味着他们就能马上投入工作之中。因此，还必须让他们明白，完成任务是有时间限度的，必须立刻着手准备和投入到任务的实施中去，也就是使他们具有紧迫感和忧患意识。此外，还要根据反馈信息，及时调整计划或预算，并改进措施，控制计划执行的进程。

本章小结

本章主要介绍了企业行政决策与计划管理的相关知识。企业行政信息也称企业政务信息，是对企业行政管理过程中企业行政主体、对象、环境等的特征以及它们之间相互交换的发展变化状态的表述。企业行政决策过程，实际上就是对信息进行调研、搜集、处理、传递、变换的过程。企业行政信息调研的方法主要有系统性调研、典型性调研、追踪性调研。企业行政预测是企业行政机构根据历史资料和最新信息以及预测对象的运动变化趋势与规律，运用适当的方法和技巧，对预测对象的未来状态进行分析、估算和判断的活动。企业行政预测作为对客观事物未来状态和行为的认识活动，有其自身的特点，主要表现为可靠性、超前性、相似性、不精确性。企业行政决策是企业决策的一种，它是企业行政机构为履行行政职能所做的行为设计和抉择过程。企业行政决策具有不同于其他企业决策的特征，即企业行政决策主体的特定性，企业行政决策客体的广泛性，既定企业行政决策的权威性。企业行政计划是企业行政机构为达成企业行政决策目标而进行的筹划活动及所制定的实施步骤与方法。

本章练习

一、判断题

1. 信息是人们因认识和改造世界的需要而获得的有关事物的内容及运动状态的表述。 （　）

2. 企业行政决策是企业行政管理过程中企业行政主体、对象、环境等的特征以及它们之间相互交换的发展变化状态的表述。 （　）

3. 企业行政信息仅指一般信息特征外的信息。 （　）

4. 企业行政信息调研是获得企业行政信息的唯一途径。 （　）

5. 企业科学的决策方案的形成和抉择倚重于科学的信息处理。 （　）

6. 按来源可将信息分为市场的信息、消费者的信息、企业本身的信息。 （　）

7. 调研目的既是调研的出发点，又是调研所要达到的目标。 （　）

8. 企业行政信息调研是以信息工作部门为主体，以企业行政工作信息为基础，以提高信息层次和数量为目的。 （　）

9. 企业做好了预测后，就要绝对相信预测。 （　）

10. 企业行政决策是选择决策、进行最佳决策的方法。 （　）

二、单项选择题

1. 以专家为索取未来信息的对象的企业行政预测方法是（　　）。
    A. 专家预测法　　　　　　　　B. 德尔菲法
    C. 时间序列预测法　　　　　　D. 回归分析预测法

2. 依据系统的程序，采用匿名发表意见的方式的企业行政预测方法是（　　）。
    A. 专家预测法　　　　　　　　B. 德尔菲法
    C. 时间序列预测法　　　　　　D. 回归分析预测法

3. 以时间序列所能反映的社会经济现象的发展过程和规律性，进行引申、外推，预测其发展趋势的企业行政预测方法是（　　）。
    A. 专家预测法　　　　　　　　B. 德尔菲法
    C. 时间序列预测法　　　　　　D. 回归分析预测法

4. 在分析市场现象自变量和因变量之间相互关系的基础上，建立变量之间的回归方程，并将回归方程作为预测模型进行企业行政预测的方法是（　　）。
    A. 专家预测法　　　　　　　　B. 德尔菲法
    C. 时间序列预测法　　　　　　D. 回归分析预测法

5. 对整个时间序列进行加权平均，并以此平均值作为下一期的预测值的企业行政预测方法是（　　）。
    A. 专家预测法　　　　　　　　B. 德尔菲法
    C. 时间序列预测法　　　　　　D. 指数平滑法

三、多项选择题

1. 计量决策的方法有（　　）。
    A. 边际分析法　　　　　　　　B. 费用效果分析法

C.概率方法　　　　　　　　　　　D.期望值方法

E.效用法

2. 企业行政决策的过程为（　　　）。

A.发现问题　　　　　　　　　　　B.确定目标

C.拟定备选方案　　　　　　　　　D.选定最佳方案

E.决策过程反馈

3. 影响企业行政决策的因素有（　　　）。

A.环境　　　　　　　　　　　　　B.过去决策

C.决策者对风险的态度　　　　　　D.组织文化

E.时间

4. 企业行政计划的特点为（　　　）。

A.预见性　　　　　　　　　　　　B.针对性

C.可行性　　　　　　　　　　　　D.约束性

E.绝对性

5. 企业行政计划的编制步骤为（　　　）。

A.订立目标　　　　　　　　　　　B.检视资源

C.制定行动方案　　　　　　　　　D.评选方案

E.反馈

四、问答题

1. 简述企业行政预测的含义及作用。

2. 简述企业行政预测的一般程序与步骤。

3. 简述企业行政决策的方法。

4. 简述企业行政计划的编制过程。

五、案例分析题

阿斯特拉国际公司：管理决策与企业经营

说起谢建隆，在印尼乃至东南亚可以说无人不知。数十年前，谢建隆以2.5万美元起家，经过不懈努力，终于建立起一个以汽车装配和销售为主要业务的企业王国。

在鼎盛时期，阿斯特拉国际公司拥有15亿美元资产，年营业额达25亿美元，55％的印尼汽车市场被它占领。公司股票上市后，不少投资者认为，该股票投资风险小，且获利稳定，颇有投资价值。而谢氏家族占有绝对控制权——直接持有76％的公司股票。

但自从著名的美国王安公司申请破产以来，与其"遥相呼应"的是印尼第二大集团企业——阿斯特拉国际公司也陷入了"泥潭"。

一些有识之士毫不客气地指出，酿成这一悲剧的症结完全在于该公司的创业者——谢建隆患上了严重的"家族企业症"。

这得从谢建隆的大儿子爱德华谈起。爱德华曾获企业管理硕士学位，回到印尼后，他决心大干一番。1979年，爱德华以2.5万美元成立了苏玛银行。当时印尼经济刚刚开始腾飞，政府信用扩充，天时配合，以及凭着"谢建隆"这个金字招牌所代表的信誉，他以很少的抵押就能贷到大笔资金。接着,他投资金融保险业务和房地产,资本迅速膨胀,10 年之内,以苏玛银行为中心的苏玛集团拥有 10 亿美元的资产,业务遍及欧美和东亚地区,成为与阿斯特拉国际公司实力相当的集团企业。

殊不知,巨大的成功背后潜伏着重重危机。从一开始,爱德华就犯了一个不可饶恕的错误:他的企业王国是建立在债务上,而不是稳扎稳打上。

爱德华在这 10 年的经营中,似乎只知道"以债养债"和不计代价地扩充事业,基础极其脆弱,没有一些像样的经济实体与之相配合。如果机会不再,危险便会接踵而来。

果然,到了 1990 年底,印尼政府意识到经济发展过热,开始实行一系列紧缩政策,银根收紧便是其中之一。苏玛集团顿时陷入难堪的境地,贷款无法回收,经营的房地产又不易脱手,而高达 5 亿美元的债务,单是 20％以上的利息就足够拖垮整个集团……当储户听说苏玛银行有问题,便开始挤兑,从而一发不可收拾,苏玛集团岌岌可危。

儿子"背时",老子心急如焚。爱德华大难临头,岂能见死不救?谢建隆唯一能采取的补救措施是以阿斯特拉国际公司的股票作抵押来筹措资金。想不到,"屋漏偏逢连夜雨",阿斯特拉公司的股票又因印尼经济萎缩、汽车市场疲软而价格下跌,结果犹如推倒多米诺骨牌那样,颓势不可逆转。这时,正好是 1992 年底。

本来,苏玛集团和阿斯特拉国际公司无所有权关系,苏玛集团的灾难不应拖垮阿斯特拉国际公司,谢建隆完全可以不负连带责任。

那么,究竟是什么原因促使谢建隆下决心拯救苏玛集团呢?无非是由于以下两点:一是为了维持自家信用;二是难舍舐犊之情。结果事与愿违,不但未能力挽狂澜,反而将他的老本赔光。

由此看来,苏玛集团的崩溃并不在于爱德华不会"守业",而恰恰暴露了像爱德华这样的第二代企业家往往低估企业经营的困难与风险。如果再往深层看,症结还是在谢建隆身上。第一,1990 年底苏玛集团发生危机时,谢建隆低估了事态的严重性,把长期问题当作短期问题来处理,直至 1992 年底仍不能完全清醒,这样,悲剧的发生就不足为奇了。第二,谢建隆不应轻易将企业的"权杖"交给儿子。交权固然不错,但他理应告诫或阻止爱德华不能靠过度借债来扩充事业。

根据上述案例,解答以下问题(单项选择)。

1. 从此案例可以看出,谢氏家族企业的悲剧原因在于(　　)。
   A. 忽视广告宣传　　　　　　　　　B. 决策失误
   C. 战略定位不准　　　　　　　　　D. 不重视人力资源管理

2. 谢建隆以阿斯特拉的股票作抵押来筹措资金属于(　　)。
   A. 管理决策　　　　　　　　　　　B. 战略决策
   C. 定性决策　　　　　　　　　　　D. 非程序性决策

3. 谢建隆对于企业经营的困难与风险的预测方法属于(　　)。
   A. 专家预测法　　　　　　　　　　B. 德尔菲法
   C. 时间序列预测法　　　　　　　　D. 以上均不是

4. 谢建隆对于企业的经营计划的特点显示其企业行政计划的特点为(　　)。
   A. 预见性　　　　B. 针对性　　　　C. 可行性　　　　D. 约束性

第八章　企业行政关系及协调

学习目标

通过本章的学习,应了解企业行政协调的含义和意义,以及企业行政协调的工作领域;理解企业行政协调艺术与企业内部行政关系及协调;掌握企业行政协调工作的原则和方法,以及企业行政人员之间的工作关系。

案例引导

周游式员工关系协调

惠普公司的创始人比尔·休利特说:"惠普之道就是那种关心和尊重每位个人并承认他们个人成就的传统。个人的价值和尊严是惠普之道的一个极重要的因素,所以多年以前我们就废除了考勤钟,近来我们又搞了弹性工作时间制,这不但是为了员工能按自己个人生活需要调整工作时间,也是为了对他们表示信任。我们的另一做法就是那种随随便便、不拘礼仪的方式,彼此直呼其名,不冠头衔,不带姓氏。"

惠普公司这种以人为本的宗旨不但源远流长,而且在不断地进行自我更新。惠普公司认为:"组织之成就系每位同仁共同努力之结果","本公司全体同仁均须为干练而富有创新精神者……身居显要管理职位者,不仅本人应满怀热情,而且应甄选具有激励其部属积极性能力者充任"。惠普公司对员工的信任,在它的"开放实验设备仓库"政策里表现得最为清楚。实验设备仓库是存放电器和机器零件的地方,开放政策规定工程师们不仅在工作中可以随意取用,而且可以拿回家里供个人使用。公司充分信任员工,员工也对革新表示赞同和支持。

"周游式"管理方法也是惠普之道的一个信条。公司让管理人员走出办公室到第一线与生产者、用户、销售人员直接面谈,这种管理方法促成了非正式沟通的渠道。"饮咖啡聊天"就是颇受员工欢迎的一种方式,这种聊天每周都有,人人参加,而问题也就这样不拘形式地以非正规方式解决了。

(资料来源:根据中国人力资源网相关资料改编)

【启示】

惠普的经营成功之道在于关心和尊重每位员工,协调好公司与员工的关系,信任员工,并能够在日常的生产管理中加强公司行政领导人员与员工的沟通,为企业的发展创造了良好的内部环境。

第一节　企业行政协调概述

一、企业行政协调的含义与特点

协调是指两个或两个以上的个人或部门经过某种程度的协商、调解,使之在工作上相互配合,或者关系上相互融洽,或者利益上相互补偿的一种过程。在这里,协调既是一种过程,也是一种结果。西方著名管理大师法约尔指出:"协调,就是连接、联合、调和所有的活动及力量。"

通过以上分析,可以给企业行政协调下一个定义:企业行政协调是指企业行政组织与外部环境、企业行政组织内部各部门之间形成协同一致的和谐关系,以提高行政效率、实现行政目标的过程。企业行政协调的特点表现在如下两个方面。①企业行政协调首先是指企业行政部门与外部环境之间的协调。这里一般通过转变企业职能,建立或撤销企业机构,企业职能分化,以及员工和部门参与和磋商等方式进行。②企业行政协调也是指企业横向部门之间和层级部门之间的协调。横向部门之间的协调的主要方法是建立部门横向协调组织,明确划分职权与事权。层级之间的协调主要通过授权、委任、行政督导等来实现。

二、企业行政协调的工作领域和内容

企业行政协调的工作领域和内容很多,总的来看,企业行政协调工作领域和内容主要体现在如下方面。

1. 事务协调

事务协调是对各部门、各单位之间在日常事务中发生矛盾时进行的协调,多反映为利益关系协调。例如,由于机构职责交叉、分工不清而引起的矛盾,或由于部门之间本位主义现象和单位之间利益关系处理不当而出现的隔阂等。此类协调情况复杂,往往需要各级领导投入很大的精力。

2. 政策协调

行政领导在研究决定一项政策的过程中,都需要先由办公室根据领导意图起草文稿,与各部门进行联系、沟通并对各方意见予以反馈,对工作加以完善。在制定政策的过程中,需要以党和国家的方针、政策和法律法规为依据,从全局出发,协调有关部门和单位的意见。

3. 计划协调

计划协调涉及行政方面的工作计划,也涉及一些事业发展计划及专项工作计划等,一般都具有超前性。

4．战略协调

战略协调是指企业对于发展长远规划的战略性考虑。因此，需要办公室将各方面的意见、各种方案、各种设想都全面、综合地进行分析，提供给领导研究，从而为科学决策提供基础。

由此可以看出，企业行政协调的很多工作都是由办公室来完成的，它是办公室工作的一项重要工作职责。因此，办公室工作人员应认真学习、研究行政协调工作，并不断提高自身的协调水平。

三、企业行政协调的原则和方法

1．企业行政协调的原则

1）刚柔相济原则

所谓刚柔相济，是指在协调处理问题时，既要坚持原则，在困难和复杂的情况面前果断坚定，又要辅以柔和的方法，多做思想疏导工作，动之以情，晓之以理，争取收到更好的协调效果。刚柔相济在协调中的运用，具体体现为协调者要审时度势，善于应变。

2）长期性原则

行政协调有个过程，它有起点和终点，同时它又不可能绝对终止，只要行政组织存在，就要进行内部环境的协调和外部环境的协调。

3）综合性原则

行政协调的范围和内容是全方位的、复杂的，所以在协调过程中，要采取综合性原则。行政协调的手段也应该是灵活多样的，要因人、因事、因时而异，采取灵活、综合的协调方法。对行政协调的各个方面，要综合分析、统筹兼顾，处理好工作中重点与非重点的关系，处理好国家、集体和个人的关系。

4）平等公正原则

在行政协调过程中，采取某些强制性措施是在顾全大局、维护大多数人利益的前提下进行的，而不是为少数人谋取利益和特权。在行政协调中，所有成员都要合理使用自己的权力，秉公办事，不偏不倚。

2．企业行政协调的方法

1）协调与上级关系的方法

当协调者处于下级地位时，要协调好同上级领导之间的关系，应注意以下四点。

（1）尊重上级，服从领导。要在言论、行动上自觉维护上级领导班子的权威，只顾树立自己的权威，而不维护上级领导班子的权威，甚至损害上级领导班子的权威的做法，不仅是事业发展的大敌，而且是协调同上级领导班子之间的关系的大敌。

（2）主动汇报，下情上达。下级应主动向上级领导班子汇报工作，及时做到下情上达。这既是下级领导班子应尽的职责，也是协调好同上级领导班子关系的重要方法。

（3）推功揽过，与上分忧。作为下级，在成绩和荣誉面前，一定要首先想到上级领导班子的关怀、支持，要推功，而切不可争功；在失误和挫折面前，一定要首先想到自己的责任,要揽过,切不可把责任推给上级。推功揽过,绝不是耍手腕、做样子,而是一种高尚的职业道德,是一种协调同上级领导班子之间的关系的好办法。

(4) 主动工作,不等不靠。作为下级,不该有等、靠、要的思想,而应积极、主动地开展工作。这样,既有助于工作的开展,又有助于协调同上级领导班子之间的关系。

2) 协调与同级关系的方法

随着现代化生产和管理的发展,同级之间的关系越发显得重要,因而必须注意协调好与同级间的关系。在协调同级关系时,应注意以下两点。

(1) 事业为重,分工协作。在同级之间,因为某项工作的需要而联合行动,合作、配合的事是常有的,这就要求各个班子都要有"分工不分家"的观念,并以这样的观念来合作共事。同级之间应注意主动配合,相互补台,而决不可互相拆台,不能搞本位主义。搞本位主义,势必会损害共同目标和任务的实现,其结果是失掉"本位"。

(2) 顾全大局,平等相待。同事之间如果都以平等的态度看待对方,各自都谦让一点,那么彼此之间的关系也就很好协调了。企业行政工作者还应该清醒地认识到,不顾全大局,彼此伤害,只能使全局的工作目标、任务受损,最终也会使自己的利益受损。

3) 协调与下级关系的方法

要协调好与下级的关系,应注意以下几点。

(1) 尽量了解自己的下级。在和部属接触当中,应注意多听、多问、多想,尽量掌握下属各方面的情况,这样就会和自己的下级有共同语言,从而得到下级的理解、支持和合作。

(2) 不要摆官架子。对下级不只是作为指挥者发号施令,更多的是作为一名顾问和同事,能发动下级去干工作才是有效的领导。

(3) 对锐意进取、积极提出意见和建议的下级要及时奖赏。设立光荣榜、记功簿,把他们的事迹记录下来,公布出去。

(4) 在不同时期设置不同的目标。把目标同下级的利益统一起来,树立个人与集体荣辱与共的意识,激发下属的积极性。

(5) 关怀下级。激励下级不断进步,实现他们的正当愿望,帮助他们解决工作、生活等方面的实际困难。

(6) 和下级一起讨论他们的目标和理想,提供实现目标和理想的途径与方法。讨论他们提高能力和成就事业的方法,尽可能地为他们创造和提供机会。

4) 心理协调的方法

由于每个人性格特点、气质修养和文化程度以及社会阅历的差异,往往会形成不同的工作心态,相应地,也要从不同心理特点出发做好协调工作。

(1) 感情补偿心态。我们平时经常听到类似这样的话:"工作累一点不要紧,只要领导心中有数就够了。"言下之意就是希望领导理解下属的苦衷,对下属所付出的辛勤劳动给予应有的感情补偿。有这种心态的员工,一般来说比较喜欢领导经常过问自己的工作情况,其工作积极性的大小与领导的关心密切相关。对待这样的同志,领导者首先要正确理解他们的心理动机,不能笼统地把这种感情补偿心态和爱慕虚荣联系起来。其次,要经常过问下属的工作和生活情况。再次,要实事求是,以心交心,动之以情。在不违反原则的前提下，经常和下级交流思想，谈谈心里话，会使下级感到这是领导对自己的信赖，从而获得感情补偿。

（2）兴趣满足心态。有一部分同志的工作积极性是凭兴趣而产生的，只要对某项工作有兴趣，哪怕挑灯夜战也在所不辞。领导不应该过早对"凭兴趣干事"的人持否定态度。兴趣是释放潜能的激发器。实践也证明，当人们对某项工作有了一定兴趣时，工作起来就会感到轻松愉快，积极性也能得到最大限度的发挥。作为领导，应该为开掘这种潜能创造更多、更好的条件。比如，在工作上多注意科学安排、合理分工。领导者应当打破一次分工定终身的习惯，适时地对下属的工作进行调整，尽可能做到用其所长、用其所好。另外，要消除下属的忧虑心理，为他们鼓劲壮胆。

（3）自我表现心态。不少人都有表现欲，爱在生活和工作中表现自己。具有这种心态或这种心态占主导地位的员工，一般比较注意在工作和事业中树立自己的形象，并期望通过良好的工作态度或创造性的工作成就证明自己的存在，体现自己的价值。对于这些员工，领导者应心胸豁达、开明超脱，工作上给予他们更多的自主权，要注意珍惜和激励他们的进取精神。另外，对他们进行批评教育要多采取迂回式、点拨式、旁敲式。要以自身的工作能力和业务水平服人。

（4）良心平衡心态。具有这种心态的员工都有一个简单的信条："不劳动者不得食，拿了工资就得上班。"所以他们一般能够遵守工作纪律，也会完成自己的本职工作，但进取心不强，工作要求不高，满足于不落后、不旷工、不误事。对于这样的同志，首先，要大胆使用，充分发挥其长处。其次，要经常进行检查督促，帮助他们提高工作的自觉性和紧迫感。再次，建立竞争机制，打破"大锅饭"，使他们积极工作。最后，在下达工作任务时，要多用和缓宽松的语气，不要咄咄逼人。

四、企业行政协调艺术

就协调艺术而言，在把握原则的基础上的灵活应变是一种高水平、高境界，是企业行政协调工作的努力目标。企业行政协调工作者应做好以下几点。

1. 上行协调艺术

1）与上级领导者的交往要适度

主要体现在如下三个方面。①尊重而不恭维。下级尊重领导、维护领导的权威是基本的组织原则，但尊重不等于恭维，正常的上下级关系是建立在尊重领导、支持工作和维护威信的基础上。②服从而不盲从。下级服从上级是领导者实现领导的基本条件，是上下级关系的基本原则。但如果上级的决策有错误，下级应采取适当的方式向领导者提出意见，不能盲从。③亲近而不亲昵。上下级之间既要保持经常接触，又要保持一定距离。下级对上级应做到组织上服从、工作上支持、态度上尊重。

2）要尽职尽责尽力而不越位

下级要明确自己的角色定位，努力按标准做好工作，但不能越位。越位现象主要有以下四种。①决策越位。不该自己决定的事情却拍板作了决定。②表态越位。表了不该表

的态。③工作越位。做了不该自己做的事。④场合越位。不按场合要求摆正自己的
位置。

3）创造性地执行上级领导者的指示

由于领导所制定的工作方针、计划一般是比较笼统的,下级必须在领会这些方针、计
划的基础上,结合本单位的实际情况创造性地开展工作,这也是下级工作水平和能力的主
要体现。

4）善于使领导者采纳自己的意见

下级只有善于使自己的意见被领导者采纳,才能实现意见的价值。应注意以下几点：
①要掌握不同领导听取意见的特点,采取相应方法反映意见；②要使自己的意见具有科学
性、可行性,容易被领导采纳；③要选择适当的时间、地点和场合提出意见；④建议中要有
几种方案,给领导者提供选择余地；⑤点出问题的利害之处,使领导者具有紧迫感。

2. 对下协调艺术

对下级的协调工作要遵循公正、平等、民主、信任的原则,主要体现在以下几个方面。

(1) 对"亲者"应保持距离。"亲者"是指与领导观点相近、接触较多者。开明的领导
应与"亲者"保持一定距离,这样做有几点好处：①有利于团结大多数；②有利于客观地观
察问题,冷静处理内部关系；③有利于避免因容易迁就"亲者"而陷入泥潭；④有利于与下
属保持持久、真挚的合作关系。成功的领导者都是以一种超然的、不受感情影响的方式来
看待同下属的关系的。领导者要提倡与下属打成一片,坦诚相见,对下属不分亲疏,一视
同仁。

(2) 对"疏者"当正确对待。"疏者"是指反对自己或有不同意见者。领导应该看到
"疏者"往往是自己避免犯错和使自己工作取得成功的重要因素,因此要客观、公正地对待
"疏者",应有将"疏者"当作治疗自己的各种弱点、缺点的良药的气魄。

(3) 对下级须尊重有礼。主要体现在要尊重下属的人格尊严,以礼相待,激励下级的
进取精神,维护下级的积极性、创造性,以及关心和信任下属等方面。

第二节　企业外部行政关系及协调

企业外部行政关系主要是指企业与政府、企业与公众之间,以及企业与外部利益相关
者之间的关系。要做好外部行政关系协调工作,一定要讲究协调策略。

一、企业与政府的关系

企业与政府的关系是我国经济体制改革过程中必须正确处理的一个关键问题。它关
系到我国企业能否真正成为市场主体,社会主义市场经济体制能否完善,经济能否实现健
康、持续发展等重大改革课题,因此一直受到经济理论界和企业界的关注。本文所涉及的
政企关系并不仅仅是政府与国有企业的关系,而是包含了各种性质的企业与政府之间的
关系。

在社会主义市场经济体制下,政府与企业的关系不再仅限于政府与国有企业之间的

关系,而是政府与国有企业、乡镇企业、民营企业、三资企业、股份制企业之间的关系。企业不仅要处理与专业经济管理部门的关系,还要处理与政府职能部门的关系;不仅要与政府主管部门打交道,还要处理好与企业的本部以及各分支机构所在地政府的关系。政企关系主体日益向多元化方向发展。

企业与政府之间的关系所呈现出的上述变化是改革开放的必然结果,是建立社会主义市场经济体制过程中的必经阶段。对于我国各级政府和各类企业来说,这些变化是新生事物,在处理双方关系过程中必然会出现种种问题,这些问题如果解决不好,会影响良好的政企关系的建立,从而影响社会主义市场经济体制的健康运行。

协调企业与政府关系时,必须注意三个关键问题:①企业与政府间的信息交流;②组织和运行政府与企业间的关系网;③避免贿赂丑闻。

二、企业与公众的关系

企业与公众的关系,是指企业在运营过程中,有意识、有计划地与社会公众进行信息双向交流及行为互动的过程,以增进社会公众的理解、信任和支持,达到企业与社会协调发展的目的。

在这里,社会公众并不是一个宽泛的概念,而是有其特定的含义。这里的公众是指对企业具有直接影响与作用的社会群体,具体可以分为企业外部公众和企业内部公众。

企业协调公众关系的程序如下。

（1）公众关系调查。主要是收集和分析信息,以了解企业与公众的关系的现状,明确企业与公众的关系中存在的问题和要达到的目标。企业在公众中的知名度与美誉度是调查的重点内容,据此可以发现问题,找出差距,明确目的。

（2）制订公众关系计划。公众关系计划是在前期调研基础上形成的,为达到既定公众关系目标的行动规划。公众关系目标的确定,应符合以下三个要求:目标的确定性,目标的具体性,目标的可操作性。

（3）实施公众关系计划。其主要任务是协调各方面关系形成合力,以确保计划按时间安排和内容要求圆满完成。要提高计划实施的成功率,就应有效排除实施中的各种障碍。

（4）公众关系评估。它是整个公众关系工作过程的最后一个步骤,也是新一轮公众关系工作的起点。

三、企业与外部利益相关者的关系

外部利益相关者是指组织外部环境中受组织决策和行动影响的任何相关者。通常情况下,利益相关者包括:所有者和股东,银行和其他债权人,供应商,购买者和顾客,广告商,竞争对手,等等。

企业利益相关者管理是指企业的经营管理者为综合平衡各个利益相关者的利益要求而进行的管理活动。任何一个公司的发展都离不开各利益相关者的投入或参与,企业追求的是利益相关者的整体利益,而不仅仅是某些主体的利益。这些利益相关者包括企业的股东、债权人、雇员、消费者、供应商等交易伙伴,也包括政府部门、本地居民、本地社区、媒体、环保主义者等压力集团,甚至包括自然环境、人类后代等受到企业经营活动直接或间接影响的客体。这些利益相关者与企业的生存和发展密切相关,有的分担了企业的经营风险,有的为企业的经营活动付出了代价,有的对企业进行监督和制约,企业的经营决策必须要考虑其利益或接受其约束。从这个意义上讲,企业是一种智力和管理专业化投资的制度安排,企业的生存和发展依赖于企业对各利益相关者利益要求的回应的质量,而不仅仅取决于股东。

协调好众多利益相关者的利益要求是企业行政管理中的一项基本工作,可以通过运用多种手段和方式整合企业内外部资源来协调企业所面对的多种利益相关者利益要求之间的冲突。在企业中,行政领导所采用的一系列激励措施可以有效协调企业与外部竞争者、企业与政府、企业与社会公众之间的关系。

第三节　企业内部行政关系及协调

一、企业与股东关系

企业与股东之间的关系简称股东关系,是企业与投资者之间的种种关系。股东关系中所包含的主体一般有以下三种。

(1)一般股东。即以各种形式向企业提供资金,对企业财产拥有所有权,对企业债务负有责任,并凭借其股票领取股息的个人和团体。这些个人和团体虽不直接掌握企业经营,但比较关心企业的赢利情况。

(2)董事会成员。董事会成员一般占有较多的股份,或者是社会名流,或者是由股东选出的代表,他们代表股东管理企业。

(3)专业的金融舆论家。如证券分析家、股票经纪人、投资银行家等,他们的意见对一般股东具有重大影响。

股东关系是企业内部公共关系的重要组成部分。搞好股东关系的基本目的是争取股东和潜在的投资者,让其了解与信任企业的可靠性和发展能力,为企业创造有利的投资环境和气氛,稳定已有的股东队伍,吸收新的投资者,扩大企业的财源,使企业得到进一步的发展。

协调企业的股东关系,关键在于尊重股东权益,坚持平等原则,加强与股东的联系,加强双向沟通和相互了解,促进股东关心和参与企业活动,把股东的利益与企业利益紧密地结合起来。

除此之外,要通过股东大会等各种形式的活动,促使股东积极关心、参与企业的经营管理,充分发挥股东的决策和协调功能以及推销功能。鼓励股东长期保有本企业的股票并激励股东增加对本企业的投资。争取股东对企业的好感,在股东心目中树立良好的企业形象,并通过股东提高企业在社会公众中的信誉和声望。

二、企业行政与领导者的关系

领导者是指居于某一领导职位、拥有一定领导职权并承担一定领导责任、实施一定领导职能的人。企业行政领导者的基本素质、能力素质直接影响到企业行政的效率。

1. 行政领导者的基本素质

行政领导者的基本素质除了生理学意义的特征外，主要是通过后天的学习和锻炼形成的、在领导工作中经常起作用的那些内在要素的总和。作为新时期的领导者，应具备以下几个方面的基本素质。

1）良好的政治素质

一名优秀的行政领导者，在政治素养方面应该是优秀的，主要表现在精通马列主义原理，讲政治，有马克思主义的坚定信仰，有鲜明、正确的政治态度和立场，具有能够判明大是大非的政治敏锐性与鉴别力，有抽象和总结能力，懂哲理。

2）精湛的法律素质

行政领导者一定要熟悉法律条文。首先，要系统掌握法律知识，特别是民法、行政法以及经济法等相关知识，在行政管理体制中能够熟练地运用法律手段对日常行政事务进行有效的监控；其次，在掌握中国现行法律条文的前提下，了解世界各国和各地区的相关法律以及国际法；最后，要严格做到依法行政、依法管理。

3）广博的知识面

现代社会是信息"爆炸"的时代，是知识经济的时代，知识智力的作用日趋重要。行政领导者必须具有渊博的文化知识、合理的知识结构以及获取新知识的能力。首先，要有管理意识，懂管理，掌握行政管理、财务管理、审计管理、领导科学、写作学等相关知识。其次，行政领导应具备合理的知识结构，包括具有丰富的人文科学知识和自然科学知识，了解当代最新的发明创造，以及新方法、新思维等新知识。

4）健康的身心素质

健康的身心素质是行政领导者不可缺少的素质。行政领导经常要处理各种行政事务，这是一项高强度的社会活动，需要付出极大的心力和体力，需要具有充沛的精力。在应对各种纷繁复杂的行政事务中，行政领导必须与各种各样的人与事物打交道，工作压力较大，没有坚强的意志和宽宏的气量，是难以做好领导工作的。

2. 行政领导的能力素质

能力通常指完成一定活动的本领，包括顺利完成各种活动所必需的个性心理特征。如果没有能力，再好的品德和知识也难以发挥作用，因此，行政领导不仅要具备良好的基本素质，还应具备必要的能力素质。

1）正确、果断的决策能力

决策是行政领导的基本职能之一，决策的正确与否关系到事业的成败。行政领导处于决策的核心地位，因此行政领导必须具备正确的决策能力，实行科学、民主的决策。首先，应善于采集与决策有关的信息，学会运用现代化的信息技术（包括计算机、多媒体、互联网、E-mail、电子商务等）收集信息，同时多进行调查，充分收集各方面的信息。其次，在进行广泛的调查研究的基础上，应能善于捕捉时机，果断做出决策。

2）良好的选才用人能力

选贤任能是一个优秀的行政领导者必须具备的能力。行政领导者不可能事必躬亲，必须选用大批人员去做基层的管理工作和实务性工作,选贤任能是领导科学的基本要求。行政领导者应掌握以下用人原则。①坚持选用德才兼备的人,合理确立人才标准,使人人各得其所,各得其用,各尽职守。②大胆选用新人,切忌论资排辈。③推有胆有识之才,戒唯顺唯亲之风。④狠抓党风廉政建设,廉洁奉公。

3) 较强的文字和口头表达能力

行政领导者的文字和口头表达能力是其从事行政管理活动的基本功。一名优秀的行政领导者在文字表达方面绝不能完全依赖于身边的秘书人员,宣传材料、演讲稿、各种报告和总结等的撰写都要依靠自己的文字功夫。口头表达方式是最常用、最简捷的传播手段,也是人类沟通思想的重要手段,行政领导者经常要主持各种会议,传达会议精神,进行演说,发出各项指令,等等。因此,行政领导者须具备较强的口头表达能力,要能清晰明了地发布信息、表达思想,而且要尽量做到幽默机智、谈吐风雅、引人入胜、令人信服。

4) 自控、自制和处理危机的应变能力

行政领导要代表企业面对公众,特别是国外公众。这就要求行政领导不管自己遇到什么困难,内心多么烦躁甚至痛苦,都应通过自我调节加以控制。个人的喜怒哀乐、心理失衡应通过正确渠道去宣泄,而不应影响公务活动。这一点在处理国际商务中尤为重要,在突发性事件中不能惊慌失措,要临危不惧、冷静思考,谨慎果断地做出决策。

总之,具备良好的基本素质和能力素质的领导者对于企业行政管理起着关键作用,直接或间接地影响着企业目标的完成效果和效率。企业只有具有好的领导者才能在激烈的竞争环境中处于不败之地。

三、企业与分支机构的关系

当一家企业发展到一定规模后,为了继续扩展业务,扩大产品销售或服务范围,常常在不同的城市或同一城市的不同地区开设分支机构。所谓的分支机构是企业整体的一个组成部分,它在经营业务、经营方针等各方面都要受到来自公司总部的不同程度的控制。分支机构不是独立的法律主体,有别于子公司,但通常是一个独立的会计个体。

分支机构在不同的企业或行业有不同的名称,如在有些企业称为分公司或分厂,在商业系统称为分店,在银行系统称为分行等。作为整个企业的一个组成部分,分支机构必须严格遵守总部统一的经营方针和管理方针。

企业与分支机构的协调关系主要体现在企业整体的行政领导层与分支机构的行政领导层之间的沟通与协调关系。

(1) 分支机构的行政领导层应该在遵守企业对于分支机构领导层的相关制度规定的基础上,把生产经营中出现的问题及时反馈给企业领导层,一般不能越级上报。

(2) 企业领导层的计划、决策要及时通知分支机构的领导层,使得分支机构的领导层能够第一时间掌握企业的计划、决策。这样有助于及时调整分支机构的经营计划,使之与企业的整体计划保持一致。

(3) 企业领导层要给予各分支机构的领导层以尽可能多的计划和决策空间,使分支机构的生产、财务、人事、销售能够根据当地、当时的环境做出自我调整,等等。

四、企业行政与工会的关系

企业工会是员工利益的代表者和维护者。企业工会承担着组织和引导员工行使民主选举、民主管理、民主决策和民主监督，紧密围绕企业生产经营这个中心，按照员工的意愿和要求来开展工作，代表并维护员工权益的职责。

在现代企业制度中，员工是企业发展的决定性因素，是企业生产经营的主体力量。员工在企业生活中享有结社权、签约权、管理权、劳动权和监督权等。同时，员工在企业生活中应履行努力工作、积极建议、遵纪守法、遵守公德和提高自身素质的义务。工会作为员工利益的代表者和维护者主要体现在：员工的权益是要通过工会组织的活动来保障的，员工的义务也是要通过工会组织的活动来实现的。

企业工会与企业行政组织之间是平等合作的关系，企业行政组织是企业行政管理机构，企业行政领导者是经济实体的法人代表，因此，企业行政管理与企业经营管理是企业管理的密不可分的重要组成部分。企业行政领导者一方面承担着了解市场信息、组织指挥生产、开拓经营渠道、增强企业活力的职责，另一方面，行使着生产指挥、经营决策和人事决定的权力。行政领导者与企业工会有着相互合作的共同任务——发展经济，有着开展工作依靠的共同对象——职工群众，有着共同的工作环境——企业区域，有着共同的利益基础——企业利益。企业要在激烈的市场竞争中站稳脚跟并壮大自身，需要企业行政与工会团结互助、协调配合，共谋发展。

第四节　企业行政人员工作关系及协调

一、企业行政上下级之间的权力关系

权力是指特定主体因某种优势而拥有的对社会或他人的强制力量和支配力量。人们对权力的理解呈现多样性和复杂性。权力包含有"支配"和"强制"之意。

企业行政上下级之间的权力关系主要体现在职权上。职权是指管理职位所固有的发布命令和希望命令得到执行的一种权力。职权可以向下委让给下属管理人员，授予他们一定的权力，同时规定他们在限定的范围内行使这种权力。

每一个管理职位都具有某种特定的、内在的权力，任职者可以从该职位的等级或头衔中获得这种权力。因此，职权与组织内的一定职位相关，是一种职位的权力，而与担任该职位的管理者的个人特性无关，它与任职者没有任何直接的关系。

企业有各种不同的职位，分层分科，因此就有上司和下属的关系。下属需要服从上司，上司要能驾驭下属，这就形成企业行政人员上下级之间的权力关系，也就是权力的行使。

现代企业行政上下级之间权力关系的协调主要体现在上级如何把权力下放到下级上，其原因如下。

（1）每日的工作时间有限，管理人不可能亲自去做所有的事。职位愈高的管理者，愈要处理重要的事，余下的工作，就要交给下属去完成。

（2）有些事情可能同时发生，但管理人无法分身，不可能样样兼职，因此，他们可以在事前交代下属，某些事他们可以自由决定，不必请示，以节省时间、提高效率。

（3）无论管理人如何精明，办事如何有效率，都不可能事事亲力亲为，工作过量会损耗自己的精力，难以长期持续下去。

（4）企业总领导可能是个行政通才，但不一定是专才，业务所需的知识和技术不一定样样精通。因此，领导者应该让下属发挥他们的才能。

（5）企业领导者把权力下放，让下属负责，一方面可以减轻自己的压力，另一方面可以为公司培养训练人才。

二、企业行政上下级之间的工作协调关系

人际关系状况反映一个单位的精神文明状况，形成组织气候。人际关系融洽，则员工团结，同事及上下级之间齐心协力，工作起来高效而愉快；反之，如果人际关系紧张，则该单位必然内耗丛生、涣散无力、缺乏生气。良好的上下级关系，能使人感到工作顺心、生活惬意。

从职业生涯规划的角度看，下属如何处理好与上级的关系十分重要。它包括很多方面，诸如如何进行有效沟通，如何让上级采纳下属的合理化建议，如何让领导为员工提供一个宽松的能够充分施展才华的工作环境，等等。处理这些关系的过程能够增进彼此的理解与信任。下级在具体工作中要做到以下几点。

（1）努力做好自己的本职工作。只有这样，才能赢得领导的信任和器重。在当今竞争激烈的社会中，仅凭侥幸心理是不能争取主动的，领导对员工的印象如何，绝大部分取决于员工的工作态度及能力。

（2）服从领导的安排，工作要任劳任怨。员工应将"那不是我分内的工作"这句话从自己的"字典"中删掉。当领导要员工接手一份额外工作时，员工应视之为一种信任、一种赞赏，要争取出色地完成使命；确有难度无法完成的，最好单独找到上级陈述理由，不要当众拒绝，要维护上级的权威。

（3）爱岗敬业，干一行爱一行。"认真做事只能把事情做好，用心做事才能把事情做对。"想要使自己得到上司的尊重和认可，最好把这句话牢记心中。

（4）服从领导，不无理抗上。一个单位、一个组织的工作运行都是通过下级对上级的服从来完成的。下级对上级的无理拒绝，将使运行机制遭到破坏，工作无法进行。因此，这种现象是不允许出现的。

（5）正确对待领导批评，虚心请教。对要求严格的领导要心怀崇敬，虚心接受批评，如果误解了领导的批评，就等于把"宝石"当成了"石头"。

另外，上级是人不是神，也有很多不足。有出色的上级，也有无能的上级；有宽容大度的上级，也有心胸狭窄的上级；有埋头苦干的上级，也有得过且过的上级。无论是哪种上级，只要员工在这个单位工作，就必须听从其指挥。毕竟绝大多数上级是奋斗出来的，总有可敬之处。对于领导犯的错误或工作上的失误，员工要以平常心来对待。

三、企业行政上下级之间的利益关系

利益就是对人们未来有好处的事物,反映了在一定阶段中人们的生产能力和生产水平。由于人们为了实现自己的需要而结成了一定的社会关系,因此人与人之间的关系本质上是利益关系,社会关系也必须要体现为各种不同的利益关系。

在企业内部存在着各式各样的利益关系,如企业总体利益与职工具体利益、经营者利益与生产者利益、体力劳动者利益与脑力劳动者利益等,甚至不同部门、新老员工之间也存在着各种利益关系。但在这些表现形态纷繁复杂的利益关系中,上级与下级的利益关系是企业内部基本的和主要的利益关系,企业为了更好地发展,就必须协调和解决这一利益关系。

上级与下级的利益关系,是一种比较复杂的利益关系。如今,企业行政的上级,其身份与计划经济体制下相比已有了新的变化,一方面他们是企业利益的代表者,另一方面他们又代表着经营者或管理者的利益,即所谓利益关系上的双重身份。在实际工作中,他们在处理问题时究竟是作为企业利益的代表还是作为经营者利益的代表,并非是泾渭分明的。并且,一些企业经营者借"公"为名,行小集团利益或个人利益之实,使企业内部利益关系发生畸变。这正是问题的复杂所在。

企业行政上下级利益关系的协调,重点解决企业内部的主要矛盾,即企业经营管理者(上级)和职工群众(下级)之间的矛盾。但矛盾的内容已不仅是公与私的利益冲突,在更多情况下,主要表现为经营者集团与生产者集团的利益关系,这是一种更为复杂的利益关系。在经营者与生产者之间,集中地代表了企业内部的主要利益关系,企业行政上下级利益关系的协调,重点是要处理好这二者之间的利益关系。

要协调企业行政上下级之间的利益关系,就必须加强和扩大企业的下级员工在企业中的地位和权利。这种权利不应是泛泛的员工行使民主管理的权利,而应是企业中员工的基本权利,如就业、休息、劳动保护、生活福利、收益分配、职业发展权以至于选择企业领导人、确定企业的发展方向等权利。企业员工地位的提高和权利的扩大,并不损害企业上级的利益,这一方面是社会主义企业发展的基本方向和企业利益共同体的基本要求,另一方面也是对现实中企业利益偏向的纠正。按正常情况说来,企业家的利益也正是在广大员工的利益得到保障、生产积极性得到发挥、企业效益得到提高的基础上才能实现的。

本章小结

本章主要介绍了企业行政协调的相关知识。企业行政协调是指企业行政组织与外部环境、企业行政组织内部各部门之间形成协同一致的和谐关系,以提高行政效率、实现行政目标的过程。企业行政协调的工作领域和内容包括事务协调、政策协调、计划协调、战略协调等。企业行政协调的原则包括刚柔相济原则、长期性原则、综合性原则、平等公正原则等。协调与上级关系的方法有:尊重上级,服从领导;主动汇报,下情上达;推功揽过,与上分忧;主动工作,不等不靠。外部利益相关者是组织外部环境中受组织决策和行动影响的任何相关者,应做好外部行政关系协调。员工在企业行政上下级关系的协调中要做

到:努力做好自己的本职工作;服从领导的安排,工作任劳任怨;爱岗敬业,干一行爱一行;服从领导,不无理抗上;正确对待领导批评,虚心请教。

本章练习

一、判断题

1. 企业行政协调是指企业行政组织内部各部门之间的协同一致的关系。　　　(　　)

2. 协调既是一种过程,也是一种结果。　　　(　　)

3. 企业行政层级之间的协调主要通过授权、权力委任、行政督导等完成。　　　(　　)

4. 事务协调涉及行政方面的工作计划,也涉及一些事业发展计划及专项工作计划等。　　　(　　)

5. 战略协调是指较大地区或较高层行政次机构所应考虑的发展战略。　　　(　　)

6. 刚柔相济,就是在协调处理问题时以柔和的方法,多做思想疏导工作,动之以情,晓之以理,不需要考虑原则。　　　(　　)

7. 下级只有善于使自己的意见被领导采纳,意见才会有实现的价值。　　　(　　)

8. 上级下达的命令,下级员工一定遵照执行。　　　(　　)

9. 外部利益相关者是组织外部环境中受组织决策和行动影响的任何相关者。

　　　(　　)

10. 企业行政领导效果的好坏,主要影响因素是领导者的能力素质,和基本素质无关。

　　　(　　)

二、单项选择题

1. (　　)是指企业各个部门要保持适当的比例关系,以保证各个部门和企业整体都能有效地、经济地完成任何工作。

　　　A.计划　　　　　　B.组织　　　　　　C.协调　　　　　　D.领导

2. (　　)不仅指较大地区或较高层次行政机构所应考虑的发展战略,还包括一般企业行政机构事业发展长远规划的战略考虑。

　　　A.事务协调　　　B.政策协调　　　C.计划协调　　　D.战略协调

3. 体现协调者审时度势、把握时机、善于应变的原则是(　　)。

　　　A.刚柔相济原则　　　　　　　　　B.长期性原则

　　　C.综合性原则　　　　　　　　　　D.平等公正原则

4. 体现领导协调的范围不是在于某个方面,而是多侧面进行的原则(　　)。

　　　A.刚柔相济原则　　　　　　　　　B.长期性原则

　　　C.综合性原则　　　　　　　　　　D.平等公正原则

5. 体现领导者在协调过程中是在维护大多数人利益的前提下进行的,而不是谋取少数人的利益和特权的原则是(　　)。

　　　A.刚柔相济原则　　　　　　　　　B.长期性原则

　　　C.综合性原则　　　　　　　　　　D.平等公正原则

三、多项选择题

1. 企业行政协调工作领域和内容主要是（　　　）。
   A. 事务协调　　　　　　　　B. 政策协调
   C. 计划协调　　　　　　　　D. 战略协调
   E. 战术协调

2. 行政协调的原则有（　　　）。
   A. 刚柔相济原则　　　　　　B. 长期性原则
   C. 综合性原则　　　　　　　D. 短期性原则
   E. 平等公正原则

3. 协调与上级关系的方法主要有（　　　）。
   A. 尊重上级，服从领导　　　B. 主动汇报，下情上达
   C. 推功揽过，与上分忧　　　D. 主动工作，不等不靠
   E. 完全以上级为主导

4. 协调好与下级关系应注意（　　　）。
   A. 尽量了解自己的下级　　　B. 不要摆官架子
   C. 及时奖赏　　　　　　　　D. 目标设定要合适
   E. 不同时期设置不同的集体目标

5. 企业公众关系的协调过程包括（　　　）。
   A. 公众关系调查　　　　　　B. 制订公众关系计划
   C. 实施公众关系计划　　　　D. 公众关系评估
   E. 公众信息反馈

四、问答题

1. 简述企业行政协调的内涵及原则。
2. 如何协调与上级的关系？
3. 行政领导者所需具体的基本素质和能力素质有哪些？
4. 员工在企业行政上下级关系协调中应扮演什么样的角色？

五、案例分析题

阎秘书的协调艺术

　　飞燕实业总公司张总经理与王副总经理因为工作上的分歧而产生了矛盾。最近一段时间，二人间的隔阂越来越大，矛盾也在加剧。总经理办公室的阎秘书想方设法在其间协调，但收效甚微，分歧和矛盾依然存在，双方都认为，是对方故意跟自己过不去。

　　机会终于来了。一天，张总经理因病住院，阎秘书到医院看望，把带来的礼品放到床头，然后对张总经理说："我是代表王副总经理来的。王副总经理听说您病了，很关心，叫我同他一起来看望您，但在来医院的路上他被销售部经理叫去了，说有急事，非要他去处理不可。"张总经理听后很感动。过了一段时间，王副总经理病了，住进了同一家医院，阎秘书到医院看望，又买了礼品放到床头，然后对王副总经理说："我是受张总经理委托而来的，张总经理原定下班后与我一起来医院看望您，但因业务部经理有急事，硬把他给拉走

了。张总经理要我转达他对您的问候,并祝您早日康复,他说公司离不开您!"躺在病床上的王副总经理听后,感动得热泪盈眶,心想自己过去是错怪张总经理了,今后一定要配合张总经理积极工作。

经过阎秘书从中协调,缩短了两位经理之间的距离,驱散了笼罩在他们心头的乌云。王副总经理出院后,主动与张总经理打招呼,张总经理也热情问候,两人和好如初。

根据上述案例,解答以下问题(单项选择)。

1. 阎秘书在上述案例中所扮演的角色是(　　)。

    A.决策者　　　　B.指挥者　　　　C.领导者　　　　D.协调者

2. 阎秘书在上述案例中所运用的方法是(　　)。

    A.尊重上级,主动汇报　　　　B.下情上达,服从领导

    C.与上分忧,不等不靠　　　　D.主动工作,推功揽过

3. 阎秘书在上述案例中所遵循的原则是(　　)。

    A.刚柔相济原则　　　　B.长期性原则

    C.综合性原则　　　　D.平等公正原则

4. 阎秘书在上述案例中的工作属于(　　)。

    A.事务协调　　　　B.政策协调

    C.计划协调　　　　D.战略协调

第九章　企业行政沟通

通过本章的学习,应了解企业行政沟通的含义;掌握企业行政沟通的功能与作用;理解企业行政沟通的方式、内容、内部沟通、对外谈判,以及企业行政沟通的艺术性;学会运用企业行政沟通中的技术和方法解决现实中的沟通问题。

案例引导

迪特尼·包威斯公司的员工意见沟通

迪特尼·包威斯公司(以下简称"迪特尼公司")是一家拥有 12000 余名员工的大公司,它早在多年前就认识到员工意见沟通的重要性,并且不断地加以实践。现在,公司的员工意见沟通系统已经相当成熟和完善。特别是在 2008 年的金融危机中,这一系统对提高公司劳动生产率发挥了巨大的作用。

迪特尼公司的员工意见沟通系统是建立在这样一个基本原则之上的:个人或机构一旦购买了迪特尼公司的股票,就有权知道公司的完整财务资料,并得到有关资料的定期报告。本公司的员工也有权知道并得到这些财务资料和一些更详尽的管理资料。迪特尼公司的员工意见沟通系统主要分为两个部分:一是每月举行的员工协调会议;二是每年开展的主管汇报工作和举行的员工大会。

1. 员工协调会议

早在 20 多年前,迪特尼公司就开始试行员工协调会议,员工协调会议是每月举行一次的公开讨论会。在会议中,管理人员和员工共聚一堂,商讨一些彼此关心的问题。无论在公司的总部、各部门、各基层组织都举行协调会议。员工协调会议是标准的双向意见沟通系统。

在开会之前,员工可事先将建议或怨言反映给参加会议的员工代表,代表们将在协调会议上把意见转达给管理部门,管理部门也可以利用这个机会将公司政策和计划讲解给代表们听,相互之间进行广泛的讨论。

要将迪特尼 12000 多名员工的意见进行充分沟通,就必须将协调会议分成若干层次。实际上,公司内共有90多个这类组织。如果有问题在基层协调会议上不能解决,就逐级反映上去,直到有满意的答复为止。如果事关公司的总体政策,则一定要在首席代表会议上才能决定。总部高级管理人员认为意见可行,就立即采取行动;认为意见不可行,也要把不可行的理由向大家解释。员工协调会议的开会时间没有硬性规定,一般都是一周前在布告牌上做出通知。为保证员工意见能迅速逐级反映上去,基层员工协调会议一般最先开。

2. 主管汇报

对员工来说,迪特尼公司主管汇报、员工大会的性质与每年的股东财务报告、股东大会相类似。公司员工每人可以收到一份详细的公司年终报告。

这份主管汇报有20多页,包括公司发展情况、财务报表分析、员工福利改善、公司面临的挑战以及对协调会议所提出的主要问题的解答等。公司各部门接到主管汇报后,就开始召开员工大会。

3. 员工大会

员工大会都是利用上班时间召开的,每次与会人数不超过250人,时间大约为3个小时,大多在规模比较大的部门里召开,由总公司委派代表主持会议,各部门负责人参加。会议先由大会主席报告公司的财务状况以及薪金、福利、分红等与员工有切身利益关系的问题,然后便开始问答式的讨论。

这里有关个人的问题是禁止提出的。员工大会不同于员工协调会议,提出来的问题一定要具有一般性、客观性,只要不是个人问题,总公司代表一律尽可能予以迅速解答。员工大会比较欢迎预先提出问题,因为这样可以事先做好准备,不过大会也接受临时性的提议。

那么,迪特尼公司员工意见沟通系统的效果究竟如何呢?

在2008年的金融危机中,迪特尼公司的生产率平均每年以10%以上的速度递增。公司员工的缺勤率低于3%,流动率低于12%,在同行业中最低。

(资料来源:根据中国人力资源网资料编写)

【启示】

这一案例表明:在如今日益激烈的市场竞争中,其实质是人的竞争,企业行政沟通对留住优秀人才发挥着重要作用。在企业行政沟通中,通过员工沟通会议、主管汇报、员工大会等方式,加强企业行政领导与员工的沟通,能够收到良好的效果。

第一节　企业行政沟通概述

一、企业行政沟通的含义

"沟通"一词最早见于我国古代春秋时期的史书《左传》,表示开沟渠使两水相通之意。之后,随着社会实践活动和语言应用的范围日益扩大,沟通的含义也逐渐演化为泛指人们的声气相通、信息相通等。在现代社会中,一般意义上的沟通是指信息的交流、联系和传递,也被称为信息沟通。行政沟通是信息沟通的一种重要形式,其基本含义是指行政组织、行政人员之间交流信息，达成相互了解，取得共识，团结合作，实现行政目标的过程。

企业行政沟通是指企业行政系统内部各部门之间、层级之间、人员之间凭借一定的媒介和通道传递思想、观点、感情，交流情报信息，以期达到相互了解、支持与合作，使行政体系和谐、有序运转的目的。在当代行政活动中，高效能的取得有赖于行政组织中人与人之间、人与组织之间、组织与组织之间的有效沟通。有效的行政沟通能使组织内信息畅通，能使人与人之间达成合作与协调。

行政沟通的实质是行政信息的传递和处理，行政信息反映行政实施活动及其发展变化情况。及时进行行政沟通，相互了解情况，对于行政执行具有重要作用。行政沟通包括以下几层含义。

（1）行政沟通实际上就是信息的传递和处理过程，包括信息的输入、分类、筛选、储存、使用、输出、反馈等环节。这里所指的信息是广义的信息，它不仅包括文字、数据、图像、言语等有形的信息，而且包括个人的情感、行为等无形的信息。

（2）行政沟通把行政过程看作是一个系统，而系统中的信息沟通则是其"神经"。

（3）行政沟通要达到的目的是统一思想。

（4）行政沟通过程中包含有沟通信息的发送者、接收者、传送的信息、传送渠道和传送的情境（环境）等五个因素。

二、企业行政沟通的功能与作用

1. 企业行政沟通的功能

企业行政沟通是企业行政组织的血液，行政沟通赋予企业行政部门以生命力。行政沟通之所以如此重要与其在企业行政活动中所发挥的功能分不开。企业行政沟通的功能主要表现在如下方面。

（1）收集功能。企业行政组织需要通过各种沟通渠道来收集相关信息，并迅速做出决策。沟通的这种收集功能通常表现为两种形式：一是事发之前的预测和规划；二是事发之后的报告和调查。前者主要用于发展战略和常规性决策的制定，后者主要用于应付危机事件。收集功能的主要要求是全面、准确、及时。

（2）维持功能。维持功能是指通过行政组织机构内外的沟通来维持行政管理体系的正常运转。要保证行政管理体系的正常运转，不仅要具有能及时对周围的环境做出正确反应的功能，更重要的是能维持自身的稳定性。这种稳定性来自行政人员对企业行政管理体系的认可和支持，以及对各种行政法规和价值准则的遵守。

（3）革新功能。革新功能是指企业行政组织体系面对各种新情况、新问题进行自我调节，实行行政改革，更好地适应新环境。革新功能的基本前提就是行政人员能及时掌握行政体系内外的变化，检查企业行政体系中的问题和企业行政管理活动中的不足，并及时做出调整和修正。

（4）监控功能。监控功能是指通过企业行政组织机构发布具有强制性的指示、使命、通告、规则，有效地实现对行政机构和人员的监察与控制，同时通过广大行政人员和人民群众的检举和批评，对行政领导实行一定的监督和制约。行政沟通的这一监控功能对优化行政活动、提高行政效率具有不可忽视的作用。

（5）协调功能。当代企业行政管理十分注重发挥人的积极性，重视人的价值。组织和协调人际关系是非常重要的。通过企业行政沟通可以创造合适的环境，让行政工作人员之间、领导之间、领导与下属之间有多渠道的沟通，形成一个融洽和谐的人际关系网。通过正常沟通，行政领导与下属之间无拘无束地发表意见，从而消除隔阂、排除积怨、统一思想，使行政人员的积极性、主动性、创造性得到最大限度的发挥。

2. 企业行政沟通的作用

企业行政沟通是行政活动的"神经"，其具体作用如下。

（1）企业行政沟通是提高企业行政效率的保证。现代行政活动日趋复杂，行政组织日益庞大，工作人员不断增多，业务繁杂，利害冲突、意见分歧现象不断出现，这些问题必须通过行政沟通加以解决。有效的行政沟通可以调节、改善人际关系，可以促使人员相互了解、统一思想，保证行政目标的实现，进一步提高行政效率。

（2）企业行政沟通是实现行政决策民主化的有效途径。要保证决策的科学性，就必须实行民主决策，改变原来以行政领导决断为主的决策模式。民主决策过程已成为行政系统内各个机构各个人之间内外多边磋商的复杂过程，这个过程也是行政沟通不断得以深化和扩大的过程。从这个意义上讲，行政沟通内容越深入、范围越广，则行政决策的科学性、民主性程度越高。

（3）企业行政沟通是医治官僚主义的良方。在现时的行政活动中存在着一定的官僚主义，造成官僚主义的重要原因之一是沟通机制不健全，上情不能下达，下情不能上达，缺少行政监督和协调。因此，建立良好的沟通机制，可以使企业内部的问题及下层的意见、建议及时上达，从而促进行政协调，最大限度地发挥员工的积极性和主动性，铲除官僚主义赖以滋生的土壤。

（4）企业行政沟通是企业行政人员进行管理的重要手段。企业行政沟通可以改善企业内部人际关系，鼓舞士气，增强组织的凝聚力，是企业行政人员进行管理的重要手段。

三、企业行政沟通的形式

企业行政沟通可以采取语言沟通或非语言沟通的形式。具体可以划分为以下三种。

（1）口头沟通。口头沟通是以口语形式出现的最快的沟通形式。在与人接触中，口头沟通是最理想的信息传递方式，它有助于提高人们的参与感，但有时容易夹杂个人的情感因素。

（2）书面沟通。书面沟通以文字形式出现，有助于确定职责，是组织记录和储存的一部分。书面沟通不像口头沟通那样快。这种沟通主要存在于众多的成员分布于广阔地域而难以进行口头沟通的情况。

（3）其他沟通。其他沟通指非语言、非文字的沟通形式，包括动作、表情等，还包括借助现代网络技术和信息技术手段进行的沟通。此类沟通方式也和口头沟通、书面沟通一样，在传递信息的过程中起着积极的作用。其他沟通有时作为单独的沟通方式存在，有时附属于口头沟通或书面沟通。

第二节 企业行政沟通的内容

一、企业行政沟通的载体

企业行政沟通的载体是指企业行政部门或个人依据沟通内容而决定采取的沟通媒介，如语言、文字、报告、调查、通知、会议等。随着科技的发展以及互联网技术的运用，如今，网络已成为企业行政沟通的最重要的载体之一。

企业行政沟通载体的使用要注意其程式和时机，即要根据信息接收者的具体情况来决定沟通程式，例如是用命令、通知等还是用报告、规则等。同时，还要根据信息接收者的心理状态或其他因素来选择适当的沟通时机。

二、企业行政沟通渠道

依据沟通渠道产生的方式不同，企业行政沟通渠道可分为正式沟通与非正式沟通两种类型。

1. 正式沟通

正式沟通是指按正式行政组织程序和结构而进行的信息传递和交流。正式沟通是企业行政沟通的一条主要渠道。其主要内容包括：行政机构正式发布的命令、指示，正式召集的会议，行政机构正式发布的通告、布告、公告，行政机构颁布的规章、规则、章程等。正式沟通的特点是正式、严肃、约束力强、信息可靠。正式沟通因其所沟通的内容均依法办事，有章可循，因此有一定的连续性和稳定性。但正式沟通渠道也并非毫无缺点，其明显缺点是沟通速度较慢和缺乏灵活性。

正式沟通渠道根据信息流向的不同可分为下行沟通、上行沟通、平行沟通三种。

（1）下行沟通。下行沟通是指按行政组织层级节制体系自上而下的信息传递。它的主要内容包括：对下级明确行政目标，下达有关工作方面的指示，提醒有关部门或工作人员对任务及其他关系的了解，等等。下行沟通的目的是"上情下达"，它是开展行政工作必不可少的环节。

（2）上行沟通。上行沟通是指自下而上的沟通，亦称反馈，是指下级向上级反映意见和情况，其目的是实现"下情上达"。下级对于上级意见和建议要及时上达，上级可据此对下级作进一步的指导或修改其原有决策，以顺利完成行政任务。

（3）平行沟通。平行沟通亦即横向的沟通，指同级部门或同事之间的沟通。平行沟通与纵向沟通的不同是它以协商和协调为主，带有相互支持、相互促进、相互提携的性质。行政组织的不同部门和人员之间总是或多或少地存在着某种相互联系和依赖关系，通过有效的横向沟通可以避免互相"扯皮"现象的发生，使之和谐同步地完成企业组织的大目标。

2. 非正式沟通

非正式沟通是指在正式组织之外的、以行政人员交往关系为基础自然形成的信息交流。在行政组织中除正式沟通外,还存在着大量的非正式沟通。一般来讲,非正式沟通包括:行政工作人员之间的私人往来、日常社交、个人友谊,非正式的聚会和闲谈,社会上或企业内的各种舆论等。

非正式沟通的使用在企业行政管理中是不可避免的。因此,有必要对其进行具体分析,找出其优点并加以发挥,查出其不足并设法克服。

(1)非正式沟通的积极作用。非正式沟通的积极作用主要表现为:①可以弥补正式沟通的不足,传递正式沟通无法传递的信息,使行政领导了解在正式场合无法获得的重要情况;②可以通过非正式沟通了解行政工作人员私下表达的真实看法,为校正过去的决策和为下次决策提出参照;③可以减轻正式沟通渠道的负荷量,促使正式沟通提高效率;④若能有效地引导非正式沟通,则可使之为正式沟通服务;⑤非正式沟通是以人际关系为基础的,因此在沟通中缩短了正式组织的垂直和水平交往路线,信息传递十分迅速。

(2)非正式沟通的消极作用。非正式沟通的消极作用主要表现为:①由于非正式沟通不固定,加之所传递的又是传递者自身所关心的信息,因此,传递者往往按自己的主观愿望来进行取舍,从而容易导致信息失真,使信息的可靠程度降低;②非正式沟通容易传播小道新闻,使谣言四起,给工作带来严重损失和恶劣影响。因此,在运用非正式沟通时千万不可混淆视听、良莠不分。

如上所述,正式沟通与非正式沟通是企业行政沟通中的两种并存的不同渠道,在企业行政沟通中两者是相互补充的。正式沟通是用行政组织的结构、规章制度来维系的,所以在信息传递上具有可靠性。非正式沟通不受组织层级、职位的限制,可以任意地和任何人进行信息交流,因此信息的传递面比正式渠道宽,传递的速度也比正式沟通快。但是,非正式沟通传递的信息可靠程度差,信息易失真,因此需要正式沟通加以限制。所以,在企业行政沟通中,二者都不可偏废,应扬长避短,把两者有机地结合起来,共同发挥它们的积极作用。

三、企业内部沟通

对于一个现代化企业,良好的企业绩效来源于组织内部的良好沟通。沟通对于进行科学决策、加大贯彻力度、增强组织的凝聚力竞争力、提高公司的绩效等具有举足轻重的作用。要实现企业内部的有效沟通,就必须提高管理层的沟通能力、构建有效的沟通渠道,营造良好的沟通氛围。

1. 企业内部组织沟通的目的

(1)促进企业目标的实现。畅通而有效的组织沟通,有利于信息在组织内部的充分流动和共享,有利于提高组织的工作效率,有利于增强民主管理,促进组织决策的科学性与合理性。

(2)促进企业文化的建设。企业文化是企业管理的最高境界,如何让企业成员认同企业的核心价值观并落实在行动中,需要组织沟通发挥重要的作用。有效的企业文化沟通,利于全员了解组织目标、价值观、管理制度等,统一全员思想和行动。

(3)促进员工关系的改善。组织沟通有利于跨部门及部门间员工的相互交流,满足员工的社交需求;有利于促进组织及其成员间建立和谐的关系,减低员工对组织的不满意感,提高员工的忠诚度。

2．企业内部组织沟通风格

企业内部组织沟通风格受组织文化的影响，一般有以下三种表现形式。

（1）自上而下的强势沟通。如果组织的最高领导者是个强势的、独断专行的人，则组织的沟通风格表现为领导者集各种权力于一身，很少与组织成员进行交流，基本上是自上而下命令式的沟通，不太顾及组织成员的情感和精神需求。

（2）双向的民主沟通。如果组织的最高领导者是个民主的人，则组织的沟通风格表现为上情下达、下情上达的民主式双向有序的沟通。民主型的领导通过部分授权给组织成员，鼓励组织成员参与管理与决策，注重调动组织成员的工作积极性。

（3）自由无序的沟通。如果组织的最高领导者是个缺少管理经验但注重沟通的人，则组织的沟通风格表现为鼓励组织成员自由发表言论，但组织沟通缺少有序的管理，容易导致沟通效果不佳、组织效率较低，影响组织目标的实现。

3．企业内部沟通的三要素

（1）沟通的基本问题是心态。人的心态问题常常表现为自私、自我、自大。遇事先考虑自己就是自私，别人的问题与我无关是自我，把自己的想法当作答案是自大。一个人在与别人沟通时一旦有了以上三种心态，则沟通效果就会大打折扣。

（2）沟通的基本准则是关心。人在沟通的时候首先要想到别人。当一个人有与别人沟通的想法时，应当注意别人的需求和状态。如果在沟通时，一个人没有注意到对方的不便、问题、难处、痛苦等，则很难与之沟通。

（3）沟通的基本要求是主动。人要主动地和别人沟通。沟通的一方只要能做到主动支援和主动反馈，那么沟通就会畅通，问题的解决就会变得便捷、迅速。

四、企业外部沟通

企业生存于由客户、供应商、经销商、政府、竞争对手、金融机构、社会公众等共同组成的社会大环境中。企业的资源来自外界，而企业的产出只有输出到外界，才能实现配置和转化资源并从中取得利润的经济目标。从更深层的意义上来讲，企业是为满足外部需要而存在的，如果企业生产的产品或服务不能满足外界市场和顾客的需要，企业的生存就会产生危机。最终是顾客和市场决定企业的生死存亡，而不是企业自己。因此，企业必须与外界保持良好、有效的沟通。

第三节　企业行政沟通的艺术

一、选择沟通方式的艺术

在企业中，人与人之间、人与部门之间、部门与部门之间都应进行有效的沟通。充分的沟通，不仅可以促使企业成员之间相互了解，还能提高整个企业的工作效率。为了增强企业行政沟通的效果，应当不断提高沟通水平，其中首要的就是选择正确的沟通方式。

在选择行政沟通方式时,宜选择适合事情本身的沟通方式。大事大办,小事小办,特事特办,处理不同的事情有着不同的沟通方式,应区分轻重缓急,该见面的,就不能以电话的方式沟通;该亲力亲为的,就不能委托他人办理;是长期的事情,就不能急于求成。选择沟通方式不当,容易导致事情的失败。

现代企业管理既强调正式沟通,也重视非正式沟通。非正式沟通可以弥补正式沟通渠道的不足,传递正式沟通无法传递的消息。但是,非正式沟通由于缺乏固定的、可控的沟通关系,很容易误传消息、歪曲事实,给企业带来不良影响。因此,企业领导者应使两种沟通相互补充、扬长避短,以加强企业内部的交流与联系。

二、获取沟通对象信息的艺术

行政沟通的过程是沟通主体(即行政信息的发出者和接收者)之间进行双向或相向信息传递的过程。国外不少企业行政管理学者都强调指出,在行政沟通中信息发送者要扮演信息接收者的角色。意思是说,信息发送者要把握接收者的心理状态,以符合这种心理状态的形式输送信息。为了使接收者更准确地理解信息,在沟通的时候,信息发送者要根据对方的角色特点进行编码,要站在接收者的立场上去理解接收者,通过输送信息使对方靠近自己。站在接收者的立场上还能促使发送者从另一个角度重新认识和审视自己,通过沟通增进对自己的了解,从而获得社会性发展,促进自我的形成和完善。

要在沟通中有效地获取对方的信息,应做好以下几个方面的工作。

(1)沟通的信息要准确、真实。企业行政沟通所传递的信息应该是准确无误的,一条未经证实、残缺不全的信息,若被轻易传递出来,可能会产生无法估计的偏差。另外,在传递过程中,信息也不能丢失和被歪曲。

(2)沟通要迅速及时。每一条信息都有其时间限制,企业在进行内外沟通时,必须及时发出信息和接收信息,以适应瞬息万变的社会。如果办事拖拉和不及时,往往会贻误良机。

(3)沟通符号应明确易懂。企业行政沟通所使用的语言和所采取的传递形式要能够被接收者理解。沟通所用的语言、文字要明确表达所传递的信息的内容,具有较强的条理性,切忌模棱两可、含糊不清。

(4)沟通渠道应畅通无阻。在企业部门、人员之间进行信息沟通时,沟通网络要具有一定的广泛性。同时也需要保持沟通渠道无人为的干扰因素渗入。这是实现良好沟通必备的条件。

(5)鼓励企业成员共同参与,创造良好的沟通气氛。现代企业的行政管理活动日益专业化和复杂化,需要企业成员集思广益、共同参与,才能顺利实现企业的目标。所以,企业领导要尽量在企业内部营造一种良好的沟通气氛,鼓励企业成员共同参与管理,充分发挥其主动性和创造性。

(6)沟通内容必须具有一定的弹性。这样可以给接收者一定的灵活性和主动性,使之既能充分领会信息发出者的意图,又能结合自己的实际情况适当处理问题。如果沟通缺乏机动性,往往会束缚企业成员的手脚,使其无法充分发挥自身的潜力。

(7)沟通应当重视信息反馈。为了使企业的信息沟通更加有效,必须高度重视信息反馈,通过反馈来证明沟通的有效性。通过信息反馈还可以及时发现企业沟通中存在的问题,以利于纠正错误和改进沟通方法。

（8）重视使用非正式沟通。非正式沟通具有灵活、迅速、简便的特点,并且能够获取正式沟通所不能获得的信息,可以真实反映企业成员的内心世界。企业领导要善于利用非正式沟通的优势,获得可靠的信息,达到兼听则明的效果。

三、控制沟通过程的艺术

行政沟通是在行政实施的过程中,行政人员之间和行政机构之间所做的信息上的传递交流与联系。行政沟通是行政组织的血液,在行政管理中起着不可低估的作用,因此,控制行政沟通的过程也就显得异常重要。沟通过程的顺利与否是达到有效沟通的前提,在控制沟通过程上,有以下几个关键点。

1. 沟通对象的分类

实施沟通的人员第一步就应依据已收集的信息对沟通对象实施分类。对沟通对象进行分类的过程实际上也是一个对沟通对象进行快速解读的过程,这样做一方面既有利于从全局了解和把握企业的整体状况,也便于对员工进行有针对性的、分门别类的沟通,从而提高沟通的效率。

2. 沟通的总目标和分目标的定位

任何沟通都离不开目标的导向。如果失去沟通目标,整个沟通就有可能与其原定的功能和意义发生偏离。只有在正确的沟通目标的引导下,并围绕目标需求展开话题,获取支撑目标达成的信息,才能使沟通真正产生效果。

3. 合适的场所和时间的选择

合适的场所和时间是指进行沟通时要注意时机和场所环境的选择,绝不能马虎了事。毕竟在不同的时间和场所进行的沟通所产生的效果是不一样的。恰当的时机和愉悦的沟通环境将有助于使沟通达到事半功倍的效果。值得注意的细节是沟通不宜安排在临近下班时间进行。因为双方的注意力有可能由于下班这个因素的存在而受到干扰。

4. 制定沟通提纲

如果将沟通目标当作指挥者,则沟通提纲就是向导。成功的行政沟通离不开沟通提纲的向导作用。具体来讲,沟通提纲应分为两类:一类是沟通计划,主要是对沟通的全过程做出事先安排,如什么时候开展沟通,在哪里进行沟通,沟通应有哪些人员参加等;另一类是面谈提纲,主要是细化到对一个具体沟通对象的沟通安排,如问什么样的问题,如何记录,首先问哪些问题等。

5. 围绕既定目标展开沟通

在沟通的准备阶段,行政管理人员就已经为沟通制定总目标和分目标。在沟通的执行阶段要完成这些目标。相对于总目标的实现来讲,关键是要从总体和全局的观念上来把握,绝不能因为某个部分出现了偏差而使总目标也人为地发生偏差。

6. 灵活应对突发事件

在任何活动进行的过程中都有可能发生意料之外的突发事件,行政沟通也不例外。

在面对突发事件时,沟通人员首先要摆正心态,快速、冷静地思考,找出应对之策。如若遇到沟通演变成说教的突发事件,企业一方在意识到这一点之后,应及时将自己转换为倾听者,并适当延长原定的沟通时间,以避免由此带来负面效应。其次,企业也可以主动采取应变对策,拉近彼此间的距离,防止事态扩大化。

7. 重在探讨解决问题的应对之策

如果说改善员工及企业的工作是沟通的出发点,那么探讨解决问题的对策则是沟通的落脚点。与员工展开行政沟通,若未能找到解决问题的对策,则从根本上说行政沟通是失败的。因此,在进行行政沟通时应重点探讨解决问题的对策。

8. 沟通跟踪阶段

一个完善的行政沟通机制当然也离不开沟通后的跟踪观察阶段。在完成了行政沟通后,绩效管理人员应对沟通对象进行跟踪观察,及时了解沟通对象的工作动态,并从中提炼出沟通效果和沟通目标达成程度的信息,为后续阶段"调试"企业沟通机制和行政管理机制提供参考依据。具体可请求沟通对象所在的相关部门和人员给予帮助和配合。

四、在沟通中达成共识的艺术

决策和执行必须达成共识,但达成共识必须借助有效沟通。现代企业的规模越来越大,内部的组织结构和人员构成越来越复杂,这些都在一定程度上增加了在沟通中达成共识的难度。

美国管理学者亨利·L. 西斯克在其著作《工业管理与组织》中指出,为使组织及人员之间的沟通更加容易地达成共识,沟通时应注意以下十个原则:

(1)沟通前要力求澄清思想,系统分析与沟通有关的问题和观点,分析沟通的目的及有关情况;

(2)检查每次沟通的正式目的,沟通必须有明确的目标,每次沟通的目标越集中越好;

(3)分析沟通的物质条件和人际关系,了解沟通的环境;

(4)沟通前应征求有关行政主体的意见和建议;

(5)沟通时应注意语调、表情和情绪,以提高沟通的效果;

(6)传送与沟通对象有切身利害关系的信息时,要考虑沟通对象的实际情况、希望和需求;

(7)核实沟通的效果,引导沟通对象发表看法和意见,建立有效的反馈机制;

(8)沟通时要考虑长远效应;

(9)以实际行动和政策支持沟通;

(10)沟通应是一个相互了解的过程,沟通主体必须注意倾听沟通对象的看法。

五、破除沟通障碍的技巧

要实现有效沟通,就必须减少行政沟通中的障碍。行政沟通的障碍主要是指不利于沟通的准确性、时效性的因素。

1. 行政沟通的主要障碍

（1）语言符号方面的障碍。语言沟通是行政沟通的一种最重要的方式。在沟通中对于语言的误解、误用等现象的发生几乎是不可避免的。语义学认为，语言的一些特性造成了编码和译码的困难，并使沟通无法进行。

（2）认识和理解上的障碍。由于一切行政沟通最终都必须通过人们对信息的认识和理解才能发生影响，所以人们的认识和理解在行政沟通中是非常关键的一环。人不是一个抽象的、机械的工具，而是有理性、情感和文化的人。人们在认识和理解方面不能不受到各自的文化背景、行为动机、心理情绪、处世态度的影响。这些影响会在沟通过程中对认识和理解方面造成严重干扰。

（3）组织和地位上的障碍。在当代行政系统中，尽管民主协商得到了不同程度的重视，但占支配地位的仍是一定的等级制度和权力关系。这种关系容易造成上级机构与下级机构、行政领导和行政人员之间的隔阂，使信息传递产生失真和歪曲。

（4）空间距离上的障碍。信息沟通通常是在两个机构或两个人之间进行的，这里存在一个空间距离的问题。空间距离可以形成行政沟通的障碍。如果沟通距离太远，沟通渠道就会延长，层次就会增多，会影响信息质量。另一方面，如果信息来自远方，则接收者所感受到的信息强度较低，不能引起足够的重视和注意。

（5）非语言符号方面的障碍。在行政沟通过程中，各种非语言符号的运用是非常频繁的，这些符号由于其自身的模糊性而成为行政沟通中的又一重大障碍。这种模糊性是指行政沟通中对用于传递信息、沟通意见的各种非语言符号（如表情、手势、腔调等）的意义缺乏精确的限定，没有一致的认识，容易造成理解上的混乱。

2. 破除沟通障碍的技巧

（1）创造适宜的沟通气氛。沟通气氛可分为开放性和封闭性两种。在前一种气氛下，信息传递者多作客观描述，以解决问题为宗旨，坦率耿直，尊重他人；在后一种气氛下，信息传递者多做主观描述，总以指挥他人为目的，自以为是，对成员的感受漠不关心。良好的行政沟通总是在开放的气氛中进行的。

（2）让行政人员共同参与。庞大的行政体系和复杂的行政活动需要吸收广大行政人员共同参与决策。如果行政人员能参与日常事务的决策过程，在重大问题上也享有发言权，就能感到自己是一个有用的、重要的成员，从而自觉、充分地施展自己的才能。

（3）减少沟通符号的含糊性。作为沟通符号的语言文字具有一定的含糊性，因此，传递的信息要足够、充分，不能过于简单。在行政活动中，起草文件、撰写报告、发表讲话都必须注意遣词造句的准确性。模棱两可、容易产生歧义的字、词、句切忌使用。

（4）表述应适合对方的水平。所有的信息都应该具有针对性，针对特定的对象发出信息，使对方易于理解和掌握。如果使用生僻的词句，则会带来不必要的误解和歪曲。

（5）沟通要及时。每一条信息都有时间限制，适时才有功用，误时便失去功用。因此，沟通时必须及时发出和接收信息。

（6）沟通风格应亲切可信。要使沟通产生良好效果，具有影响力，关键在于使接收者接受和认可所传递的信息。沟通风格的影响较大，如果亲切和善，则接收者易于接受；如果生硬死板,则容易使接收者产生逆反心理和抵触情绪。

(7)沟通方法应统一、工整。统一、工整的沟通方法不仅有利于接收者对信息的辨识和理解,减少误差,同时可对文书档案的管理带来方便。

(8)沟通内容应具备一定的弹性。之所以要使沟通内容具备一定的弹性,是为给接收者留下一定的余地,使之既能领会信息发出者的意思,又能适当结合自己的实际情况分析和处理问题。

(9)沟通形式应生动活泼、引人入胜。这里主要是指行政沟通不必拘泥于单一的文书往来,要根据具体的工作需要寻求多种沟通途径,利用各种沟通媒介,讲究沟通艺术。

(10)沟通技术应与时俱进。随着现代科学技术的发展,各种先进的通信技术越来越多地应用于行政管理之中。复印机、打印机、摄像机、传真机、计算机、互联网等都可以为沟通技术的现代化提供帮助,尤其是计算机的推广和应用,更是为行政机构准确、迅速地传递信息和相互沟通开辟了广阔的前景。

六、处理纠纷与冲突的技巧

在内部沟通中,冲突是常见的,因为不是每一个组织成员都会对其职务和责任感到满意。在外部谈判中,纠纷更是一种常见的状况。纠纷与冲突往往会造成组织上下级之间、企业之间的关系紧张。

沟通的目的之一就是缓解纠纷与冲突带来的紧张程度,同时把沟通或谈判引向富有成效的方向上。为了实现这个目的,要充分利用各种方法化解不利的纠纷与冲突。

(1)让对方有发泄情绪的机会。一旦出现纠纷与冲突,不要试图通过语言来解除对方的愤怒,而要给以足够的时间让对方发泄。在发泄完了之后,对方的抵制性就会逐渐减弱,此时再进行沟通或说服教育往往能取得良好的效果。

(2)在冲突或纠纷的双方之间寻找平衡点。在很多情况下,冲突或纠纷的双方各有道理,又各执一端,很难明确地判断谁是谁非。在这个时候,折中协调、息事宁人是很好的办法。这个办法既可以找出双方观点的偏颇之处,又不会打击双方的积极性,同时可使双方都看到对方观点的合理之处。

(3)调节沟通气氛,缓和紧张情绪。在气氛比较轻松的面谈中,比较容易倾听对方的意见,也比较容易相互理解,这样产生纠纷和冲突的可能性就会降低。即使有对抗情绪的员工,在一种轻松的氛围下,其情绪也会得到缓解。

利用上述技巧,可以巧妙化解沟通中的纠纷和冲突,使沟通顺利地开展下去。

本章小结

本章主要介绍了企业行政沟通的相关知识。企业行政沟通是指企业行政系统内部各部门之间、层级之间、人员之间凭借一定的媒介和通道传递思想、观点、感情,交流情报信息,以期达到相互了解、支持与合作,使行政体系和谐、有序运转的目的。企业行政沟通的载体是指企业行政部门或个人依据沟通内容而决定采取的沟通媒介,如语言、文字、报告、调查、通知、会议等。企业内部组织沟通的目的主要有:促进企业目标的实现,促进企业文化的建设,促进员工关系的改善。行政沟通的过程是沟通主体(即行政信息的发出者和接收者)之间进行双向或相向信息传递的过程。行政沟通的主要障碍有:语言符号方面的障碍,认识和理解上的障碍,组织和地位上的障碍,空间距离上的障碍,非语言符号方面的障碍。破除沟通障碍的技巧主要有:创造适宜的沟通气氛;坚持让行政人员共同参与,增强沟通意识;减少沟通符号的含糊性;表述应适合对方的水平;沟通要及时等。

本章练习

一、判断题

1. 行政沟通的实质是行政信息的传递和处理。 （　　）

2. 收集功能是指通过行政组织机构内外的沟通来维持行政管理体系的正常运转。
（　　）

3. 监控功能是指企业行政组织体系面对各种新情况、新问题进行自我调节,实行行政改革,更好地适应新环境。 （　　）

4. 协调功能对优化行政活动、提高行政效率具有不可忽视的作用。 （　　）

5. 书面沟通是最快的沟通形式。 （　　）

6. 企业行政沟通的载体是指企业行政部门或个人依据沟通内容所决定采取的沟通媒介,如语言、文字、报告、调查、通知、会议等。 （　　）

7. 平行沟通是指按照正式行政组织程序和结构所进行的信息传递和交流,如会议、制度、汇报等。 （　　）

8. 下行沟通是指自下而上的沟通,亦称反馈,是下级向上级反映意见和情况,其目的是实现"下情上达"。 （　　）

9. 上行沟通是指按行政组织层级体系自上而下的信息传递。 （　　）

10. 非正式沟通是指在正式组织之外以行政人员交往关系为基础自然形成的信息交流。 （　　）

二、单项选择题

1. （　　）是指在正式组织之外的、以行政人员交往关系为基础自然形成的信息交流。

    A. 非正式沟通   B. 上行沟通

    C. 平行沟通   D. 下行沟通

2. （　　）是指自下而上的沟通,亦称反馈,是指下级向上级反映意见和情况。

    A. 非正式沟通   B. 上行沟通

    C. 平行沟通   D. 下行沟通

3. （　　）亦即横向的沟通,是指同级部门或同事之间的沟通。

    A. 非正式沟通   B. 上行沟通

    C. 平行沟通   D. 下行沟通

4. （　　）对优化行政活动、提高行政效率具有不可忽视的作用。

    A. 收集功能   B. 维护功能

    C. 协调功能   D. 监控功能

5.（　　）是指通过行政组织机构内外的沟通来维持行政管理体系的正常运转。

A. 收集功能　　　　　　　　　　　B. 维护功能

C. 协调功能　　　　　　　　　　　D. 监控功能

三、多项选择题

1. 企业内部组织沟通风格应为（　　　）。

A. 自上而下的强势沟通　　　　　　B. 双向的民主沟通

C. 自由无序的沟通　　　　　　　　D. 自下而上的沟通

2. 企业内部沟通的要素有（　　　）。

A. 沟通的基本问题　　　　　　　　B. 沟通的基本原理

C. 沟通的基本要求　　　　　　　　D. 沟通的原则

3. 企业内部组织沟通的目的有（　　　）。

A. 促进企业目标实现　　　　　　　B. 促进组织企业文化建设

C. 节约成本　　　　　　　　　　　D. 促进员工关系协调

4. 破除沟通障碍的技巧有（　　　）。

A. 创造适宜的沟通气氛　　　　　　B. 增强沟通意识

C. 减少沟通符号的含糊性　　　　　D. 表述应适合沟通对象的水平

5. 行政沟通的主要障碍有（　　　）。

A. 语言符号方面的障碍　　　　　　B. 认识和理解上的障碍

C. 组织和地位上的障碍　　　　　　D. 空间距离障碍

四、问答题

1. 简述企业行政沟通的含义及作用。

2. 简述企业行政沟通的方式。

3. 简述企业行政沟通的障碍。

4. 简述破除企业行政沟通障碍的技巧。

五、案例分析题

经营副总经理与总经理的错误沟通

2008 年 12 月,分管公司生产经营的副总经理得知一个较大的工程项目即将进行招标,由于向总经理以电话形式作了简单汇报未能得到明确答复,使其误以为被默认而在情急之下组织业务小组投入相关时间和经费跟踪该项目,最终因准备不充分而使项目成为泡影。事后,在总经理办公会上陈述有关情况时,总经理认为该副总经理"汇报不详,擅自决策,组织资源运用不当",并当面给予严厉批评。该副总经理反驳认为"已经汇报,领导重视不够,故意刁难是由于逃避责任所致"。由于双方在信息传递、角色定位、团队配合、认知角度等方面存在意见分歧,致使企业内部人际关系紧张、工作被动,从而产生恶性循环,公司业务难以稳定发展。

根据上述案例,解答以下问题(单项选择)。

1. 上述案例的沟通方式属于（　　　）。

A. 非正式沟通　　　　　　　　　　B. 上行沟通

C. 平行沟通　　　　　　　　　　　D. 下行沟通

2. 通过案例分析可知,上述案例的沟通风格属于(　　)。

    A.自上而下的强势沟通   B.双向的民主沟通

    C.自由无序的沟通   D.自下而上的沟通

3. 上述案例出现错误沟通的主要影响因素是(　　)。

    A.语言符号方面的障碍   B.认识和理解上的障碍

    C.组织和地位上的障碍   D.空间距离障碍

4. 破除上述案例中错误沟通的最好方式是(　　)。

    A.创造适宜的沟通气氛   B.增强沟通意识

    C.减少沟通符号的含糊性   D.表述应适合沟通对象的水平

第四篇 企业行政事务管理篇

人们一提到企业行政管理总会想到企业的日常行政事务。企业行政事务管理是企业行政管理工作的基础，是企业行政管理人员必须做好的基本功课，也是行政管理经理人走向成功的必经之路。本篇主要介绍了企业日常事务管理、企业后勤事务管理、企业安全事务管理。通过本篇的学习，可提高对企业行政管理工作的认识，掌握企业日常事务管理的技能，适应日常事务管理工作的需要。

第十章　企业日常事务管理

学习目标

　　通过本章的学习,应了解办公室管理的一般情况,以及文书档案管理、印章管理、会议管理、法律事务管理、商务公关管理、办公信息化管理的一般知识;掌握企业日常事务管理的要点及方法;熟悉企业日常事务的运作情况,为以后的工作实践及深入学习打下基础。

案例引导

强大战斗力的背后:行政部门如何把公司当产品打造

　　字节跳动在 7 年内,旗下孵化出抖音、今日头条、西瓜视频、火山小视频、皮皮虾、懂车帝等产品,估值达 750 亿美元,已经成为中国乃至全球发展速度最快的移动互联网公司。

　　缘何他们能够如此"凶猛"地成长？我们在其上海行政部的工作中找到了答案。

把行政工作当产品

　　"我们将公司本身当成一个产品打造,员工就是我们的用户。"字节跳动行政部所隶属的效率工程部,是一个以产品为导向,利用技术提高内部效率,从办公硬件、软件和日常服务层面去提高办公效率,从而优化员工工作体验的职能部门。他们具备单独研发产品的能力,字节跳动的前台访客接待系统、会议预订系统、快递签发派送系统等都由他们来进行优化设计。而这种产品思维同样也贯穿在行政部的工作中,去深入洞察用户的需求,好好予以满足。

好好满足用户需求

　　基于用户需求,打磨产品的最佳诠释,体现在字节跳动上海新大楼的设计规划上。上海新大楼位于上海科技绿洲,可容纳数千人。行政部从产品规划之初便参与到设计中去,不仅仅做了丰富的数据统计与需求调研,同时也将后期运营的需求和专业建议提前反馈给设计方,最终的设计成果充分地将员工需求包容于内。

　　◎ 独立面试区:对于飞速发展的字节来说,人才的需求格外强烈。为了满足这一需求同时隔开面试时人员往来频繁对办公区造成的影响,字节跳动特将面试区设置在一楼与办公区相隔,并且近一整层都开辟成了面试间,让面试官们从此可以从容应对。在这里还贴心地为面试者设置了等候区,"ins风"绿植设计,简洁现代的环境,打开更多人对字节人生的向往。

◎ 可赏景的员工餐厅:现代人的吃,是最容易获得幸福的事。为了让员工的幸福瞬间多一些,虽然食材的运输可能会对电梯运载产生新的需求,字节跳动依然将员工餐厅搬到了靠近楼顶的两层,把最好的赏景位置让渡给员工,去空中花园享受和阳光、清风一起午餐,和落日一起走进夜晚,感受四季风景。

◎ 丰富的公共空间:站立办公区、临时讨论区、休闲区……丰富的公共空间分布在字节跳动的各个角落,既增加了空间的趣味艺术,也能随时满足员工的"脑暴"需求。这里空间设计巧妙之处有很多,而最让人觉得字节跳动的行政人员心思细腻的地方,则是字节跳动办公空间里随处可见的白板屏风,都是一屏多用,既是屏风,又可以是站立办公区,还能满足程序员们随手"脑暴"写代码讨论的需求,将公司的需求和屏风实用性完美结合得太棒了!而单独配备茶水间可容纳两百人的会议室、高级座谈室、中小型会议室……多类型会议室,也用来充分满足员工对会议室的各类需求。

◎ 生活感十足的玩乐区:在健身房与瑜伽房里运动健身、放松自我,在大汗淋漓中享受运动的快乐,畅玩各种娱乐设施,随时组局,高唱一曲,玩场游戏,如果不过瘾再来投篮球、打乒乓球、玩桌上足球和推球,在这个玩乐区一气呵成,玩个尽兴。

◎ 给女士特别的爱:考虑到女士的羞涩和隐私心理,字节跳动还特意开辟了一个专属女士休息室,按摩椅的颜色都选了清新绿,舒适的感觉真的让人很想躺上去放松一下。

◎ 高、低区一站式服务中心:在丰富配色创造出的活力空间里,一站式服务中心的设置让人切身体会到字节跳动追求高效的原则与氛围。行政部在考量了电梯的运载量并平衡效率问题后,于高、低层各配置了一个一站式服务中心,分别服务于高、低区的员工,充分减少员工办理各类事务所费的时间。

优化迭代,追求极致

深挖用户需求,进行优化迭代,也是产品思维的一个重要部分。字节跳动采用扁平化管理,倡导平等沟通,拒绝论资排辈,连他们的工号采用的都是随机排列的7位数(据说可以涵盖1000万人的需求),避免连号产生差异,互相之间的称呼则是同学,譬如一鸣同学。但行政同学们在满足用户的需求上可不只是同学级的,而是追求极致。

◎ 特供新鲜食材:免费三餐,日料扇贝小龙虾就不说了,在食堂吃的菜,可能头一天还躺在农场的菜地里。他们与各地的农场展开深入合作,来保证新鲜食材的供给。

◎ 吃不完的零食和下午茶:不限量供应零食和专属下午茶。为了让员工们百吃不厌,他们的零食库里累积了400多种选择,每项都要做星级评价,低于三星会被优化掉,换上新品种。为了以更实惠的价格为同学们提供更好吃的零食,行政部门经过多重许可,开始制作字节跳动自有专属定制零食了。

◎ 开发专利设计:很多同学开完会后直接去食堂用餐,随身带着电脑、笔记本、眼镜等小物件颇有不便。行政部门考虑添置一些存物柜来解决问题,但是普通的存物柜,大多数是长方形、金属制,并不匹配需求。于是,行政部门亲自设计了目前正在使用的形状扁平、易于拿取的存物柜,并申请了专利。

人人都是产品经理,行政部门也不外

从行政部门的运营思维上,我们看到了这家企业管理的缩影,更看到这家企业的发展趋势,很少有人会比他们更懂产品运营。也透过他们的创新与实践看到了行政部门一种更清晰的未来与价值——创新管理模式,完善生产力系统,对提高运营效率的追求无止境。这是企业想要的,或许也可以是一部分行政人员努力的方向。

因此,行政部门的职责定位,就是基于产品思维,致力于通过软硬件及日常服务,优化员工办公体验,提升办公效率。对于行政部门而言,公司(老板/股东)是出资设立部门并付酬的客户,员工是公司办公环境和日常行政服务的用户。客户购买行政服务的价值需求,根本上来说是营造良好的办公环境,处理行政事务,而这在很大程度上影响着全体员工的办公效率和工作产出。

那么,公司的行政部门该如何基于自己的工作岗位和职责开展创新活动呢?核心是以员工(用户)为中心,提升在办公环境系统中的工作体验,而员工工作体验提升的结果是效率和创造力的提升,这正是客户(公司/老板/股东)真正期待的行政服务价值。只有行政部门基于对公司业务、员工特点、办公活动的深刻理解,才能创设出对的办公环境,提供对的服务,助力身处其中的员工将最宝贵的精力和脑力用于重要的事务上,更好地彼此连接和协作,实现更具效率地满足外部客户需求。

(资料来源:人见人爱的小知,知行晓政 2020 年 6 月 5 日,有删改)

【启示】

案例说明了企业的日常行政事务管理并非人们通常所谓无关紧要的杂事,实际上决定和影响了企业的整体运营效率。一个企业要做大做强,必须使企业的各项事务现代化、人性化、高效化。

第一节 办公室管理

办公室是在各类组织内设立的办理行政性事务的办事机构,是设在领导身边,直接为领导服务的综合部门,是沟通上下、联系左右的桥梁和枢纽,是领导工作的辅助性机构。在我国,各级党政机关以及企事业单位都有为本机关、本单位服务的办公室。尽管名称不同,有的叫办公厅,有的叫办公室,有的叫秘书处或秘书科,有的叫行政部,等等,但其职能与性质大体上是相同的。

一、办公室的地位与作用

不论党政机关还是企事业单位,大大小小的社会组织都不能没有办公室这一机构设置,可见办公室有着不可替代的地位与作用。办公室属于一个单位的行政部门之一,它担负着承上启下、协调关系、联系各方、发号施令的任务,是一个单位工作运转的枢纽和调度中心。

企业的办公室管理工作具有复杂性、多变性、综合性和直接性的特点。就其作用而言,可用八个字概括,即"参谋、督促、协调、服务"。办公室所处的地位,受企业高层的认知水平、重视程度及企业规模等因素的影响,差异较大。任何一个企业,如果不能正确发挥办公室的职能作用,则会造成内部管理的混乱。

1. 办公室的地位

一般来说,办公室的地位有如下几点。

1）从领导决策过程看,办公室处于辅助者地位

办公室是综合部门,对企业生产经营、人事管理、财务运作、产品研发等各个环节比较了解,工作的接触面较广,能采集到方方面面的信息。办公室所掌握的这些信息,可以在领导决策过程中起到重要辅助作用。

2）从执行力角度看,办公室处于执行者地位

高层会议形成的重要决策、决定、决议是否执行到位,需要办公室去跟踪,各项内部规章制度需要办公室去检查、落实。因此,办公室人员既要有雷厉风行的工作作风,又要有坚持原则、敢抓敢管、敢于督办的气魄。

3）从协调职能看,办公室处于代理者地位

办公室负有承上启下、沟通左右、协调各方的职能。上级的指示要传达,部门之间的关系要协调,下级的意见要反馈。因此,办公室人员既要为人诚恳、品行端正,又要善于言辞、成熟老练、快速应变,并做到保守秘密、守口如瓶。

4）从处理日常事务职能看,办公室处于服务者地位

办公室的文秘、会务、接待等工作都具有服务性,工作千头万绪、琐碎繁杂。办公室人员既要忠于职守、乐于奉献,又要包容忍让、不计得失,做到不以事小而不为、不以事杂而乱为、不以事急而盲为、不以事难而怕为。

由于办公室工作处在企业运行过程的特殊环节,直接影响着企业的整体利益,正确履行办公室的职能,全面发挥办公室的作用,是高层领导应当关注的问题,也是办公室工作人员应当不断自省、自励的问题。

2. 办公室的作用

一般来说,办公室要发挥以下三大作用。

1）领导的参谋和助手作用

办公室人员是领导的耳目和左右手,要当好助手就必须熟悉上级文件精神,了解和掌握单位一个时期的工作安排及其贯彻落实情况,了解和掌握一个时期内职工的思想情绪。对于这些情况,办公室要及时调查收集、分析研究,得出正确的看法,提出加强和改进工作的意见和建议供领导参考,为领导的决策提供服务。

2）承上启下和协调工作的作用

办公室是一个单位工作运转的轴心，是领导联系各方的纽带，是上下级之间沟通的桥梁，起着平衡各方关系、协调各方工作、化解各种矛盾的作用。办公室人员必须加强政治理论、方针政策和规章制度的学习，不断提高理论水平、思想觉悟和办事质量。

3）单位的窗口和门面作用

外单位人员前来办事，首先接触的是办公室的工作人员，办公室人员的着装打扮、精神面貌、语言表达、办事水平均代表着一个单位的形象。办公室人员要不断提高自己的综合素质，加强职业道德修养，对前来办事的内外部人员要热情接待、周到服务。即便遇到特殊情况，也应不急不躁、心平气和，使办事者高兴而来、满意而归。

二、办公室的功能与发挥

1. 办公室的功能

办公室在组织中所具有的功能一般有以下几点。

1）参谋与助手的功能

办公室的参谋助手作用，主要体现在：为领导提供及时、准确、全面的信息；为领导决策提供具有科学性、超前性和可操作性的预案；为领导的重要活动和会议提供具体的方案；帮助领导处理日常性工作事务，使领导能够集中精力抓大事等。办公室的各项工作都要围绕这些方面，把参谋与助手作用贯穿、渗透到各项工作的全过程。

参谋与助手作用的价值在于其有效性，必须把调查研究作为谋事之计、成事之道。办公室人员要通过调研，掌握全面、具体、准确的信息。只有这样，才能参事以准、谋事以深，易于为领导所接受。

2）枢纽与心脏功能

如果把一个组织比作铁路部门的话，办公室就好比列车的编组站；如果把一个组织比作一个人的话，办公室就是连接大小动、静脉血管的心脏。一个组织就是一个系统，它既存在和服从于更大的系统，又有自己相对独立而相互联系的子系统，这样就构成了一个整体。而具体体现这个整体中的领导与被领导关系、实现系统中诸因素的相互联系的就是办公室，它承上启下、沟通左右、联络八方，对于一个组织来说是必不可少的。

3）协调与沟通功能

一个组织系统步调一致、协同前进，才能胜利完成各项工作任务。要做到这一点，就必须不断地沟通组织内外部联系，互通信息，彼此理解，互相支持，然后才能调整自己的行动，统一步伐。办公室在组织活动的协调与沟通中起着十分重要的作用。它要协调办公室内部的关系、办公室与领导的关系、办公室与其他部门的关系、本单位与上级领导机构的关系等多方面的关系。通过协调，理顺关系，沟通上下左右，才能实现组织效率的提升。

4）窗口与管家的功能

办公室是个窗口。组织的精神风貌、政策水平、工作作风、办事效率都可以通过这个窗口反映出来。办公室的窗口和管家职能还有更深一层的含义，那就是办公室的把关作用。例如，办公室要把好文字关，文字工作是领导安排、指导工作的重要手段，必须严格把关,提高质量,削低"文山"。另外,办公室还要把好财物关、会议关、信息关等。办公室还是个管家,它肩负多种任务,吃、喝、用、住、行无所不包,一些突击性、临时性的工作均由办公室这个管家受理,其他专业部门未囊括的事项也由办公室管理。

然而,知道了办公室的功能,只是知道了它"做什么"而已,更重要的是要更好地发挥办公室的职能作用。

2. 办公室职能作用的发挥

要充分发挥办公室的职能作用,应从以下几个方面着手。

1）明确位置,牢固树立四种意识

办公室的地位特殊,要做好办公室工作,必须牢固树立以下四种意识。一是要树立政治意识。办公室人员要坚持正确的政治方向,在思想上同领导保持一致,做到政令畅通。二是要树立服务意识。办公室对外是企业的"窗口",对内是各部门的"服务部",因此,办公室工作人员必须牢固树立服务意识,踏踏实实做一名"服务员"、"勤务员",全面提高服务质量。三是要树立大局意识。由于办公室所处的地位和承担的职责,决定了办公室人员必须立足本职、胸怀全局,认识问题和分析问题都要自觉从大局出发,克服片面观念,统筹兼顾,正确处理好局部与全局、个人与集体的关系问题。四是要树立创新意识。要根据形势和任务的变化,不断探索改进办公室工作的新思路、新办法。同时,要认真做好领导的参谋与助手,为领导出新点子,推动工作的开展。

2）搞好协调,创造良好的工作环境

办公室是联系上下、沟通左右的枢纽,需要加强与各方面的联系和协调,形成合力。在现代企业中,往往分工较为明确,部门众多,要实现企业目标,需要各个部门的共同努力,因此,办公室的协调工作就显得尤为重要。

3）做好调研,为领导决策提供依据

调研工作是办公室发挥参谋与助手作用的重要途径,为此要做到以下两点。首先要把握重点,增强针对性。要针对不同时期的工作重点以及带有苗头性的问题,准确把握领导决策对不同信息的需求,及时确定调研课题。其次要解决实际问题,增强实效性。重点课题明确以后,办公室要组织有关科室深入基层,了解情况,反复研究,为领导提供决策建议,达到解决问题、推动工作的目的。

4）强化督察,确保上级决策的贯彻落实

企业目标能否实现,关键在于企业高层的决策能否得到贯彻落实。而企业领导者的时间和精力是有限的,不可能亲自督查下属部门和人员对决策的贯彻落实情况,因此,只能由办公室来进行督查,确保各项工作部署能够取得实效。

三、办公室管理的内容

办公室与其他职能部门同属一个序列,它与其他职能部门的区别在于其他职能部门是管理层、执行层,办公室则是中介层。一般来说,办公室管理包括如下内容:

（1）协助领导综合协调各部门工作,负责上下信息沟通;

（2）负责综合性公文的草拟和初步审核以及文秘工作;

（3）负责本单位计划生育、综合治理、安全生产等工作；

（4）负责综合接待上下来客，做好后勤保障工作；

（5）负责企业印章管理，以及文件的打印、装订、封发和档案管理工作；

（6）协助领导安排、组织各类会议，负责会议记录，传达、督促会议决议事项的贯彻落实；

（7）完成上级机构和领导交办的其他工作。

四、办公室制度管理

要使办公室工作得以顺利进行，实现严谨、高效、文明、舒适的办公目标，进一步促进办公室管理的现代化、科学化、规范化，还需要有一定的制度管理。一般来说，办公室制度管理应包括如下内容。

1. 值日

维护公共办公区域的良好环境，一方面要求每位员工严格要求自己，爱护办公区域的环境；另一方面要有值日制度，安排值日人员维护办公区域的秩序和环境。

2. 工作纪律

办公室应规定一些必要的工作纪律，例如：工作时间不应无故离岗、串岗；不得闲聊、吃零食、大声喧哗、打瞌睡等；注意环保，节俭使用办公用品；危险品严禁带入办公区域；办公电脑及重要电子文档应设置密码，做好保密工作等。

3. 电脑使用规定

电脑使用规定是为了加强公司的计算机管理，确保网络信息安全通畅和各部门工作的正常开展，合理使用计算机，充分利用现有资源。一般包括：办公室作为公司网络的规划、建设以及管理、维护部门，有权对公司网络运行情况进行监督和控制，任何部门和个人不得私自更改网络结构；公司内计算机软件统一由办公室管理、安装或授权专人负责，电脑使用者不得随意改动、删除或安装与工作无关的软件。配给个人的计算机应保持设备的外部清洁，内部文件存放规范整洁，并做好系统的日常备份及维护工作等。

4. 上班时间与请假制度

上班时间与请假制度用于保证工作的正常、按时完成。对于上班迟到、旷工等进行相应的处理，并规定好请假的一整套流程。

5. 出差规定

例如：规定员工出差过程中应当每天通过网络向直属上司提交书面出差报告；出差回来后一周内向部门经理和总经理提交出差报告，包括出差期间完成的工作，出现的问题和解决或尚待解决的问题；出差员工完成任务后应立即返回公司，不得借故逗留或办理私事等。

6. 出差报销

例如规定交通工具、费用定额等。

7. 值班

例如规定值班时间以及值班人员工作要点等。

五、办公室管理的方法

办公室工作涉及方方面面、上上下下、里里外外，大到辅助决策，小至打水扫地，面对如此繁杂的工作，要想管理有序、提高效能，就必须采取有效的管理方法。

一般来说，办公室的管理方法有如下几种。

1．办公室工作的管理方法

1）调查研究法

调查研究既是办公室的一项基础工作，又是办公室管理的重要方法。办公室管理要想坚持理论与实际相结合，为领导决策提供有用信息，无一不需要进行调查研究。掌握调查研究的正确方法和有关技巧是办公室全体工作人员必须具备的基本素养。

办公室进行调查研究的具体步骤是：①确定调研题目；②组织力量；③选用科学的调研方法；④对调查结果进行分析研究。

2）"弹钢琴"的方法

办公室管理和弹钢琴一样，在总的任务已定的前提下，要学会把握管理的主旋律，通过全体成员的密切配合，才能弹好办公室管理这架"钢琴"。

（1）要学会统筹全局、把握本质。管理者要有系统观念，统掌全局，无论哪项工作，无论处于什么位置的人，都要以办公室管理的整体目标为出发点和归宿。办公室应通过自己的有效协调，使其他部门的工作都为实现组织的整体目标而开展。

（2）抓准、抓紧中心。办公室工作有主有次、有急有缓，有时主要的工作并不一定是急需要办的，急需要办的工作也不一定是主要的。办公室的各种工作穿插在一起，要求管理者能够抓住一定时期内的中心工作。

（3）坚持抓住中心工作带动一般工作。办公室管理中，要反对"单打一"的思想和工作倾向，既要全力以赴抓住中心工作，又要分出适当力量兼顾一般工作。

2．办公室人员的管理方法

办公室的管理工作主要是对人员的管理，应当充分调动工作人员的积极性。可从以下方面着手。

1）心理激励

如何调动人的积极性，是激励理论研究的基本问题，也是办公室管理面临的基本问题。领导作用的成效在于能让人心甘情愿、齐心协力地为实现组织目标而努力工作。要做到这一点，关键在于满足员工的正当需要，激发工作动机，调动工作的积极性。办公室要充分研究人的心理，学会心理激励的方法。首先，要认识到激励需要因人而异，其指向和强度均不相同。把握需要的差异性，还必须认识到人的不同层次的需要，有针对性地采用激励手段。其次，要善于把人们的潜在需要转化成被意识到的动机。要通过思想教育、改善办公条件和生活条件，使办公室人员对所从事的工作产生新鲜感，使之产生强烈的兴趣，提高工作人员积极性。

2）加强思想教育

思想教育是指凭借真理和科学的力量，运用精神观念的宣传方式，对办公室成员的思想认识、情感和行动产生影响与作用的一种管理方法。

在办公室管理中运用思想教育的方法是行之有效的,它有助于全体成员形成正确的政治思想、良好的道德情操和做好工作的责任感,使人们懂得在管理中应该做什么、不应该做什么。这样的选择是在服从真理和科学的基础上所采取的自觉的意志行动,而非屈从于某种权力或迫于经济原因的被动服从。进行思想教育的方式是多种多样的,例如,组织学习上级文件、听报告、参观考察、个别谈心、树立典型等。

3．办公自动化系统的管理

在现代企业运作中,办公自动化系统起着非常重要的作用,一旦办公自动化系统出现问题,整个企业的行政工作都可能受到影响,甚至陷入瘫痪。因此有必要加强对办公自动化系统的管理。办公自动化系统管理,除了对自动化设备的功能进行日常管理之外,在办公室管理方法中还应注意对数据库的开发和应用,以及对计算机病毒的防范管理。

六、办公室管理的艺术

管理的艺术性首先要强调其实践性,没有实践则无所谓艺术。办公室人员必须在管理实践中发挥积极性、主动性和创造性,因地制宜地将管理知识与具体管理活动相结合,才能进行有效的管理。所以,管理的艺术,就是强调管理活动除了要掌握一定的理论和方法外,还要有灵活运用这些知识和技能的技巧和诀窍。

办公室管理的艺术,一般表现在以下三个方面。

1．巧妙的应变性

艺术的含义是指能够熟练地运用知识,并且通过巧妙的技能来达到某种效果。而有效的管理活动正反映了此特点。在现实的管理实践中,管理者会遇到各种意想不到的事件,任何管理理论都不能为所有的管理者提供解决一切问题的标准答案。管理者只有根据管理的基本理论和基本方法,密切结合实际,运用自身的才智和丰富的实践经验,才能取得良好的管理效果。

2．灵活的策略性

面临日益激烈的市场竞争,企业必须制订和实施自己的战略计划,确定实现组织长远目标的总体措施和行动方案。然而在战略计划的实施过程中,市场、资源、政府与环境等因素都极为错综复杂,在企业管理中必须采取灵活的策略性行动,才能保证组织目标的实现。

通常认为,企业成长的关键有四点:灵活性,计划,控制,资本。其中灵活性是最难做到的,却对企业的持续发展至关重要。

3．完美的协调性

管理就是通过各项职能活动去配置组织资源,协调他人的行为以实现组织的目标。管理活动中大量出现的是协调工作,对组织成员个人目标同组织目标之间的协调以及对人际关系的协调是实现组织目标的重要条件。

组织管理中需要协调的既有人与人的关系,也有人与物的关系,其中心都是人。作为社会人,每个组织成员都具有思维能力、历史文化背景、差异化性格和行为方式,有着各自的价值观念、偏好和情感。对于人的协调活动,仅仅使用定性的专门技术和现代的科技手段是远远不够的,还必须借助各种行之有效的管理经验、技巧与诀窍。

第二节　文书档案管理

一、文书档案管理的重要性

文书档案是反映行政管理活动的各种材料,它记录了一个社会组织所从事的各类管理活动,如党群管理、财务管理、人事管理、业务管理等。文书档案通常是由办理完毕的有保存价值的文书转化而成的。

文书档案管理对于企业组织来说是相当重要的。

1. 文书档案管理是保持文件之间历史联系的重要手段

文件之间具有内在的历史联系。对于某些种类的文件而言,这种联系与生俱来,明确而固定。例如各种图纸文件,产生时就是一个文件整体的组成部分,图号确定了它终身不变的归属关系及其要素与标志。但对行政文件而言,情况恰恰相反,行政文件之间的联系是逐步产生的,容易被破坏,而且破坏以后难以复原。因此,文书档案管理在这方面的价值弥足珍贵。

2. 文书档案管理是开发利用档案信息资源的重要基础

文书档案是一种重要而特殊的信息资源。经过档案人员长期不懈的努力,已经将其建设成为一个可被持续开发利用的档案信息体系。文书档案管理,使得各文件保持所属文件之间的历史联系,揭示类目的主题和特征,而且明确划分彼此,区分文件归属,反映分类体系的结构和自身的位置。因此,文书档案管理是构筑分类体系和信息体系的重要结构要素,也是开发、利用信息资源的重要基础。

二、档案的类型

一般来说,档案有如下几种类型。

（1）文书档案。企业组织中的文书档案通常可以分为以下几类:党群工作类,行政管理类,经营管理类,生产管理类等。

（2）科技档案。例如企业经营生产活动中形成的产品文字材料、科研文字材料、基建文字材料、设备文字材料等。

（3）财务档案。具体包括会计原始凭证和报表中所附的各种借据、书面证明材料、分析报告等。

（4）人事档案。具体包括职工履历等。

（5）电子档案。具体包括计算机磁盘和光盘等。

（6）声像档案。具体包括照片、缩微胶片、电影胶片、录像带、录音磁带和唱片等。

三、文书处理程序与方法

文书处理程序是指文书从登记到立卷、归档各个环节运转的工作程序。它包括收文处理程序和发文处理程序。

1. 收文处理程序

收文处理程序主要有以下几个步骤。

1）签收

签收是指收文单位收到文件，在发文通知或登记簿上签字、盖章的过程。该过程一般由文秘人员办理。签收时应注意以下几个方面。

（1）核对。即核对收到的文件与发文通知是否相符。如发现不符，在查明原因前，可暂不签收，待查明原因并使文件数量等和发文通知相符再行签收。

（2）检查。主要检查收文单位与本单位是否相符以及文件包装是否完整。

（3）签字。在发文通知和登记簿上签字或盖章表明已收到文件。对急件应注明收到日期。

2）拆封及登记

拆封通常是秘书的职责。拆封要求不损坏封内文件。对注明"亲启"字样的文件应交收件人自行拆封。拆封后应将文件与目录核对，以确定文件数量无误。对于收到的文件应根据其急缓程度和密级及时登记，以防止积压、利于催办。

收文登记可分为总登记和分类登记。总登记适用于收文总量较少的单位，就是将总收文按年或季以时间为序造册登记。分类登记适用于收文较多的单位，应按一定的标准对收文进行归纳、分类并登记。

3）分办和传阅

（1）分办。即根据来文的性质确定具体承办及批阅对象并及时、准确送达。分办文书有三种：内容重要和带有指示性的公文应由文书部门负责人决定送达对象；隶属日常公务性工作，可直接送达有关部门或直接负责人承办；对阅读范围有明确规定的，可按规定范围组织传阅。

（2）传阅。根据公文的内容，由秘书部门负责人决定或根据规定的阅读范围组织传阅工作。传阅者会做出批示或写明意见。秘书人员应按传阅者的批示或意见进行处理。

（3）催办。指对必须答复的文件，根据时限要求，及时对承办情况进行督促与检查，以确保落实。

（4）注办。也称办结，指由经办人在文件处理单上扼要注明文件承办情况和结果，作为办理完毕的标志。

4）归卷（略）

2. 发文办理程序

（1）拟稿。文件承办人根据领导交办或批办的意见草拟文稿。

（2）审核。拟稿人员的直接负责人对初稿进行审查和核实。包括审查行文的必要性，文稿内容是否符合有关法律法规和政策，是否涉及其他职能部门以及是否经过协商一致和会签等。

（3）签发。指有关领导对文稿签字发出。

（4）缮印。指对已签发的文稿定稿进行誊清、复印或排版印刷。

（5）校对。指对文件誊写稿、打印稿或清样按定稿核对、校正。

（6）用印。指在完成的文件上加盖法人组织印章。

（7）发文登记。凡发出的文件均应进行登记，包括时间、发文对象、发文方式等。

（8）封发。对准备发出的文件分装和发送。应注意发文渠道及相应问题。

（9）归卷。

四、文书档案管理中存在的问题及对策

企业在文书档案管理过程中出现的常见问题通常有以下几种。

1. 文书工作与档案工作衔接问题

文书工作与档案工作既有联系又有区别，既有统一又有分工。在现实工作中，文书工作和档案工作应相互配合，形成一个分体式的管理体系。在实际工作中，文书和档案实行的是分块管理制，这是一种有效的、比较科学的管理制度。但是，这种体制在某种程度上拉大了文书工作和档案工作的距离。文书工作人员的档案工作意识淡薄，档案工作人员也很少考虑文书工作，致使二者在衔接过程中出现了许多脱节之处。

2. 人员偏少并兼顾其他工作

一些单位的办公室只有 2～3 名工作人员，缺乏专职档案员。于是，档案员往往由文秘人员兼任，文秘人员要负责办公室的文字综合、后勤保障、信息宣传等多方面的工作，投入到档案管理上的精力十分有限，存在收集范围不明确、收集工作不及时、材料真伪不分明、收集合力不强劲等问题。正是因为档案员的素质参差不齐，主观上又对档案工作缺乏能动性，使得很多单位在文书档案的收集工作中存在较多漏洞。

3. 领导对档案管理重视不够，存在片面认识

档案工作在企业单位办公室众多职能中的地位不高。在一些领导的心目中，档案工作是说起来重要、做起来次要的工作。而且，档案工作投入大、见效慢，看不到明显的经济效益，只要求将单位的文件保存好，在工作需要时能够提供参考就行。

4. 档案员的培训工作仍需加强

一些单位的档案干部从事档案管理工作却没有经过档案专业培训，对档案的分类、立卷等一知半解、不得要领，其素质与新时期档案培训工作的要求有一定的差距。一些单位的档案干部虽然有上岗证，却很少参加过有关档案管理的培训教育，对档案工作有一定的概念和了解后，又未能及时更新知识，进一步提高档案管理水平。特别是随着计算机网络技术的发展，开展利用微机进行文书档案管理是发展的必然趋势。企业应重视对档案员的培训工作，使档案管理工作更加规范化、标准化。

5. 各部门对档案工作的配合不够，制约了档案管理水平的提高

单位的归档工作需要从各个部门收集重要的文件资料，而一些部门为了自己的工作便利，不愿意将一些需要归档的文件资料交给档案员统一保管。一些责任心较强的档案员由于得不到有关职能部门的配合与支持，在进行档案工作时常感到心有余而力不足。长此以往，一些重要的文件资料就容易散失，要追究责任也为时已晚。

针对上述问题,可以采取以下对策提高文书档案管理水平。

1) 提高单位文书档案工作的地位,转变观念,提高素质

领导的重视是做好档案工作的前提,档案干部要积极主动地做好档案管理的宣传汇报工作,不断提高领导及员工对档案工作的认识,努力争取其对档案工作的理解、重视、关心和支持。另外,科学技术特别是信息技术的迅猛发展对档案工作提出了新的更高的要求,档案干部要充分发挥接受新知识、学习新业务的积极性和主观能动性,主动学习信息技术和现代管理知识,掌握和提高应用计算机、网络技术的能力与水平,努力成为管理型、技术型和复合型人才,为领导和员工提供方便、快捷、高效的服务。

2) 搞好文书工作与档案工作的规范衔接

文件是档案的前身,文件的质量直接影响档案的质量,没有高质量的文件就没有高质量的档案。文书人员要有较强的档案意识,做好文书材料的立卷、归档。文书人员在文件处理中,要把好文件材料的质量关。诸如纸张大小、文体、格式要做到规范化、标准化,不能五花八门,严禁用圆珠笔、红墨水、铅笔、复写纸等起草、修改、誊印、批阅文件材料等。另外,文件处理要及时、准确;收发文件要及时登记,发现有缺失之处要及时查找。只有文书人员具有较强的档案意识,文件材料收集才能齐全、完整、系统,为立卷、归档工作打下坚实的基础。

3) 加强部门间的协作,做好文书档案收集工作

文书档案中的许多利用价值较高的档案往往来源于各部门,因此,处理好与各部门的关系,不断完善档案的结构与质量,是档案部门的一项重要工作。档案员必须做到"三勤"(即嘴勤、脚勤、脑勤),加强与各部门的协调与沟通,保证档案收集信息渠道的通畅。

4) 要建立有效的管理制度和工作程序,严格按照规范程序办理公文

这些规定和程序要尽可能细化,简捷明确,操作性强。要严格执行公文行文规则,严格审核签发制度,禁止滥发文件和发出无效、无用的文件。在公文用纸纸型、幅面尺寸、字体字号、排布规则、装订要求等技术指标上也要严格按公文标准把握。合理确定文件的发文范围,在控制文件件数的同时,严格控制文件的份数,禁止滥抄、滥送。

5) 加强文书档案的收集工作

一是要明确范围,分类收集,统一规范文书档案载体的字迹要求,立卷要规范,按照单位文书档案类目分门别类进行整理、组卷,保证案卷的质量。二是要严格把关,统一管理,规范收文、行文程序。三是目录编号、检索系统的建立要科学。除了建立案卷目录、专题目录等检索体系外,还要逐步完善计算机、光盘等高科技检索工具。尽早进入网络信息系统,通过上网扩大信息来源,联系更多的信息内容,通过各种渠道,丰富文书档案管理经验。

6) 做好文书档案的基础工作,调整文书档案的结构与内容

收集、鉴定、保管、统计工作是文书档案的物质基础和前提条件,因此,不仅要善于收集本单位的有关红头文件及各种材料,更要善于收集整理本企业在经营管理活动中形成的鲜活、生动、能揭示细节的档案资料,用心整合档案资源,对其进行分析、筛选、研究和综合整理,积极推进档案信息功能的发挥,不断丰富综合档案的资源建设。要努力把握不同

时期企业行政工作的重点任务,明确主题,找准位置,自觉从大局出发来安排和考虑档案工作,形成服务大局的强大合力。

第三节　印　章　管　理

一、印章功能与印章管理的重要性

印章是印和章的合称,它代表的是信物。在古代帝王所用的印章称为"玺",官吏使用的印章称为"官印",而私人使用的印章称为"私印"。在现代社会,各级国家机关、社会团体、企事业单位所用的印章统称为"印"。所以从某种意义上来说,印章是权力的象征和职能的标志。一般来说,印章有以下功能。

1. 权威功能

各级各类国家机关、社会团体、企事业单位都是依法按照一定的程序而成立的,因此都有着特定的地位和管辖范围,在一定的层次和范围内具有权威性。对于某一法定组织来说,其领导人依法定程序具有法人代表资格,因此领导人的名章,不是代表其个人,而是代表其负有某种职权。所以,"印"和"章"便是权威的象征,代表着一定的职能和权力。

2. 凭证功能

印章象征着组织的合法性、权威性,文书材料一经加盖印章,就代表着组织对其法定效力的确认和法定职权的施行,也意味着组织将必须承担的法定义务和法律责任。所以,印章具有法定的凭证作用,加盖印章是一种法律行为。

3. 标志功能

各级各类任何一个组织,不管是在其管辖的范围内,还是在对外交往中,都必须有一个为人们所识记的独特标志,这个标志往往就是其独特的法定名称,而印章也就是这个名称的"物化"代表。在开展工作的过程中,印章明确地表明了组织的合法身份。

公司印章以其固有的法律属性和独特的社会现象决定着它在社会交往和市场交易中举足轻重的法律地位与权威,这对于维护公司形象和社会信用,保障交易安全和市场秩序,进而促进经济增长和整个社会文明进步等,都具有重大的现实意义。因此,公司印章的严格规范管理和合法适当使用,具有重要意义。

二、印章使用制度与流程

在企业行政管理中,印章的使用可以参照以下制度和流程。

1. 印章使用流程

(1) 合同章使用流程。办公室登记编号后,由部门相关人员自行保管,并对合同章的使用负责。使用时由部门经理批准,并在使用登记台账上作好使用记录。

(2) 公司公章使用流程。申请人所在部门经理或主管上级向办公室提出申请,印章保管人员审阅、了解用印内容,印章保管人员对申请人资格进行核准并在《印章使用登记表》上登记,由印章保管人盖戳。

（3）财务章使用流程。同公司公章使用流程。

2. 印章管理制度

（1）公司公章由办公室主任保存，财务章由财务部指定专人、专柜管理。印章管理人员必须切实负责，不得将印章随意放置或转交他人。

（2）印章管理人员对印章的使用及安全承担全部责任。印章使用必须登记，未经总经理或副总经理批准，严禁盖空白章或为外单位盖章。

（3）对于超出使用权限的文件，必须经总经理审批，对未经审批而使用公章的行为，要追究当事人和保管人的责任，由此而产生的后果由当事人负责。

（4）如因业务需要需在空白纸上章盖，需经总经理审批，由保管员对所盖章的空白纸编号登记后盖章。申请人对空白纸的使用负责。

（5）因异地执行重大项目或完成重要业务需要携带印章出差的，须经公司总经理审批，并在使用时请示总经理或部门经理，携带者承担依法使用的责任，用后应及时归还。

（6）各种印章由相应的保管者负责，如有遗失应及时汇报，造成的后果由印章管理人全权负责。

（7）印章每年核查一次，如有人员调整则应办理交接手续。

三、印章制作规范指导

根据有关规定，印章制作必须规范，具体如下：

工会章一律为圆形，直径为 4.2 cm，外边为双边，外边为粗边，边宽为 0.1 cm，内边为细边，边宽为 0.01 cm，上弧为单位名称，自左而右环行，印文使用简化的宋体字。

国有企业、国营股份制企业等公章（包括公司章、部门章）一律为圆形，直径为4.2 cm，中央一律刊五角星，星尖直径为 1.4 cm，圆边宽为 0.12 cm，五角星外刊单位名称，自左而右环行，或者名称的前段自左而右环行、后段自左而右横行，即单位部门名称放在星下方作横排，印文使用简化的宋体字。

集体所有制企业所属部门及个体、私营企业的印章规格为圆形，直径为3.8 cm，圆边宽为 0.1 cm，中央刊五角星，印章上刊营业执照上核准的企业名称，自左而右环行，印文使用简化的宋体字。

专用章一律为圆形，中心部位一律为空白，直径为 4.0 cm，圆边宽为 0.1 cm，上弧为单位名称，自左而右环行，专用章内容放在章的下边作横排，印文使用简化的宋体字。

工商企业合同专用章不论何种经济成分一律为圆形，直径为 5.8 cm，圆边宽为 0.15 cm，上刊企业名称，自左而右环行，中央不刊五角星，企业开户银行、银行账号、电话号码及企业地址，自上而下横排，如刻多枚合同专用章，印章下端应加刻编号，印文使用简化的宋体字。

股份有限公司印章一律为圆形，直径为 4.2 cm，圆边宽为 0.12 cm，专用章和公司所属部门印章直径为 4.0 cm，圆边宽为 0.1 cm，中央刊五角星，五角星外刊企业名称，自左而右环行，或者名称前段自左而右环行，后段自左而右横排，印文使用简化的宋体字。

中外合资（合作）、外商独资经营企业的印章规格为椭圆形，横径为 4.5 cm，竖径为 3.0 cm，中央不刊五角星，企业名称自左而右环行，或自左而右横排，根据用章单位的要求,可刻制钢印和中英文印章。

有限责任公司印章一律为圆形,直径为 4.0 cm,专用章和公司所属部门印章直径为 3.8 cm,圆边宽为 0.1 cm,中央刊五角星,五角星外刊企业名称,自左而右环行,或者名称前段自左而右环行,后段自左而右横行,印文使用简化的宋体字。

第四节 会 议 管 理

一、会议管理概述

会议是解决问题的手段之一,是领导工作的一种重要方式。但是,这不意味着会议是解决问题的唯一途径和领导工作的唯一方式。办公室工作人员应重视会议的作用,正确地运用会议这一手段和方式,要开会就要认真准备、精心组织,把会议开好,讲求会议的质量和效益。

二、会议的类型

按不同的分类标准,会议可以分为不同的类型。

1. 按会议内容划分

按会议内容划分,可分为以下五种。

(1) 专业会议。指研究商洽某项业务或进行技术、学术交流而专门召开的会议,有时也叫业务会议。

(2) 工作会议。指为讨论研究某一个时期或某一个方面的工作而召开的会议。

(3) 动员会、誓师会。指为完成某项工作或开展某项重要活动而召开的会议。这种会议时间较短,但与会人员较多,规模较大。

(4) 庆祝会、纪念会。是为庆祝、纪念某一重大事件或重要人物而召开的会议。

(5) 追悼会。是为悼念死者而举行的会议。会场布置要庄严,出席会议的人员除死者的家属和亲朋外,还有本单位的领导者和群众代表。

2. 按会议性质划分

按会议性质划分,可分为以下七种。

(1) 联席性会议。通常是指为了开展某种大规模的活动,或讨论涉及几个部门、单位的事项,需要几个不相隶属的部门、单位共同协商而召开的会议。

(2) 总结、布置工作性会议。是指各部门、各单位为总结、布置工作而召开的会议。会议一般在年初年末、月初月末或某项工作的开始和结束时召开。

(3) 宣讲、报告性会议。是为了提高认识、统一思想而召开的。

(4) 规定性会议。是指各企业按国家法律和有关规定以及本企业规定召开的会议。这类会议规格高、规模大,一般都是定期召开的,也可以定期,但必须在某个重要时间或事项节点召开。

(5) 预备性会议。是为研究如何开好某一重大会议并检查某一重大会议的准备情况而召开的会议,实际上是某一重大会议的一个组成部分。

（6）表彰、奖励性会议。是为表彰、奖励先进集体和英雄模范人物而召开的。

（7）决策性会议。指各企业领导集团贯彻民主集中制原则,对工作中的重大问题讨论并做出决策的会议。这种会议,一般也是定期召开的,有制度规定。

3．按会议规模划分

按会议规模划分,可分为以下三种。

（1）小型会议。办公会、座谈会、协调会等都属于小型会议。这种会议一般在本部门、本单位的会议室召开。

（2）中型会议。参加者通常在百人以上,一般安排在礼堂、剧场举行。

（3）大型、特大型会议。指成千上万人参加的会议。如国庆大会,游园联欢等,由于人数众多,一般在露天场地举行。

4．按会议形式划分

按会议形式划分,可分为以下六种。

（1）普通会议。即通常召开的工作会、专业会等一般形式的会议。

（2）现场会。如现场工作会、现场经验交流会,现场办公会等。

（3）座谈会。座谈会形式比较灵活、气氛比较活跃,有属于纪念某项活动的,有属于征求意见的,有属于讨论某一专门问题的。

（4）博览会、展览会、商品展销会。是指为交流商品信息、洽谈贸易、推销商品以及展示工作成绩而举行的会议。

（5）电话会。具有迅速、及时的特点,适合于一些比较紧急的专项工作。

（6）广播电视、网络视频大会。它与电话会议一样具有迅速、及时的特点。

5．按会议时间划分

按会议时间划分,可分为定期性会议和不定期性会议。企业各类代表大会、行政办公会,各类学会、协会的年会等都属于定期性会议。其他如检查汇报会,表彰、奖励会,报告会,座谈会,以及动员会等都属于不定期性会议。

三、会议管理的要点与方法

要做好会议管理,需要注意以下一些要点。

1．确定是否一定要开会

一般来说,一定要召开的会议至少应该符合下列条件中的一个：

（1）需要进行信息交换；

（2）需要整合不同意见；

（3）涉及多方面的工作安排。

2．会议议程不可太过冗长

会议议程确定之后,一定要根据会议的类型把握好会议的长度,一般来说日常的例会需要 30～90 分钟；临时性会议中的短期会议长度为 30 分钟以内，中期会议长度为 30～120 分钟，长期会议长度为 1 天以上。

3. 做好开会的准备工作

（1）确定会议主题；

（2）选定会议材料撰写人员；

（3）选择开会地点；

（4）确定会议的内容以及形式；

（5）确定会议的预算和规模；

（6）准备会议设备和器材，考虑室温、灯光、噪声等因素，而且需要确保与会者的舒适度；

（7）确定合适的开会时间，这是会议开展前的一大重要因素；

（8）向适合参与会议的对象发出邀请，这是会议的关键；

（9）会议小组的联络工作与开展。

另外，在会议管理中还有以下几个方面需要注意。

（1）合理确定开会日期。已经确定要召开会议之后，接下来要做的就是确定召开会议的准确时间。确定会议时间要考察好一些事项，尽可能让所有需要参加会议的人都准时出现在会场，让会议顺利进行。

（2）确定唯一的联络人。要确定唯一的联络人员，而且要自始至终由这个人来联系，千万不要今天这个人负责联系，明天又换另外一个，这样会让接到通知的人搞不清到底是哪一个部门要开会。

（3）确定会议主席。要从会议召集者、参与会议的最高领导、与议题关系最为紧密的人、现场控制能力较强和各方面代表均能接受的人中选定合适的会议主席。

（4）确定会议记录者。好的会议记录者，除了具备倾听、互动、发表意见的能力，而且要具有良好的组织、综合、比较能力。在会议过程中，会议记录者有义务适时帮助与会者有系统地陈述意见及遵照议程进行讨论。

（5）开会场所的选择。一个好的会议场所要有利于营造会议的气氛，为会议的顺利进行提供种种方便。不合适的会议场所容易导致与会者的分心，不利于会议任务的顺利完成。开会场所一定要选在安静的场所，必须要具备足够的自由空间，必须要配备好必需的辅助器材，这样才能为会议的成功召开保驾护航。

四、会议管理制度

关于会议管理制度，一般包含以下四大部分。

1. 会议计划管理

（1）各部门根据企业年度工作目标提前一个月提出会议计划，报办公室汇总，由领导办公会议审定；

（2）拟订会议计划必须贯彻精简会议的原则，各条线上的业务会议每年一般控制在二次以内。

2. 会议审批手续

会议除需列入计划外，还必须在会前履行审批手续。如全区中小学校长会议，每年开

1～2次,由领导办公会议决定;其他业务会议,根据会议计划由企业组织分管领导签署后报领导审批;全区性比赛活动,由领导审批;未列入计划但又确需召开的会议,由领导批准。

3. 会议经费管理

(1) 凡需要企业组织财务核拨经费的会议,会议经费按本企业组织的规定执行,同一类会议采用同一标准。

(2) 凡不需要企业组织财务核拨经费的会议,责任部门须严格执行会议计划和财务制度,把好经费使用关。

(3) 未经批准召开的会议,一律不安排会议经费,一律不予报销。

4. 会务管理

(1) 要贯彻精简、高效、节约的指导思想,按照"谁主办,谁负责,谁办会"的原则,尽量压缩会议时间、精简会议人员,应尽可能采用电视电话会议等快捷、节俭的会议形式,避免层层开会。

(2) 会议通知、会议议程、会议材料由主办部门负责草拟和印发,会议材料一般应于会前分送出席会议的领导。

(3) 会议食宿要按照批准的规模,严格控制食宿人员。

(4) 业务性会议的服务工作,如录音、录像、拍照等,由会议主办部门派专人负责。

五、会议管理流程

下面以某企业大型会议管理为例,说明会议管理流程。

1. 会前两个星期

(1) 综合管理部门召开内部全体会议,成立大型会议筹备小组。

(2) 会上明确会议目的,确定具体的召开时间与会议举办地点。

(3) 原则上,大型会议筹备小组组长由企业综合管理部门经理担任,分配具体工作。

会议筹备小组下设领导组、秘书组、材料组、宣传组。领导组负责制定工作进度表,由组长统一控制会议筹备进度;秘书组负责草拟会议通知,经审批后下发各部、中心,回收会议通知回执,根据各部、中心参会人员名单制作会场座位图等;材料组负责购置会场需要的会议设备及装饰物品,根据秘书组制作的会场座位图,制作与会人员的桌签;宣传组负责明确报道主旨,有针对性地进行会议前期的宣传报道。

2. 会前一个星期

(1) 综合管理部召开筹备小组碰头会,由各组的负责人汇报一周以来的筹备落实情况。

(2) 领导组根据工作进度表的执行情况,对四个组上周的筹备工作进行审核,并在本周内确定此次会议的会议议程,最终确定会议的各类分发材料,将定稿交于秘书组,根据与会人数进行印制。

(3) 秘书组开始着手准备会议材料,进行大规模的印刷装订工作,并制作会议签到本。

（4）材料组对会场内的音频、视频设备进行系统调试，力求在会议召开时达到最佳视听效果，对会场内座椅的摆放、横幅的挂钉、座签及一些装饰物品的摆放进行最后的确认，力求达到舒适美观的效果。

（5）宣传组继续对本次会议进行跟踪报道。

3. 会前 3 天

（1）会议筹备小组在组长的带领下，对会议的所有筹备工作进行验收；

（2）在验收过程中任何一个筹备环节出现了问题，由领导组迅速制定解决方案，其他各小组协力解决，确保会议按时正常的召开。

4. 与会当日

（1）会议筹备小组全体成员在会前 30 分钟到达会场，对各环节作最后确认，应对可能发生的突发情况。

（2）秘书组负责会场门前的接待工作，在会场入座率达 80％以上后，由秘书组出面安排与会领导集体入席。秘书组直接对与会领导负责，满足领导提出的要求。

（3）材料组对会中所使用的音频、视频设备进行实时监控，对与会人员直接负责，负责为有需要的与会人员提供纸张、铅笔、圆珠笔等会议工具，会议结束后的整理会场工作由材料组负责。

（4）宣传组负责整场会议的照片拍摄或电视摄像工作，会议结束后的三天内，完成本次大型会议的新闻报道的编写、投稿等工作。

5. 会后 3 天

在综合管理部内部例会上，对会议的筹备工作进行小结，查找筹备工作中出现的漏洞与不足。

六、会议活动策划与组织

要策划一场良好的会议活动，需要注意以下几个要点。

1. 需要做些什么

会议有各种类型，不同的会议需要不同的环境，召开会议是为了达到一定的目标。因此第一个重要步骤是收集方方面面的信息，通过收集这些信息可以制订出旨在完成手头众多工作的计划。

2. 谁来筹划会议

从秘书到公司总裁，每个人多多少少都可能会参与会议的筹划，只不过有的人是专职从事这项工作，有的人是兼任此职，此外还有其他职责。无论是专职还是兼职，最终目的都是为了会议能顺利完成。他们的工作效率代表着主办单位或公司的工作水平。会议筹划者要负责去做各种各样的工作。

在筹划会议时，最好向上司、会议主办人或会议主席描述一下会议的目的和要求达到的

结果,如果彼此意见相符,则可以作下一步的筹划。下面是16个需要筹划的方面:

(1) 预计召开会议的日期;

(2) 会议预计召开几天;

(3) 打算在什么地方召开会议;

(4) 会议的形式或程序是什么;

(5) 需要多大的场地;

(6) 将有多少人到会;

(7) 会议预算是多少;

(8) 打算选用什么级别的酒店和设施;

(9) 打算选用最高级别的房间标准是什么;

(10) 谁来制作会议邀请函;

(11) 会议是否需要向与会者打印相关资料;

(12) 会议的发言人有哪些;

(13) 会议需要什么样的视听设备;

(14) 需要食品、饮料的酒会、招待会有几次;

(15) 与会者是否可以带家属;

(16) 会议将要达到什么目标和效果,如何予以评价。

第五节　法律事务管理

一、现代企业制度与法律事务

现代企业制度主要包括企业法人制度、企业自负盈亏制度、出资者有限责任制度、科学的领导体制与组织管理制度。其具体内容如下。

(1) 企业资产具有明确的实物边界和价值边界,具有确定的出资者或出资者代表来行使所有者职能,切实承担起相应的出资者责任。

(2) 企业通常实行公司制,即有限责任公司或股份有限公司制度,按照《公司法》的要求,形成由股东代表大会、董事会、监事会和高级经理人员组成的既相互依赖又相互制衡的公司治理结构,并有效运转。

(3) 企业以生产经营为主要职能,有明确的赢利目标,各级管理人员和一般职工按经营业绩和劳动贡献获取收益,住房分配、养老、医疗及其他福利事业由市场、社会或政府机构承担。

(4) 企业具有合理的组织结构,在生产、销售、财务、研究开发、质量控制、劳动人事等方面形成了行之有效的企业内部管理机制和制度。

(5) 企业有着刚性的预算约束和合理的财务结构,可以通过收购、兼并、联合等方式谋求企业的扩展,企业在因经营不善而难以为继时,可通过破产、被兼并等方式寻求资产和其他生产要素的再配置。

随着我国市场经济的进一步发展和法律的日益完善,企业与法律的关系也将日益密切。由于企业法律事务工作具有预防、挽救、宣传教育等功能,因此,企业的法律事务工作做得越好,企业经营、管理人员和职工的法律意识越高,企业就越有可能正常、健康地发展,越可以避免许多的法律纠纷和相关经济损失;相反,企业越忽视法律事务工作,企业经营、管理人员的法律意识越低下,企业的法律纠纷就越多,经济损失也越大,甚至还会陷入一些不法之徒所设下的法律陷阱中。在建立现代企业制度的过程中,建立完备的法律防范机制也是其中的一个重要组成部分。

二、企业法律事务工作的内容与特点

1. 企业法律事务工作的内容

根据企业法律事务工作的难度和重要程度,企业法律事务工作大致可分为四个层次,各个不同的层次,对企业法律事务工作人员有着各不同的要求。

（1）一般法律事务性工作。如解答法律咨询,查阅法律资料,起草法律事务文书(包括诉讼状、答辩状、法律事务申请书),整理、搜集诉讼证据,办理诉讼过程中的签收、送达等。

（2）代表企业处理具体法律事务。如代理协商、谈判,代理调解纠纷,代理追讨债务,代理进行诉讼或仲裁,起草或审查企业经济合同和法律文件等。这是企业最主要的法律事务。

（3）参与企业经营管理活动,及时发现和预防企业法律纠纷,并予以避免或者化解,应对和处理企业突发事件,为企业顺利发展保驾护航。例如:就企业经营、管理中的有关法律问题,提供法律意见;参与起草、修改、审核企业章程、重要的规章制度及生产经营中重要的法律事务文书;指导、协助企业的合同管理工作,参加企业重大合同的谈判和起草工作;对企业领导和员工进行法律常识培训,提高公司领导和员工的法律意识等。

（4）协助企业领导人正确执行国家法律法规,参与企业重大经营决策的策划及运作,并提出法律意见,为企业决策者出谋划策、排忧解难,等等。例如,是否要进行诉讼,诉讼请求如何确定,是否同意调解,有关重大决策如何操作才合法,怎样既不违法又能达到企业的目的,等等。

2. 企业法律事务工作的特点

企业法律事务工作自身必然有着不同于国家司法机关的特点。

（1）企业法律事务工作的内容主要体现在以下三个方面。①企业领导在重大决策过程中的法律事务。包括企业的设立,投资项目的选择、谈判,重大经济合同的签订,企业的改制、上市,企业重大问题、突发问题的处理等。主要涉及企业法、投资法、公司法、合同法、金融法等内容。②企业经营、管理过程中的法律事务。如企业规章制度的制定、劳动人事的管理、经济合同的管理、金融税收的处理等,均不同程度地涉及相关的法律问题。③各种经济、民事纠纷过程中的法律事务。除经济、民事纠纷所涉及的有关经济、民事法律问题外,还有关于仲裁、诉讼、执行等方面的程序性法律问题。

（2）企业法律事务工作不享有任何的执法权力,而是着重于知法守法,防止发生法律冲突,依法维护企业的合法权益。

（3）企业法律事务工作主要以预防为主，以避免发生法律纠纷为目标，其次才是依法解决、处理已发生的法律纠纷。

（4）企业法律事务工作涉及面广，涉及的部门、人员较多，涉及的工作内容复杂，往往处于配角地位，带有服务性质，所以要求企业法律事务工作人员除必须掌握全面的法律知识外，还必须有高度的服务意识以及良好的协作精神、奉献精神。

三、企业法律顾问

企业法律顾问是指经全国统一考试合格，取得企业法律顾问执业资格证书并注册登记，专职从事企业法律事务工作的人员。企业也可与律师事务所签订法律顾问合同，由律师事务所指派执业律师担任企业的法律顾问。

企业法律顾问分为企业专职法律顾问和聘请的法律顾问。前者是劳动关系，后者是合同关系。专职法律顾问又分为通过国家法律顾问资格考试在企业专职担任法律顾问工作的企业法律顾问和通过司法考试的执业律师接受企业聘用成为公司专职律师的企业法律顾问，专职公司律师不再从事除受聘公司以外的其他法律服务业务。聘请的法律顾问是指企业与律师事务所签订法律顾问合同，律师事务所指派或者企业指定律师从事企业法律顾问工作的执业律师，这类企业法律顾问可以从事其他法律服务业务。

1997年3月，人事部、国家经贸委、司法部发布《关于印发〈企业法律顾问执业资格制度暂行规定〉及〈企业法律顾问执业资格考试实施办法〉的通知》，国家开始实施企业法律顾问执业资格制度。2002年3月，人事部发布《关于调整企业法律顾问执业资格考试有关规定的通知》，对原有考试管理办法进行了修订。考试工作由人事部、国家经贸委共同负责，日常工作委托国家经贸委经济法规司承担，具体考务工作委托人事部人事考试中心组织实施。

一般来说，企业法律顾问的工作内容有：

（1）制定并审核公司的法律文件，包括各类合同、协议；

（2）为公司人员提供法律咨询指导，协助公司人员解决法律问题；

（3）参与公司经营决策，依法提出法律意见；

（4）组织做好公司知识产权管理、工商事务、仲裁诉讼等方面的法律事务工作；

（5）对公司业务进行法律监督，保证公司商业行为的合理、合法性；

（6）协助公司相关人员和有关部门就业务相关法律问题进行协商。

四、企业经济纠纷的处理

解决企业经济纠纷的途径和方法，主要有以下几种。

1. 协商解决

这是在争议发生后，当事人双方在自愿互谅的基础上，都做出一定的让步，在彼此都可以接受的基础上，达成和解协议，并自行协商解决所发生的争议的一种方法。协商解决方法运用的前提条件是发生纠纷的当事人之间团结协作基础较好，而且争议的标的不是很大，所发生的矛盾也不是很深，只要当事人在分清责任的基础上本着互谅互让的原则是能够解决的。因此，协商解决不失为解决企业经济纠纷的一个重要途径和方法。

2. 调解解决

这是企业经济纠纷发生时，当事人双方经协商无效或者不愿意协商解决的，由第三人主持并从中调停排解，在双方互谅互让的基础上解决经济纠纷的一种方法。企业经济纠纷调解可分为司法调解、行政调解和民间调解三类。司法调解，也称为诉讼调解，通常人民法院或仲裁机构在诉讼或仲裁纠纷案件过程中所进行的调解，如调解不成就可以进行判决或裁决。行政调解是政府主管机关出面对企业经济纠纷进行调解。民间调解通常是由律师或者第三人出面从中进行调解。后两种调解应属非诉讼调解。但不管是哪一种调解，若调解成功，当事人达成和解协议，并形成调解书，当事人之间即产生合同上的效力。

3. 仲裁解决

仲裁也称"公断"，是指双方当事人自愿达成仲裁协议，将其发所发生的企业经济纠纷提交仲裁机构依法居中裁决的一种解决方法。仲裁虽属民间性质，但其裁决具有法律强制效力，当事人必须自觉执行，其仲裁提起须由双方事前或纠纷发生后订有仲裁协议，并且仲裁机构所做的仲裁实行一裁终局制度，使仲裁解决具有区别于诉讼及其他解决方法的特色。我国现阶段的仲裁主要有各省、自治区所在地的市以及具备条件的区、市设立的中国国际经济贸易仲裁委员会的涉外仲裁和劳动争议仲裁委员会的劳动争议仲裁两种。

4. 诉讼解决

这是指发生经济纠纷的当事人双方没有达成仲裁协议，而将纠纷提请人民法院依照诉讼程序做出对当事人具有法律效力的判决的一种解决方法。诉讼解决必须由人民法院依照审判程序做出，经济纠纷依民事诉讼程序进行，行政纠纷依照行政诉讼程序进行，行政赔偿或司法赔偿申请依国家赔偿法规定的程序进行。

第六节　商务公关管理

一、商务公关管理的含义

一般来说，商务公关管理中的商务是指商务礼仪，是商务人员与客户交往的行为规范。礼仪是一门综合性较强的行为科学，是指在人际交往中，自始至终地以一定的、约定俗成的程序、方式来表现的律己、敬人的完整行为。由于地区和历史的原因，各地区、各民族对于礼仪的认识各有差异。在长期的国际往来中，逐步形成了外事礼仪规范，也叫涉外礼仪。除此之外，还包括商务谈判。

而公关的内涵则更为丰富。公共关系是一个组织为了达到一种特定目标，在组织内外部员工之间、组织之间建立起一种良好关系。它是一种有意识的管理活动。组织中的一种良好的公共关系的建立需要良好的公共关系活动的策划来实施和实现。

在了解商务公关管理的内涵后，可以给出公关的定义：公关是社会组织为了生存和发展，通过传播沟通、塑造形象、平衡利益、协调关系来优化社会心理环境、影响公众的科学与艺术。

商务公关管理是指对商务礼仪与公关礼仪进行的管理活动。

二、商务公关管理的功能

对商务公关进行管理,主要是因为它有如下几大功能。

1. 对组织的直接功能

1) 树立组织形象

组织形象是组织的无形资产,它对于激励士气、营造和谐的组织环境有着非常重要的作用。而企业的公共关系活动可以帮助企业树立并维持一种良好的组织形象,推动企业的发展。

2) 协调关系网络

组织内部关系是组织赖以生存和发展的基础,而外部关系也对组织发展起着重要作用。协调企业内部关系可以增强组织的凝聚力;协调企业外部关系可以建立和谐的外部环境,协调外部关系,为建立和维持良好的组织形象提供条件。在协调各方关系的过程中,企业首先要处理好各类直接的业务往来关系;其次,要妥善处理好组织与各种权力制约部门之间的关系;此外,还要主动建立和发展各种非专业性的社会关系。

2. 对个人和社会的间接功能

(1) 提高个人素质。公共关系促使个人更新观念,帮助个人树立注重个人形象、尊重他人与交往合作等正确观念。

(2) 提高个人能力。公共关系有助于个人能力的提高,包括创造能力的提高、交际能力的提高、自我调节能力的提高。

(3) 优化社会环境。企业公共关系能够优化社会互动环境。社会互动是指社会的横向发展,指社会上人与人、群体与群体之间的交往和相互作用,主要通过以下三点来实现:沟通社会信息,协调社会行为,净化社会风气。

(4) 优化社会心理环境。

三、商务公关管理的原则

一般来说,商务公关管理应该遵循以下十大原则。

1. 符合时代精神

公关活动的主题应与社会大环境相适应,紧跟时代发展步伐,符合时代精神,与时俱进,符合当前的国际国内形势。

2. 遵守国家法律法规

公关活动的内容应当遵守国家的法律法规。违反国家法律法规的公关活动寸步难行,即使得到实施,也可能事与愿违,无法达到预期的效果。

3. 遵守社会公德

公关活动的内容应符合社会公德。违背社会公德的公关活动势必会引起人们的非议,遭到社会舆论的谴责,对企业形象和产品造成负面影响,从而影响企业的声誉,与公关活动的初衷背道而驰。

4．有利于社会精神文明建设

精神文明建设是各级政府都极为重视的一项重要工作。只要有利于社会精神文明建设,各级政府都会积极支持,给予尽可能多的帮助。公关活动如果能得到政府支持,活动的效果通常会事半功倍,取得良好的效果。

5．具有新闻炒作性

公关活动的主要目的是扩大企业知名度和产品知名度,媒体的参与不可或缺。这就要求公关活动在策划时必须有所创新、敢于突破,公关活动的主题和内容要有新意。创意新颖、内容独特的公关活动才具有新闻炒作性,才有新闻报道价值,才能吸引受众的注意力。

6．可操作性

公关活动不能脱离社会现实。策划时一定要考虑国情、民情和民风,充分考虑操作中可能会遇到的种种困难,制定好相应的应对措施。与政府部门或权威部门合作可以大大降低操作难度,提高活动成功率。

7．可延续性

市场开发和维护是一项长期而艰巨的工程,不可能一蹴而就。一次公关活动即使很成功、很有轰动性,其影响也是有限的,远远不能满足市场的需要。因此,公关活动在策划时一定要注意连续性。在主题统一的前提下,几个甚至十几个公关活动接连不断、环环相扣、承前启后,能对市场形成一波接一波的冲击。

8．紧扣产品内涵

公关活动应与产品宣传相结合。公关活动的主题和内容应与企业文化理念、产品内涵、产品特点密切相关。公关活动的参与对象也应与产品的目标人群基本相符,这样才具有说服力,才能获得大众的认可。

9．提升企业形象

提升企业形象是举办公关活动的主要目的之一。正面的、积极的、与时俱进的、符合时代精神的、遵守国家法律和社会公德的、有利于社会物质文明和精神文明建设的公关活动可以迅速提升企业形象,扩大影响,树立良好的口碑。有损企业形象的公关活动无疑是搬起石头砸自己的脚,甚至会因此使企业名誉扫地、一蹶不振。

10．促进产品销售

企业经营的主要目的是销售产品、获取利润,公关活动的目的同样如此。如果公关活动对企业形象没有正面的提升,对产品销售没有明显的促进作用,即使社会影响巨大也不能算是成功的公关活动。

四、商务谈判活动的策略与实施

商务谈判策略是谈判实践的经验概括,它规定着谈判者在一种能预见和可能发生的情况下应该做什么、不能做什么。

1. 不同阶段的谈判策略

谈判可分为三个阶段,即开局阶段、报价还价阶段和达成协议阶段。谈判在不同的阶段,所采取的策略是不同的。

1) 开局阶段的谈判策略

开局,是谈判双方正式接触、相互观察的阶段。双方的言行、表情、气度甚至衣着打扮都会对整个谈判产生一定的影响。

2) 报价还价阶段的谈判策略

报价还价阶段的谈判策略可分为报价策略和还价策略。

3) 达成协议阶段的谈判策略

达成协议阶段是指通过中间阶段的报价还价,取得一致意见后,进入成交的阶段,也是谈判的关键阶段。该阶段的主要任务是促成签约。谈判的结果,只有签订合同才有实际意义。所以,谈判者为达成协议、促成签约必须采取一定的策略。一般有期限策略、优惠劝导策略、行动策略、主动提示细节策略等。

谈判中一方主动向对方提出协议或合同中的某些具体条款的签订问题,比如,商谈验收的地点、时间、方式和技术参数等,以此来促成签约。

2. 不同地位的谈判策略

谈判者在谈判中所处的地位不同,采取的策略也不一样。谈判中的地位可分为三种:平等地位、被动地位和主动地位。由此谈判策略也分为三类:平等地位的谈判策略、被动地位的谈判策略和主动地位的谈判策略。

1) 平等地位的谈判策略

首先要建立一种和谐的谈判气氛,然后双方才能融洽地进行谈判。除了采取创造和谐气氛策略和察言观色策略之外,还可以采用避免争论策略、抛砖引玉策略、留有余地策略、避实就虚策略等。

2) 被动地位的谈判策略

被动方应避其锋芒,设法改变谈判的力量对比,保护自己,以达到维护己方利益的目的。其具体策略有沉默策略、忍耐策略、多听少讲策略、情感沟通策略等。

3) 主动地位的谈判策略

处于主动地位的谈判者,可以利用自己的优势给对方造成压力,迫使对方让步,以使自己谋取最大利益。

3. 买方卖方的谈判策略

(1) 买方在卖方市场条件下的谈判策略。买方的策略要集中在货源、数量、到货时间和商品质量上。

(2) 卖方在买方市场条件下的谈判策略。在买方市场条件下,卖方进行谈判的难度很大。不仅要求卖方谈判者具有较强的谈判能力,而且要具有正确的谈判策略:引起兴趣策略、优惠政策策略、轰动效应策略、欲擒故纵策略等。

（3）对付不同对手的谈判策略。谈判者由于文化、修养、性格及经历的不同,往往会表现出不同的谈判风格和特点。这就要求谈判者根据谈判对手的不同风格采取相应的策略。

第七节　办公信息化管理

一、办公信息化管理及其对企业的影响

信息化是指培养、发展以计算机为主的智能化工具作为代表的新型生产力,使之造福于社会的过程。智能化工具又称信息化的生产工具,它一般必须具备信息获取、信息传递、信息处理、信息再生、信息利用的功能。与智能化工具相适应的生产力,称为信息化生产力。智能化生产工具与传统生产力中的生产工具的不同之处在于,它不是一种孤立、分散的东西,而是一个具有庞大规模的、自上而下的、有组织的信息网络体系。这种网络性生产工具将改变人们的生产方式、工作方式、学习方式、交往方式、生活方式、思维方式等,使人类社会发生极其深刻的变化。

信息管理学领域,对信息化的定义为:信息化是指在现代信息技术广泛普及的基础之上,社会和经济的各个方面发生深刻的变革,通过提高信息资源的管理和利用水平,使各种社会活动的功能和效率得以大幅提高,从而达到人类社会的新的物质和精神文明水平的过程。办公信息化是指对办公室的各项工作实施信息化。

办公信息化管理对企业的影响一般有以下几点。

1. 产品价值方面

在生产环节,ERP(企业资源计划)系统能根据顾客的需求制订销售运作计划,进而编制主生产计划,最后得出物料和能力需求计划,这增强了需求的准确性和可控性。

2. 科技价值方面

信息化是将信息技术、信息产品和企业管理流程相结合的一种过程,实际上是高科技产品在企业中的应用。在实际使用的过程中,高科技产品本身的价值转移到企业价值中去。一方面,信息化可以提高企业分工的专业化程度。在企业内部建立生产系统、财务系统、营销系统,实时、集中地获得全方位的信息支持,可以辅助企业决策、引导企业运作。同时各系统的管理人员通过跨部门的信息分析,从更高层次对本系统进行管理,可以提高管理的有效性和劳动生产率。另一方面,信息化可以促进企业人力资源变革,通过网络技术使员工共享企业信息,使各层级间交流顺畅,充分发挥员工的创造性、开拓性和应变性,实现组织的持续创新,提升企业的智力资本,提高产品的人文和科技含量,并将创新成果转化成经营收入和其他类型的价值,最终实现企业价值的增值。

3. 资产价值方面

经济效益可以说是企业价值增值的最直接表现。企业通过信息系统的财务模块,能够合理改造应收应付账款的业务流程,使其在应付账款使用上的成本效益变得更大,既能保证留住企业的重要客户,又能增强企业的信誉。

4．潜在价值方面

就目前而言,对于企业潜在价值很难有一个统一的量化标准,即便对于单个企业也是如此,因此,可采用定性的方法将其与产品价值、科技价值、资产价值相结合来进行考察和评价。

二、办公信息化管理的内容

信息化组织是指为了完成企业信息化建设这个目标而进行的机构和人员方面的配置与安排,主要包括设置管理机构、配备相关人员、选择承包商三个方面的内容。而办公信息化也是如此。

1．管理机构的设置

要搞好企业信息化建设管理,必须设置相关管理机构来统领企业的信息化建设。霍国庆曾对我国社会经济发展较快和较均衡的长江三角洲地区的大约 60 个企业进行了采访调研,共得到了 27 份有效采访问卷。根据统计数据显示,在企业信息化过程中,33.3％的企业设有信息化领导小组,25.9％的企业设有信息主管(CIO),22.2％的企业的信息化的主管领导由总裁(CEO)担任。由此可见,企业对信息化管理机构还是比较重视的。信息化建设任务重、目标高的大型企业,可将企业信息化管理机构作为企业的二级机构来设置,由企业"一把手"或高层副职领导,以提高信息化管理机构的调控能力;对于信息化建设任务不重、要求较低的小型企业,可将信息化管理机构作为企业的三级机构,由企业办公室或其他职能部门领导。

2．人员的配备

人员的配备包括管理人员、技术人员、财务人员等的配备。企业信息化的领导者必须由具有 IT 知识、项目管理知识、一般管理知识的全能型人才来担当,这是必要条件。优秀的 CIO 是通过构建团队来实现梦想的。CIO 确定后,可以由 CIO 来选拔和召集企业信息化建设及其管理所需要的其他人才,从而组成企业信息化项目团队。其他人才可以从企业内部各部门抽调,也可以从企业外招聘。

3．承包商的选择

对于采用外包方式进行信息化建设的企业,信息化的组织还包括对承包商的选择。要选择优秀的承包商,首先必须对承包商进行以下几个方面的评价。

(1)承包商的业界经验。主要考量承包商是否有为业内相关的企业提供过类似的服务,如果承包商有过为同行提供优秀服务并取得成功的经历,则可以将其作为选择的对象。

(2)承包商的信誉。对一个有过不当的毁约历史的承包商,企业一定要慎重考虑是否将其纳入合作对象的范围。

(3)承包商的专业能力。包括承包商的人力、物力和财力以及承包商的创新和应变能力。

（4）承包商所要费用的高低。在同等质量的条件下，承包商所要的费用越低越好。从目前来看，选择承包商的方法有两种：一种是直接磋商的方式，另一种是招标的方式。

三、办公自动化管理系统层次与组成

一般来说，我们可以把办公自动化（OA）系统分为下列三个层次：事务型 OA 系统、管理型 OA 系统和决策型 OA 系统。一体化的 OA 系统的含义是利用现代化的计算机网络通信系统把三个层次的 OA 系统集合成一个完整的 OA 系统，避免出现"信息孤岛"，使办公信息的流通更为合理，减少许多不必要的重复输入信息的环节，以期提高整个办公系统的效率。一体化、网络化的 OA 系统的优点是，不仅在本单位内可以使办公信息的运转更为紧凑有效，而且有利于和外界的信息沟通，使信息通信的范围更广，能更方便、快捷地建立远距离的办公机构间的信息沟通，并且有可能融入世界范围内的信息资源共享。

（1）事务型 OA 系统。这个层次只限于单机或简单的小型局域网上的文字处理、电子表格、数据库等辅助工具的应用，一般称之为事务型办公自动化系统。在事务型 OA 系统中，最为普遍的应用有文字处理、电子排版、电子表格处理、文件收发、电子文档管理、办公日程管理、人事管理、财务统计、报表处理、个人数据库等。这些常用的办公事务处理的应用可做成应用软件包，包内的不同应用程序之间可以互相调用或共享数据，以便提高办公事务处理的效率。这种应用软件包应具有通用性，以便扩大应用范围、提高利用价值。此外，在办公事务处理级上可以使用多种 OA 子系统，如电子出版系统、电子文档管理系统、智能化的中文检索系统、光学汉字识别系统、汉语语音识别系统等。在公用服务业、公司等经营业务方面，使用计算机替代人工处理的工作日益增多，如订票、售票系统，柜台或窗口系统，银行业的储蓄业务系统等。事务型 OA 系统的功能是处理日常的办公业务，是直接面向办公人员的。为了提高办公效率，改进办公质量，适应人们的办公习惯，应提供良好的办公操作环境。

（2）管理型 OA 系统。随着信息利用重要性的不断增强，在办公系统中，对和本单位的运营目标关系密切的综合信息的需求日益增加。信息管理型的办公系统是将事务型办公系统和综合数据库紧密结合的一种一体化的办公信息处理系统。综合数据库存放该单位日常工作所必需的信息。例如，在政府机关，综合数据库包括政策、法令、法规以及有关上级政府和下属机构的公文、信函等政务信息；一些公用服务事业单位的综合数据库包括与服务项目有关的所有综合信息；公司制企业的综合数据库包括工商法规、经营计划、市场动态、供销业务、库存统计、用户信息等。现代化的政府机关或企事业单位，为了优化日常工作，提高办公效率和质量，必须具备供本单位的各个部门共享的综合数据库。综合数据库应建立在事务型 OA 系统的基础之上，构成管理型 OA 系统。

（3）决策型 OA 系统。它建立在管理型 OA 系统的基础之上。它使用由综合数据库系统所提供的信息，针对需要做出决策的课题构造或选用决策数字模型，结合有关内部和外部的条件，由计算机执行决策程序，做出相应的决策。随着三大核心支柱技术——网络

通信技术、计算机技术和数据库技术的成熟,世界范围的 OA 系统已进入到新的层次。在新的层次中,OA 系统有以下四个新的特点。

① 集成化。软硬件及网络产品的集成,人与系统的集成,单一办公系统同社会公众信息系统的集成,组成了"无缝集成"的开放式系统。

② 智能化。面向日常事务处理,辅助人们完成智能性劳动,例如,汉字识别,对公文内容的理解和深层处理,辅助决策及意外处理等。

③ 多媒体化。包括对数字、文字、图像、声音和动画的综合处理。

④ 运用电子数据交换(EDI)系统。

四、办公自动化管理系统的优化

对于办公自动化管理系统,可从以下几个方面进行优化。

(1)多种方法,适当选择。流程的问题来自两个方面:顾客期望和内部人员满意度。这两个方面所形成的问题,需要根据下列步骤进行分析并加以解决:①流程的目的是什么,是否需要这个流程;②流程的客户是谁,怎样才算满足了客户的要求;③流程的成功标准是什么,怎样更好地达到这些标准;④流程有哪些阶段,是否可以简化;⑤流程的风险是什么,如何控制这些风险;⑥流程经过的部门有哪些,怎样才能更好地提高效率;⑦如何有效运用新的科技工具来增加新流程的效率。

(2)注意开展与流程有关的配套改革。流程的梳理、改进和优化是一项非常复杂的系统工程。许多流程的改动都会引起对与企业管理有关的其他方面的重新审视,企业必须在组织架构、人力资源、企业策略等方面进行相关的改动以配合流程的变化。一般变革管理需要八个步骤来保证流程管理转变的完成,其内容大致如下:树立变革的紧迫感,建立变革的指导团队,充分沟通,对变革进行充分授权,明确变革的短期成效,抓住变革的关键时机不放松,有效巩固变革的成果。

(3)注意流程的配套检查。企业在发展,流程也在不断变化和发展。流程的改进和优化是一个持续的过程,因此需要采取一系列配套检查措施,以保证流程得到持续有效的改进和优化。为了保证从原有的流程顺利过渡到改进后的流程,企业内部要建立健全流程管理体系;同时,还要开展相关的流程管理培训和采取有效的激励措施,在整个企业内部形成流程文化。

本章小结

本章主要介绍企业日常行政事务管理知识。办公室是各类组织单位内设立的办理行政性事务的办事机构,是设在领导身边、直接为领导服务的综合部门,是沟通上下,联系左右的桥梁和枢纽,是领导工作的辅助性机构。文书档案是反映党务、行政管理等活动的档案。它记录了一个社会组织所从事的各类管理活动,如党群管理、财务管理、人事管理、业务管理等。印章是印和章的合称,它代表的是信物。在古代,帝王所用的印章称为"玺",

官吏使用的印章称为"官印"，而私人使用的印章则称为"私印"。在现代社会，各级国家机关、社会团体、企事业单位用的印章都称为"印"。会议是解决问题的手段之一，是领导工作的一种重要方式。现代企业制度是指以完善的企业法人制度为基础，以有限责任制度为保证，以公司制企业为主要形式，以产权清晰、权责明确、政企分开、管理科学为条件的新型企业制度。商务公关管理中的商务，是指商务礼仪，是商务人员与客户交往的行为规范。公共关系是指一个组织为了达到一种特定目标，在组织内外部员工之间、组织之间建立起一种良好关系的科学。信息化是指培养、发展以计算机为主的智能化工具作为代表的新型生产力，并使之造福于社会的过程。

本章练习

一、判断题

1. 不论党政机关还是企事业单位，大大小小的社会组织中只有少数单位可以没有办公室这一机构设置。（　　）

2. 调查研究既是办公室的一项基础工作，又是办公室管理的重要方法。（　　）

3. 管理的艺术性就是强调其实践性，没有实践则无所谓艺术。（　　）

4. 机关、企事业单位的工作落实关键要靠办公室，而办公室工作的好坏则取决于办公室人员。（　　）

5. 思想教育是凭借真理和科学的力量，运用精神观念的宣传方式，对办公室成员的思想认识、情感和行动产生影响和作用的一种管理方法。（　　）

6. 办公自动化系统管理，对自动化设备的功能与日常管理就足够了。（　　）

7. 管理者只有根据管理基本理论和基本方法，密切结合实际，根据实际情况的变化运用自身的才智和丰富的实践经验，才能取得良好的管理效果。（　　）

8. 公司印章是公务活动的代表。作为社会交往尤其是经济交往主体的各级各类单位，其一切公务活动都无不与公司印章的管理与使用密切相关。（　　）

9. 会议是解决问题的手段之一，是领导工作的一种重要方式。同时也意味着会议是解决问题的唯一途径，是领导工作的唯一方式。（　　）

10. 新型企业制度，其主要内容包括企业法人制度、企业自负盈亏制度、出资者有限责任制度、科学的领导体制与组织管理制度。（　　）

二、单项选择题

1. 下面哪项不是办公室管理需要发挥的作用？（　　）

A. 领导的参谋和助手作用　　　　B. 承上启下和协调工作的作用

C. 单位的窗口和门面作用　　　　D. 监督控制作用

2. 现代企业制度的基础是（　　）。

A. 企业法人制度　　　　B. 有限责任制度

C. 公司企业　　　　D. 权责明确

3. 现代企业制度的保证是（　　）。

    A. 企业法人制度　　　　　　　　B. 有限责任制度

    C. 公司企业　　　　　　　　　　D. 权责明确

4. 商务公关管理，就是指对（　　）与公关礼仪进行管理。

    A. 商务礼仪　　　　　　　　　　B. 市场礼仪

    C. 政治礼仪　　　　　　　　　　D. 企业礼仪

5. 信息化是以（　　）为代表的新生产力。

    A. 网络　　　　　　　　　　　　B. 机械装置

    C. 纳米技术　　　　　　　　　　D. 计算机为主的智能化工具

三、多项选择题

1. 办公室组织的功能有（　　）。

    A. 参谋与助手功能　　　　　　　B. 枢纽与心脏功能

    C. 协调与沟通功能　　　　　　　D. 窗口与管家功能

2. 办公室工作的管理方法有（　　）。

    A. 调查研究法　　　　　　　　　B. 弹钢琴法

    C. 问卷法　　　　　　　　　　　D. 信息技术法

3. 印章的功能有（　　）。

    A. 权威功能　　　　　　　　　　B. 凭证功能

    C. 标志功能　　　　　　　　　　D. 演示功能

4. 达成协议阶段的策略有（　　）。

    A. 期限策略　　　　　　　　　　B. 优惠劝导策略

    C. 行动策略　　　　　　　　　　D. 主动提示细节策略

5. 办公信息化管理对企业的影响一般来说有（　　）。

    A. 产品价值方面　　　　　　　　B. 科技价值方面

    C. 资产价值方面　　　　　　　　D. 潜在价值方面

四、问答题

1. 办公室的地位是什么？

2. 办公室人员的管理方法有哪些？

3. 为什么说办公室管理既是科学又是艺术？

4. 管理的重要性主要表现在哪些方面？

5. 档案管理的主要环节有哪些？

五、案例分析题

宝钢的信息化建设

    宝钢产、销、研综合信息管理系统在前期阶段引进外援合作开发。在基础设施建设方面，宝钢顺利建成了企业主干网，该网采用当时最先进的 ATM 技术，带宽为 155 兆。该网络与宝钢二期 TDM 主干网彼此融合，覆盖宝钢 19 平方千米的厂区，并延伸到宝钢大厦、宝钢教委和驻外机构，成为支撑宝钢业务运作的信息高速公路。已建成并运行的三个相对独立的局域网,都与宝钢股份公司主干网实现互联互通,是宝钢管理信息系统进一步发展的物质基础。

自 1998 年 11 月,上海地区钢铁企业实现大联合,组建新的上海宝钢集团公司以来,宝钢已扩展成特大型的钢铁企业集团。集团联合后,宝钢股份拟继续以信息化的手段提升其信息化效益。今年宝钢股份在重点推进 ERP 系统的建设和完善,开发用户档案信息系统,提升为客户服务的技术含量的同时,推进供应链(SCM)管理的研究和开发,计划在今后几年内,通过实施企业系统创新(ESI)工程,按照 ERP 的理念对业务流程进行优化、创新和再造,并完善相应的系统功能,把宝钢股份建成一个以客户为中心的、快速反应、高效运作的企业。为此,宝钢股份成立了企业系统创新部,负责策划、组织实施 ESI 工程。他们通过对宝钢股份现有信息系统的运行状况的剖析,按照 ESI 工程系统目标的要求,对宝钢股份业务流程实施彻底的重组再造,提出全新的业务流程再造方案,重建组织,并将现有的产、销、研综合信息管理系统扩容、升级为相应的管理计算机信息系统。

宝钢属连续流程类制造企业,在企业发展前期一定是走引进、消化、吸收和创新的道路,应用信息技术改革工艺和设备,逐步实现管控一体化。在取得成功后,推进企业综合管理信息化建设,达到企业产品上档次、企业管理规范化、企业生产规模化的目标。

根据上述案例,解答以下问题(单项选择)。

1. 从该案例来看,信息化是以( )为代表的新生产力。

    A.网络   B.机械装置

    C.纳米技术   D.以计算机为主的智能化工具

2. 完整的 OA 系统构成中的三个功能层次中,不包括( )。

    A.OA 系统   B.信息管理级 OA 系统

    C.决策支持级 OA 系统   D.战略级 OA 系统

3. 第一个层次 OA(办公自动化)技术是指( )。

    A.只限于单机或简单的小型局域网   B.区域网 OA 系统

    C.跨企业 OA 系统   D.跨国家 OA 系统

4. 信息化组织主要包括三个方面的内容,以下不属此列的是( )。

    A.建立管理机构   B.配备相关人员

    C.选择承包商   D.选择物流公司

第十一章　企业后勤事务管理

学习目标

通过本章的学习,应了解企业后勤保障、企业后勤服务以及企业环境卫生管理的含义等基本知识;掌握企业后勤事务管理的基本原理和方法;理解企业后勤事务知识的整体框架,懂得如何提高后勤管理与后勤服务工作的效率。

案例引导

惠普的支持服务中心对企业客户后勤保障的价值

惠普在全球十几个国家建立了支持服务中心。在亚洲,印度和中国的支持服务中心不仅规模最大,功能也最齐全:该支持服务中心不仅要为惠普全球的业务部门提供软件开发方面的支持,还要提供诸如呼叫中心(call center)、业务流程外包(BPO)、IT基础设施管理等方面的支持。近年来,惠普拿到了不少IT服务大单。比如,2003年4月,惠普与日用消费品巨头宝洁公司签订了为期10年、价值30亿美元的IT外包合同,惠普为宝洁在全球160个国家的运营提供IT基础设施管理、数据中心运营、终端用户支持、网络管理、应用开发和维护支持服务。

但是,IT服务是人力和智力密集的产业,将所有的后台支持中心都建在人力成本昂贵的发达国家将是不可想象的,也与惠普"高科技、低成本、最佳全面客户体验"的战略相悖。因此,包括IBM、飞利浦、惠普等在内的众多欧美巨头正义无反顾地将大量的软件开发和IT服务工作转移到人力成本较低的发展中国家。"过去一讲到IT外包中心,大家一定会首先想到印度而不是中国。但是,再过5年时间,你可能第一个想到的就不是印度而是中国了。"惠普(大连)全球运营中心总经理陈生说。目前,陈生已经有了将近1000人的队伍,并且人员规模还在急剧膨胀。

与惠普在上海的GDCC专注于软件开发业务有所不同,大连的全球运营中心是各种后台支持部门掺杂在一起的混合体。惠普这一团队正在不断地成长,这些都与惠普在软件服务行业的快速增长和加速外包密切相关。前不久公布的惠普第二财季报告显示,惠普的软件服务业务获得了14%～23%的高速增长,而传统的个人信息系统以及打印和成像部门的增长率均未超过6％。

（资料来源：http://www.17hr.com）

【启示】

惠普在全球十几个国家建立的支持服务中心，不仅要为惠普全球的业务部门提供软件开发支持，还要提供诸如呼叫中心（call center）、业务流程外包（BPO）、IT基础设施管理等方面的支持。这正是企业客户后勤保障所必需的要素。后勤是企业正常进行生产的必要保证，对于企业具有十分关键的作用，这也是惠普赢得客户的重要原因之一。

第一节　企业后勤保障

一、企业后勤保障概述

后勤保障的原意是对军队组织实施物资经费供应、医疗救护、装备维修、交通运输等各项专业勤务保障的总称。随着科学技术突飞猛进和现代工业快速发展，武器装备的科研和生产能力也随之提高，各种先进武器不断出现，给战争带来规模扩大、战场广阔、物资消耗巨大、装备损坏与人员伤亡率提高的特点。因此，战争对后勤的依赖性越来越大，后勤保障越来越成为影响军队战斗力的重要因素。

现在，"后勤"一词的含义逐步扩大，并已被民间广泛使用，人们把不直接从事生产、经营、文教、科研等活动的部门和工作称为后勤。"机关后勤""企业后勤""学校后勤""科研后勤"等提法纷纷出现。后勤已成为服务性部门和职业的代名词。但毋庸置疑的是，"后勤"一词的第一义项，是军事概念和军事术语。这是因为后勤的概念来源于战争，其后随军事理论的发展而发展。

纵观世界军事后勤的历史和现状，对于后勤的理解至少应包括以下内容：

（1）人员、物资（包括财力）、设施构成后勤的本体；

（2）补给、运输、维修、卫生勤务及其他勤务是后勤职能的表现；

（3）组织、计划、协调、执行、监督构成后勤的工作过程；

（4）国民经济是后勤的基础，国民经济与后勤是一种源和流的关系。

只有从上述几个侧面及其相互结合来理解后勤的本质意义，才能把握后勤这一概念的内涵和外延。"任何理论首先必须澄清杂乱的、可以说是混淆不清的概念和观念。只有对名称和概念有了共同的理解，才可能清楚而顺利地研究问题，才能同读者常常站在同一立足点上。如果不精确地确定它们的概念，就不可能透彻地理解它们的内在规律和相互关系"。这是克劳塞维茨在《战争论》的开篇所写下的一段话。

对于后勤的概念，无论在过去还是现在，无论在中国还是外国，人们都能有一个大体相通的共识，这是人们进行社会交流的首要前提。但是，还必须看到这种"大体相通的共识"的内部还有许多差异，有些甚至是严重的分歧。因此，对概念做出准确的解释是进行学术研究的一项经常性课题。

自从"后勤"一词（包括其他语言中的对应词语）被赋予现代的含义以来，学界一直在推敲它的定义,但至今仍在争论不休,尚未找到一个相对能为大多数人认可的说法。这主要是因为,人们对后勤一词的使用还不够确定,对后勤本质属性的看法还不够一致。在后勤一词的使用方面,不规范的简化用法和随意的口语用法较多,因而显得含义广泛而理解起来常生歧义。

在对后勤本质属性的认识方面,目前主要有以下三种观点:

(1) 后勤是一种工作(或活动);

(2) 后勤是一个组织(或机构);

(3) 后勤是工作和组织的统称。

综上所述,企业后勤保障可以理解为企业组织实施物资供应、经费保障、医疗救护、设备维修、交通运输、房产设施等各项专业勤务保障的总称。企业后勤保障主要包括经费、医疗、设备、交通、房产五个方面。后勤保障解决了企业运作最基本的问题,没有后勤保障,企业是没有办法生存和发展的。

二、企业后勤保障的功能

一般来说,企业后勤保障是有以下几种功能。

1. 企业后勤保障工作具有广泛的支持功能

企业是综合性机构,担负着日常的业务和行政工作。而要搞好内容繁杂、头绪众多的政务及行政工作,就要依靠后勤环节提供各种各样的服务,这种后勤保障工作,明显具有服务性、广泛性和多功能性。取消了后勤保障工作,企事业单位的工作人员将失去良好的工作场所和工作环境。

2. 企业后勤保障工作具有明显的实用功能

企业后勤保障服务工作的各项内容都是具体的,既看得见,又摸得着,一旦完成,就能表现出明显的实用性。

3. 企业后勤保障工作具有先行性

只有企业后勤保障部门为企业提前准备好了配套的办公和生活服务设施,并提供了良好的服务,办公室工作才能顺利走上正轨,确保高质量、高效率运转。后勤保障工作一旦失去提前性或先行性,势必会拖整个企业生产经营工作的后腿。

4. 企业后勤保障工作具有不可替代性

有的人看不起后勤保障工作,认为它可有可无。其实不然,正是后勤保障工作支撑和维持着办公室乃至整个企业的正常运转。而且,后勤服务工作,上至领导,下至普通员工,谁也离不了,其他任何工作都无法替代它。

三、企业后勤保障的主要内容和管理要点

一般来说,企业后勤保障的主要内容包括如下方面。

1. 房产管理

目前,许多企业办公用房及生活、福利、物业管理用房普遍存在紧缺、拥挤的问题。因

此,房产管理是企业后勤保障工作中的一项十分艰巨的任务。其具体工作如下。

（1）基本建设。企业的房管、行政部门或基建科、办,应根据企业需要和投资能力,认真制定基建规划和方案,报请本部门、本单位领导审定,按照程序做好设计、立项、筹办投资、报批以及施工、验收等各环节工作。

（2）房产的使用。经验收合格或经调整后腾出的办公或生活用房,要根据工作和生活需要统筹安排使用,最大限度地发挥房产的功能作用。

（3）房产的维修。无论是办公用房还是生活用房,都要经常进行维修,以保证正常和必要的办公、生活条件,使员工消除后顾之忧,全身心地投入工作。

（4）水、电及供暖设施的管理。这是房产管理不可缺少的一个重要环节。要协调好供电、供水、供暖等设施的保养、维修,及时消除隐患,确保办公和生活需求。

（5）费用管理。严格区分公共消费和私人消费的界限,按照国家规定明确费用收缴关系。如电费、水费、取暖费等生活费用应由最终用户向公用事业单位缴纳。

2. 办公用品管理

办公用品是企业工作人员的工具。如果失去适用而必要的办公用品,就会给工作带来很大的不便,甚至无法工作。因此,根据后勤工作先行性的特点,后勤保障有关环节人员应事先准备好应有的办公用品并认真搞好管理,随时保证员工的需求得到满足。

3. 车辆管理

合理、安全、科学地管好车、用好车是各项工作能够正常开展的重要条件。企业一般都拥有一定数量和类型的工作与生活用车。厂矿企业除工作、生活用车外,还配备了各种生产用车。一般情况下,大中型企业都设有汽车班或物流部、物流公司,作为最直接的车辆管理单位,承担日常服务和运输任务。而主管汽车班的则是企业的后勤部门。有些部门或单位车辆较少,车管人员和司机编制都一并划入后勤部,由后勤部直接管理。搞好车辆管理的主要内容有:车辆的配备定编,购置更新车辆,值班调度,车辆的维修及保养,司机的教育管理等。

4. 财务管理

企业单位本身的财务管理,一般都由企业的财务处承担。财务管理要为实现企业目标服务,其目标任务可以概括为以下四个方面。

（1）合理安排财务收支,使企业保持较强的支付能力。如果企业长期亏损或收不抵支,不能偿还到期债务,就无法维持企业的基本生存。

（2）以较低的资金成本和较小的筹资风险为企业发展筹集到所需的资金。市场经济如逆水行舟,不进则退,企业只有不断发展,才能保持旺盛的生命力,避免在市场竞争中被淘汰。因此,企业需要不断筹集资金,改进设备,改善产品质量,提高市场竞争能力。

（3）合理利用资金,选择最佳的资金投向,加速资金周转,不断提高资金的利用效果,以尽可能少的资金投入取得最大的经营成果。

（4）合理确定利润分配比例和分配形式,提高企业的赢利能力,提升企业的总体价值。利润分配政策不仅关系到各投资主体的经济利益,而且直接影响到企业的现金流出量和企业的财务实力。如果分配给投资者的利润过高,虽然会提高企业即期的市场评价,但也会减少企业的发展资金,有可能影响企业未来的赢利能力和市场价值,因此,需要财务管理人员根据企业目前状况和发展战略进行合理的分配。

5. 企业环境管理

企业环境管理必须同经济计划管理紧密地结合起来。生产中排出过多的废气、废液、废渣,从某种意义上说是由于资源、能源综合利用率低及原材料消耗过多而造成的。因此,企业环境管理必须同自然资源的开发、利用、保护、生态平衡结合起来,同节能降耗、绿色经济、低碳生活结合起来。

企业环境管理的内容主要包括以下三个方面。

(1) 环境计划的管理。环境计划包括工业交通污染防治计划、城市污染控制计划、流域污染控制规划、自然环境保护计划,以及环境科学技术发展计划、宣传教育计划等,还包括在调查、评价特定区域的环境状况的基础上综合制定的区域环境规划。

(2) 环境质量的管理。主要包括组织制定各种环境质量标准、各类污染物排放标准,组织调查、监测和评价环境质量状况以及预测环境质量变化的趋势等。

(3) 环境技术的管理。主要包括确定环境污染和破坏的防治技术及政策,确定环境科学技术发展方向,组织环境保护的技术咨询和情报服务,以及组织国内和国际的环境科学技术合作与交流等。

企业环境管理的手段主要有以下几种。

(1) 行政干预是环境保护部门经常、大量采用的手段。主要包括:研究制定环境政策,组织制订和检查环境计划;运用行政权力,将某些地域划为自然保护区、重点治理区、环境保护特区;对某些环境危害严重的工业、交通企业要求限期治理,乃至勒令停产、转产或搬迁;采取行政制约手段,如审批环境影响报告书,发放与环境保护有关的各种许可证等;对重点城市、地区、水域的污染防治工作给予必要的资金或技术支持。

(2) 法律手段是环境管理的强制性措施。按照环境法规、环境标准来处理环境污染和破坏问题,对违反环境法规,污染和破坏环境,危害人民健康和财产的单位或个人给予批评、警告、罚款或责令其赔偿损失;协助和配合司法机关对违反环境保护法的犯罪行为进行斗争等。

(3) 经济手段是环境管理中的一种重要措施。对积极防治环境污染而在经济上有困难的企事业单位给予资金援助;对排放污染物超过国家规定标准的单位,按照污染物的种类、数量和浓度征收排污费;对违反规定造成严重污染的单位或个人处以罚款;对排放污染物损害人群健康或造成财产损失的排污单位责令其对受害者赔偿损失;对利用废弃物进行无害生产的产品给予减免税收或其他政策上的优待;对利用废弃物作为生产原料的企业不征收原料费。此外,还有推行开发、利用自然资源的征税制度等。

(4) 环境教育是环境管理不可缺少的手段。主要是利用书报、期刊、电影、广播、电视、展览会、报告会、专题讲座等多种形式,向公众传播环境科学知识,宣传环境保护的意义以及国家有关环境保护和防治污染的方针、政策、法令,等等。在高等院校、科研单位培养环境管理人才和环境科学专门人才,在中小学进行环境科学知识教育,对各级环境管理部门的在职干部进行培训。

(5) 技术手段种类很多,如推广和采用无污染工艺和少污染工艺,因地制宜地采取综合治理和区域治理技术，登记、评价、控制有毒化学品的生产、进口和使用，交流国内外有关环境保护的科学技术信息，组织推广卓有成效的管理经验和环境科学技术成果，开展国际环境科学技术合作等。

四、企业后勤保障工作中的常见问题及解决思路

在我国，企业后勤保障工作经常会遇到以下问题。

（1）人员众多、素质较低，人员成本高。由于我国后勤事业发展滞后，种种原因使得后勤员工队伍的专业知识和文化素质普遍偏低，商品、服务观念淡薄，如何提高职工队伍的整体素质是一个不容忽视的重要问题。

（2）职工的观念转变速度滞后，有偿服务难以全方位实施。如何使有偿服务规范化，解决好服务价值的量化问题及理顺服务价值观念，使之合理化、科学化，还有待进一步探索。职工的服务价值观念必须有一个根本性转变，而这些都需要时间，要在探索中不断完善。

（3）管理不规范。现实的企业管理工作中存在一些不客观、不符合实际情况的问题，甚至有些制度的制定缺乏可操作性，从而影响到企业的生存和发展。主要有三点问题：一是后勤管理人员的礼仪不规范，礼仪包括服务人员的仪表、语言、行业形象等，服务人员是第一时间与客户打交道的，因此给客户留下的礼仪形象代表了企业的面貌；二是后勤保障管理工作宣传不到位；三是服务人员的个性化意识不强，对待服务对象不够热情。

（4）权责不明。这是影响企业发展的主要障碍。各岗位之间权责不明，会造成工作效率低下，工作中出现不衔接甚至断链的行为，工作流程不畅，使一些工作不能正常、快速、有序地开展。

（5）基础薄弱，正常运行困难。例如生活区绿化、防盗等一系列问题引起的安全隐患等。

（6）缺乏专业的管理人员。由于企业从业人员相对缺乏后勤管理所需要的专业技能、缺乏系统的理论知识，而企业领导者对后勤管理也往往不够重视，一些在别的部门无法胜任工作的员工往往被安排去做后勤工作，结果造成后勤管理缺少专业的管理人员，影响后勤管理的效果。

上述这些问题都是影响企业发展的重要原因，必须引起重视。针对以上常见的后勤保障问题，可以提出如下解决思路。

（1）明晰权责关系。规范各部门的职责，做到"人人有事做，事事有人管"。建立凡事有人负责、凡事有章可循、凡事有据可查、凡事有人监督的机制。

（2）建立健全规章制度。一个成功的企业一定要有一套科学、合理、适应本企业特色的规章制度，用制度管人、约束人。要打造企业品牌，必须以健全规章制度作为保障。

（3）提高员工整体素质。只有提高员工整体素质，才能形成优秀团队。一方面，要进行内部培训，经常开展业务知识、专业知识、服务技能学习活动，提高员工业务水平和服务意识。另一方面，要从专业的人才公司请来专业知识渊博、实践经验丰富的专家介绍其经验。最后，要引进人才，企业应引进一些专业知识丰富的优秀人才为企业注入新鲜活力和创新力，促进企业的发展和品牌的树立。

（4）兑现承诺,赢得客户的认可。优质的服务是后勤保障应有的承诺,一般来说要具备三个条件:一是要有正确的服务理念;二是要有一支过硬的专业人才队伍;三是要有精良的技术。

尽管在后勤保障中还会面临一些前人没有做过的事情,也势必会出现没有遇到过的困难。但只要发现问题、解决问题、抓住机遇,后勤保障是可以得到有效保证的。

第二节　企业后勤服务

一、企业后勤服务概述

企业后勤服务与后勤保障是有区别的。企业后勤保障可以理解为企业组织实施物资经费供应、医疗救护、设备维修、交通运输等各项专业勤务保障的总称,主要包括经费、医疗、设备、交通、房产五个方面。这些都是保证企业正常运行、完成生产服务任务的前提。而企业创办的生活后勤服务机构不同于企业后勤保障,它主要是为企业职工自身服务的,是辅助生产的,如食堂、浴室、托儿所、医务室等。而企业办社会是指企业办的学校、医院、公安机构等。不管企业办的是社会职能部门还是其本身的生活后勤机构都是在特定的历史条件下形成并沿袭下来的。分离企业办社会职能是相对于从战争年代和计划经济体制下依附于企业的自我封闭的体系而言的。因此,通常人们说分离企业后勤职能就是指企业后勤服务工作的社会化,而社会化也就是后勤服务的商品化、市场化。后勤服务的社会化包含两层意思:一是企业后勤服务部门由对本企业的无偿服务转变为互利互惠的有偿服务,同时将自己的服务产品推向市场,对社会开展经营服务,成为独立核算的经济实体,从而适应建立现代企业制度和减轻企业负担的需要;二是企业后勤服务的需求要通过市场获得满足,即以市场为取向,按着"优胜劣汰"的原则,自由地选择服务单位和服务产品,从而使企业后勤服务部门走进和融入统一的、开放的、充满竞争活力的社会服务市场,并使自身获得发展壮大。

企业后勤服务是指以保证企业自身员工的正常生活需要和辅助企业生产经营活动的正常开展为目的,有一定的设备设施条件的专业后勤服务机构提供的服务及过程。

实现企业后勤服务的不断发展,必须具备以下条件:

（1）当地生产力水平要有大幅度的提高,市场经济较为发达;

（2）第三产业普遍兴起,社会分工较细,社会上有条件并有能力为各单位提供优质、高效的生活服务;

（3）社会经济比较发达,城乡居民收入显著增加,整个社会拥有雄厚的物质基础,广大民众拥有较为充裕的消费能力和消费条件。

二、企业后勤服务的功能

企业后勤是企业赖以存在的客观物质基础和必要条件,在企业中具有先行性、基础性、保障性和配套性的地位。有学者认为,企业后勤覆盖面大,对企业各方面的工作都会产生不同程度的影响,具有多方位、多层次的作用和功能。虽然企业后勤的功能是多方面的,但企业后勤服务的功能可以归结为两大基本功能,即社会性功能和经济性功能。

1. 企业后勤服务的社会性功能

这是由社会分工所决定的,体现后勤在社会生活中的职能和作用。

（1）企业后勤服务是企业工作和生活的保障力量,不仅为企业提供后勤服务、保障供给,而且可以满足企业成员在企业中的基本生活需求。

（2）企业后勤服务是企业运作的基本力量,具有维护企业稳定的重要功能。企业是社会经济活动的基本单元,企业成员是社会活动的主要群体,因而,企业的稳定在社会稳定中具有特别重要的作用。

（3）企业后勤服务是企业发展的基础,具有促进经济健康发展的功能。一方面,企业后勤服务直接关系企业工作的各个方面,直接影响着企业本身在社会进步中的作用,这也是其社会性功能的一种体现;另一方面,企业后勤服务本身就是社会第三产业的重要有机组成部分,企业后勤服务不仅直接反映社会的生产力水平,而且反映社会的生产关系,是社会生产方式在特定领域的体现。

2. 企业后勤服务的经济性功能

这是由企业后勤服务的经济属性所决定的,体现了企业后勤服务在社会经济活动中的职能和作用。

（1）企业后勤服务是一个巨大的投资市场和消费市场,对扩大内需和促进经济增长具有积极的作用。改革开放以来,随着社会经济的快速发展,我国各类企业也实现了跨越式发展,随着经济的不断发展,企业规模不断提高,也直接带来了企业后勤服务规模的增长和后勤服务资源总量的扩张。

（2）企业后勤服务经济组织是社会经济生活中的新生力量,对促进区域经济的发展具有重要作用。随着企业后勤服务社会化改革的深入,我国企业后勤组织已经从过去单纯的行政组织转变为新型的经济组织,不仅承担了企事业单位内部后勤服务的经营活动,有效地促进了企业后勤服务市场的培育和完善,而且利用其自身的优势和特点,积极开展面向社会的经营活动,为发展社会第三产业发挥了积极作用。

（3）企业后勤服务部门的经营活动为企业单位开辟了新的经济来源。在社会主义市场经济条件下,企业后勤服务逐步摆脱了过去全靠企业投入的局面,后勤经济组织通过微利服务和有偿服务等经营活动,实现了自负盈亏和自我发展,大大减轻了企事业单位的经济负担,也为企业开辟了广阔的经济来源。

三、企业后勤服务的主要内容及注意事项

企业后勤服务的主要内容包括以下几个方面。

1. 生活服务

生活服务具有较强的通用性。在市场经济条件下,企业本身的生活服务保障工作应交由专业的后勤服务企业承担。

2. 物资补给

企业后勤部门应充分依托社会商业网的优势条件,尽可能就近就便筹措物资,以减少储运环节,提高企业物资供应的效率和效益。

3. 企业化设备维修

一般来说,专业的维修公司专业技术力量雄厚、水平较高,企业本身没有必要维持庞大的技术力量队伍以承担所有设备的维修任务。专业的后勤服务企业既可制造装备,也能维修装备。因此,设备维修应当越来越多地依靠专业的后勤服务企业。

4. 医疗卫生保障

企业应尽可能充分利用社会强大的医疗卫生力量保障企业成员所需,尤其是对于高危行业。

5. 住房保障

在企业住房保障方面,也要重视利用外部力量。一般可以采取两种措施:一是使用住房津贴租用民房,二是利用企业本身资源建设住房。

6. 后勤人才培养

要一直将后勤人才的培养工作纳入企业战略之中,实现教育培养体制与战略的融合,提高培养质量,增强企业后勤人才培养的效果。

四、企业后勤服务工作中的常见问题及解决思路

一般来说,企业后勤服务的常见问题有以下几个方面。

(1)后勤服务项目的立项选择。由于后勤服务资金的限制,在服务项目的选择上不可能做到有求必应,必须有选择性地立项、审批和施工。

(2)服务项目的时间、质量、经费控制。后勤服务存在单项工程量及维修金额较小的特点,使得后勤服务的管理无法像大型新建工程一样采用委托监理的方式进行质量管理。

(3)转变职工观念,将工作重心放到保障和服务上来。随着后勤改革的推进,有的后勤服务管理人员受到市场经济的负面影响,重经济效益而轻社会效益,工作态度不够端正,亟须转变观念。

(4)建立健全各项规章制度,使服务工作做到程序化、制度化和科学化。规章制度和管理办法是进行科学管理的可靠依据。后勤服务工作要制定各工种人员的岗位职责、工作纪律、惩处条例、内部考核办法以及服务质量管理监控措施、用户意见反馈、质量检查等制度。

(5)提高管理人员的业务素质。要建立一支高素质的维修保障服务队伍。工程管理人员要爱岗敬业,在工作中不断提高业务水平和管理素质,严格把住质量关。

(6)运用现代化的管理手段,重点实施计划管理和目标管理。服务工作应确立明确的目标。目标的确立应既有超前性又有实现的可能性。若目标定得太高,计划的立项、资金、人工缺口较大,则实施环节无法顺利完成,计划目标必成空谈;若目标定得太低,则毫无激励因素,不能满足企业发展的需要,易造成表面节约、实则浪费的后果。

面对着这些问题,可以从以下几个方面着手予以解决。

(1)在强化科学决策上下功夫。决策的失误是最大的失误,计划的浪费是最大的浪费。科学决策是提高经费保障效益的前提和基础,是确保财力、物力合理投向和投量的重要环节,也是推进基层后勤建设可持续发展的前提。

（2）在强化制度落实上下功夫。后勤规范化管理,关键是要按制度规范、按法规管理。完善的制度不落实等于零,强化制度的落实要从抓基础、抓规范、抓监督、抓经常四个方面入手。

（3）在强化质量效益上下功夫。领导带头在强化质量效益上,在经费、物资、设施设备的合理使用上做表率。没有预算的项目坚决不批,没有开支来源的项目坚决不上,不搞"一招鲜"。不盲目投资上项目,按照优先保中心、优先保生活的原则,出实招、下准"药"。"廉生威,公生明",领导要以此强化质量观念。

（4）在强化队伍建设上下功夫。搞好后勤保障固然离不开财、物等物质基础,但更离不开人的能动作用。只有强化以人为本,树立"人人是人才"的大人才观念,才能建设一支勤劳高效的后勤队伍,才能实现后勤保障的高质量、高效率。

第三节　企业环境卫生管理

一、企业环境卫生管理的含义

环境卫生原意是指城市空间环境的卫生,主要包括城市街巷、道路、公共场所、水域等区域的环境整洁,城市垃圾、粪便等生活废弃物的收集、清除、运输、中转、处理、处置、综合利用,以及城市环境卫生设施的规划、建设等。

城市公共环境卫生管理的广义定义是城市管理者根据城市环境质量标准,对城市的大气环境、水环境、空间环境进行监控,指导从事相关环境管理、服务的主体(可以是政府机构,也可以是企业法人和居民个人)执行环境质量标准,提供相关环境卫生服务,并对违反相关环境法规的行为进行处罚的行为。

根据广义的环境卫生管理内涵,企业环境卫生管理是指企业的公共环境卫生管理部门根据现行的法律法规,履行企业公共环境卫生的组织、协调、计划、监控以及垃圾的收集、运输、处理等服务职能,包括制定政策、统筹规划、组织协调、提供服务和效能监控等。

企业环境卫生管理具有以下几个基本特征。

1. 共享性

企业公共环境卫生部门所提供的产品与其他产品不同,它不是为特定的员工或某个部门服务的,而是同时为所有企业成员(包括团体和个人)所享用。

2. 资产性

企业公共环境卫生服务设施作为企业基础设施的一部分而投入了大量的资本,在企业生产和运作中发挥着重要的经济功能,在使用中(如垃圾的收集和处理)能直接或间接带来经济利益,同时可以在市场经济运行中进行交易和转让,因而,它是可以直接掌握和利用的资产。

3. 整体性

企业公共环境卫生服务不像一般产品的生产和服务那样可以是分散的或小型的,它是一种整体服务系统。

4. 约束性

企业公共环境卫生管理具有一定的执行环境卫生质量标准的强制力,表现为对违反环境卫生法规行为的约束和处理措施。

二、企业环境卫生管理的功能

一个适宜、安全、和谐、愉快的工作环境,是每个人都梦寐以求的,也是促使员工积极工作的条件之一。同样,对于一名企业主或者一名顶尖的高层管理者而言,为企业塑造一个良好的工作环境是其关键而重要的工作之一。

好的工作环境,会使员工为实现目标、提高销售业绩或客户满意度而竭尽所能;而差的工作环境,会导致员工流失、旷工、不满情绪上升或工作效率下降等。例如,汉高公司是一家化工企业,为了提高员工的工作环境质量,专门为员工提供空调和淋浴室,并且每天中午为全体员工供应一顿丰富的午餐;为了让员工有安全感,建立了一大批高度保证安全的标准设施,如医务部、工厂警卫等,由专门部门负责;公司还经常检查各种安全设施,日夜测量环境污染、水质问题、噪声等;每年免费为员工检查一次身体,等等。所有的这些措施都为公司的稳定发展起到了助推作用。类似地,西门子公司也有同样的做法,公司通过CPD圆桌会议及CPD员工对话等帮助员工制定职业生涯规划,同时管理阶层积极给员工营造一种宽松和谐的企业工作环境,如优良的办公设备及舒适的就餐和体育锻炼空间等。公司深信宽松和谐的工作环境有助于激发员工的创造性,有利于消除员工的工作压力和工作枯燥感。

在企业管理实践中,种种迹象表明:抓好企业工作环境卫生管理实在是一件非常不容易而又非常有紧迫感的事情,企业工作环境的好坏直接影响员工的敬业度,它与管理者的管理水平和激励员工的方法直接相关,同时它直接影响着组织绩效的好坏。

三、企业环境卫生管理要点

在企业的管理工作中,由于种种原因,导致企业环境卫生管理出现了许多问题,如环境卫生基础设施严重不足,员工在环境卫生方面的公德意识较差,企业环境卫生管理力度不够,以及垃圾处理不及时、不恰当等一系列问题。针对上述问题,这里提出企业环境卫生管理的一些要点,希望对企业环境卫生管理者具有借鉴作用。

1) 加强宣传教育,全面提高员工的环境卫生意识

企业环境卫生管理属于企业所有员工的公益事业,与员工的工作生活息息相关,企业员工本身应成为自我约束、自我管理、自我监督的卫生管理主体。

2) 完善企业环卫设施,建立环境卫生长效管理机制

为进一步改善环境卫生质量,要加大企业公共环境卫生设施建设力度,最大限度地将环境卫生纳入企业财政支出的范围,对环卫设施的耗费和维修给予特殊政策或适当的财政补贴,淘汰陈旧环卫设施。

3) 重视环卫工作,关心环卫工人

环卫工作要以人为本、尊重劳动。要对清运工作人员进行适当的培训。企业要加大

对环卫工作的投入，改善作业条件，改进一线职工生产工具，逐步解决企业环卫职工劳动强度大、作业环境差、工资待遇低、职业病危害严重等实际问题，为一线环卫职工办理商业保险，稳定职工队伍，进一步促进环卫行业劳动关系的和谐稳定与企业环卫事业的可持续发展。

4）加强对企业环境卫生的监察力度，完善日常质量监管体系

加大环境卫生管理的执法力度，强化执法工作，对违章行为予以惩处，确保卫生处理费的收取率。改革质量评价办法，建立新的环卫质量检查机制、评价标准和奖惩机制，实行激励与约束相结合，宏观管理与微观管理相结合，严格考核，奖优罚劣，促进环境卫生质量的新突破，逐步实现环境卫生管理区域"时时净、处处净"。

四、企业绿化、卫生管理业务外包及控制

企业绿化、卫生管理业务外包，是指企业整合使用其外部最优秀的专业化资源，从而达到降低成本、提高效率、充分发挥自身核心竞争力和增强企业对环境的应变能力的一种管理模式。

业务外包是近几年发展起来的一种新的经营策略，即企业把内部业务的一部分承包给外部专门机构。其实质是企业重新进行定位，重新配置企业的各种资源，将资源集中于最能反映企业相对优势的领域，塑造和发挥企业自身独特的、难以被其他企业模仿或替代的核心业务，构建自身的竞争优势，使企业获得持续发展的能力。

企业业务外包具有以下两大显著优势。

（1）业务外包能够使企业专注于核心业务。企业实施业务外包，可以将非核心业务转移出去，借助外部资源的优势来弥补和改善自己的弱势，从而把主要精力放在企业的核心业务上，根据自身特点，专门从事某一领域，某一专门业务，从而形成自己的核心竞争力。

（2）业务外包能使企业提高资源利用效率。实施业务外包，企业将资源集中到核心业务上，而外包专业公司拥有能比本企业更有效、更经济地完成某项业务的技术和知识。业务外包最大限度地发挥了企业有限资源的作用，加速了企业对外部环境的反应能力，强化了组织的柔性和敏捷性，有效增强了企业的竞争优势，提高了企业的竞争水平。

业务外包可能会出现的问题主要来自以下几个方面。

（1）可能会增加企业责任外移。由于在外包经营中缺乏对业务的监控，增大了企业责任外移的可能性，导致质量监控和管理难度加大。

（2）可能会挫伤员工工作热情，导致员工失去敬业精神。在业务外包中，必然会牵涉部分员工的利益，如果他们知道他们的工作被外包只是时间问题的话，员工的工作热情和职业道德会降低，他们会失去对公司的信心和工作的原动力，从而导致工作业绩明显下降。

（3）可能会出现知识产权问题。特别是对研究与开发类业务的外包，外包者所开发技术的专利、版权的归属问题通常是由企业与外包厂商双方协议达成而非法律规定的，这会为企业埋下隐患。

（4）外包企业的忠诚度问题。外包企业在利益的驱动下可能会从一个企业转移到另

一个企业,导致企业失控。同时,过分依赖外包企业会导致交易成本升高。

(5) 外包商的选择问题。企业对于业务外包有多种选择,挑选了错误的外包者会导致关键技术的失败,因而失去竞争的领先地位。

在把企业绿化、卫生管理业务外包给其他企业的同时,要注意予以有效控制。一般来说,有如下几种策略。

1. 严格控制外包策略

(1) 提炼企业核心竞争力。企业在外包业务之前,需要明确外包的目的,慎重查看每一项业务或职能的贡献价值,准确定位外包项目。

(2) 外包项目成本分析。外包的成本预算需要对外包关系及合同实施费用作充分而现实的估计,包括设备采购、运行维护费用、专利费用、人员转移费用、项目监控费用等,同时要考虑到外包期间由于设备更新、软件升级、新技术应用以及员工福利待遇变化等带来的隐性成本。

2. 正确选择服务提供商

(1) 区位优势选择。我国企业要进行离岸外包,需要结合行业成熟度、人员稳定性、通信及交通基础设施等条件在当地进行多项考察。

(2) 服务信誉、能力考察。信誉良好、经验丰富的外包公司可以给企业带来巨大的经济收益。企业在签订外包协议前应该对外包提供商的信誉、服务能力以及业务优势进行多方面考察。同时,还要避免同与自身企业文化相冲突的外包提供商合作。

3. 完善合同,限制外包商的投机行为

制定完善的服务外包合同是限制外包商的投机行为的关键。外包合同要充分界定服务需求和考核标准,包括合同标的、交付方式、产品质量等方面的内容,没有达到标准的服务要设定处罚措施。涉及公司机密时,要明确写出有关保护措施,明晰知识产权归属问题。

4. 全程管理外包关系

企业与外包商因共同的经济利益而存在千丝万缕的关系。在外包初期,企业与外包商之间是委托-代理关系。外包业务正常运作后,企业要与外包商建立长期关系,维护其声誉。

本章小结

本章主要介绍后勤事务管理知识。"后勤"一词的含义逐步扩大,并已被民间广泛使用,把不直接从事生产、经营、文教、科研等的部门和工作都称为后勤。"机关后勤"、"企业后勤"、"学校后勤"、"科研后勤"等的提法纷纷出现。后勤已成为服务性部门和工作的代用语。企业后勤是企业赖以存在的客观物质基础和必要条件,在企业中具有先行性、基础性、保障性和配套性的地位。企业后勤服务是指为保证企业自身员工的正常生活需要和辅助企业生产经营活动的正常开展为目的,有一定的设备设施条件的专业的后勤服务机构提供的服务活动及过程。企业环境卫生管理是指企业的公共环境卫生管理部门根据现行的法律法规,履行公共环境卫生的组织、协调、计划、监控以及垃圾的收集、运输、处理等服务职能,包括制定政策、统筹规划、组织协调、提供服务和效能监控等。

本章练习

一、判断题

1. 后勤保障现在是指军队组织实施物资经费供应、医疗救护、装备维修、交通运输等各项专业勤务保障的总称。（　　）

2. 后勤保障服务工作的各项内容都是具体的,既看得见,又摸得着,一旦完成,就能表现出明显的艺术性。（　　）

3. 环境质量的好坏,是反映企业精神面貌、工作秩序的重要标志之一。（　　）

4. 企业后勤是一个巨大的投资市场和消费市场,对扩大内需和促进经济增长具有积极的功能。（　　）

5. 企业后勤服务经济组织是社会经济生活中的新生力量,对促进区域经济发展具有重要的作用。（　　）

6. 企业后勤的经营活动为企业单位开辟了新的经济来源。（　　）

7. 企业公共环境卫生部门所提供的产品与其他产品不同,不是为特定的员工或某个部门服务,而是同时为所有企业成员(包括团体和个人)服务。（　　）

8. 一个适宜、安全、和谐、愉快的工作环境,是每个人都梦寐以求的,但也会使员工变得懒惰。（　　）

9. 业务外包是近几年发展起来的一种新的经营策略。（　　）

10. 业务外包最大限度地发挥了企业有限资源的作用,加速了企业对外部环境的反应能力,强化了组织的柔性和敏捷性,有效增强了企业的竞争优势,提高了企业的竞争水平。（　　）

二、单项选择题

1. "后勤"一词起源于（　　）。
   A. 政治领域　　　　　　　　B. 军事领域
   C. 企业领域　　　　　　　　D. 生产领域

2. 环境卫生原意是指（　　）。
   A. 城市空间环境的卫生　　　B. 农村环境的卫生
   C. 车间环境的卫生　　　　　D. 社会环境的卫生

3. 限制外包商投机行为的关键是（　　）。
   A. 制定完善的服务外包合同　B. 严谨的监控
   C. 和谐的关系　　　　　　　D. 薪水的高低

4. 企业赖以存在的客观物质基础和必要条件是（　　）。
   A. 企业后勤　　　　　　　　B. 企业服务
   C. 企业生产　　　　　　　　D. 企业业务

5. 企业整合利用其外部最优秀的专业化资源,从而达到降低成本、提高效率、充分发挥自身核心竞争力和增强企业对环境的迅速应变能力的管理模式指的是(   )。

    A. 企业绿化、卫生管理业务外包   B. 生产业务

    C. 包装业务   D. 物流业务

三、多项选择题

1. 企业后勤保障具有(   )。

    A. 服务功能   B. 实用功能

    C. 先行性   D. 不可替代性

2. 针对常见的后勤问题,解决思路有(   )。

    A. 明晰权利责任   B. 建立健全规章制度

    C. 提高员工素质   D. 兑现承诺,赢得客户的认可

3. 企业后勤服务的功能可以归结为两大方面的基本功能,分别是(   )。

    A. 社会性功能   B. 经济性功能

    C. 政治性功能   D. 军事性功能

4. 后勤保障的注意事项有(   )。

    A. 完善法律法规,确保民力利用有法可依

    B. 重视成本效益,增强保障效果

    C. 引入市场机制,寻求资源外包

    D. 重视合同签订,与承包商建立战略伙伴关系

5. 企业环境卫生管理的基本特征有(   )。

    A. 共享性   B. 资产性

    C. 整体性   D. 约束性

四、问答题

1. 企业后勤的内涵及其外延是什么?

2. 一般来说,企业后勤保障有哪些功能?

3. 企业后勤保障的主要内容有哪些?

4. 对后勤服务人员的基本要求和管理要点有哪些?

5. 针对常见的后勤问题,解决思路有哪些?

五、案例分析题

丰田公司的实时后勤战略

当前国外企业管理理论和实践正朝着精细化的方向发展,其中实时管理(just in time,简称JIT)得到了广泛的应用并取得显著成效。企业后勤的实时管理(以下简称实时后勤)是伴随实时生产而产生的,随着实时生产的发展与普及,实时后勤也得到了迅速发展和广泛应用。

实时后勤与一般后勤有很大不同,实时后勤不再是传统的规模经济学的范畴,而是立足于时间的经济管理学,其核心是恰好在需求的时候到达。实时制的采用可以加快货物的流通速度,降低库存水平,使补货时间更加精确,达到降低成本、提高服务水平的目的。

高效、灵活的生产体系,离开了高效的实时后勤的支持,是根本无法实现的。下面介绍日本丰田公司的实时后勤战略,以及影响企业后勤战略的主要因素。

1. 零部件厂商对整车企业的实时后勤供应

在实时后勤中,取消了仓库的概念。例如,丰田公司只设"置场"临时堆料,原材料和零配件只在此堆放几个小时,短的只要几分钟,就被领用。在看板制度下,许多零件是等到下一个制造过程需要的几个小时前才上线生产。为使后勤跟上生产的步伐,不致造成缺货或生产延误,丰田公司采用了全新的"拉出方式",即在需要时由后工序的人员去前工序领取加工品,此种方式存在于整个生产范围(包括企业外部的零部件、原材料的供给),使主动权掌握在本企业手中。

实时生产能发挥作用,除了要求"准时化生产"外,还需要零配件厂商的实时后勤作保障。为此,丰田公司采用CAD/CAM技术生产设计零配件,并据此设计车体的各部分构造,再用CAM技术生产出样机模型,然后分派给零配件厂商,以适应生产需要。零配件厂商大多位于同一个工业园区,这样不仅降低了运输成本,使运送途中的损耗降低到最低程度,而且降低了所需的库存量。

零配件厂商和企业的关系是一种长期的、稳定的合作关系,也是一种特殊的契约关系。一个零配件厂商的绝大部分产出都供应给一个或两个主机厂,而主机厂一般会在供应商那里拥有一定的股份和指挥权。由于在长期交易关系中居于支配地位,大企业可以要求协作企业采用"最佳时态"供货制,通过适时、适量供应零部件来降低库存,提高有效开工率。实时后勤的要求者会提供一定的资金、技术援助以推广实时生产与实时后勤的概念和方式。同时供应商多少会建立一定的缓冲库存以备不时之需,以免失掉长期的合同。

2. 整车企业对经销商及顾客的实时后勤服务

丰田公司将实时后勤和销售网络相结合,将日本全国经销商的电脑和丰田总公司的电脑联网,销售人员可以将客户的订货信息实时通知生产线,从而形成一个大规模的信息系统,订货手续大为简化,订单当天就可以传入总公司的电脑中,交货时间可以减少10天以上,而且经销商的库存也可减少70%～80%,大幅降低了存货成本。由于建立了"灵活销售体系",将产品分成小批量,以更快的速度销售出去,进一步降低了产品在流通领域产生的费用。

在运输方面,对于出口海外的产品,丰田公司所在的丰田市距海岸只有50千米,汽车可以一直由生产线开到码头,而远洋货轮也实时等待装船,从而降低了由于必须凑齐一定数量的汽车才能装船而产生的库存费用。到岸以后,货物由电脑分配,直接交至各经销商手中,中间不需要存储。

丰田公司实施以人为本的实时后勤战略,对全体经销商进行教育培训,根据市场反馈的信息,对经销商的促销政策和经营上的问题给以适当的指导,以提高销售效率。不景气的时期,丰田公司与经销商通过协商,共同承担利润减少带来的负面影响,从而形成一种风险共担、利益共享的关系。

综上所述,企业经营环境的改变对企业的后勤战略产生了重要影响,日本、美国以及欧洲的许多大型汽车生产企业纷纷采取新的后勤战略以适应当今的经济环境。这是值得我国汽车企业深入研究的重要课题。

根据上述案例,解答以下问题(单项选择)。

1. 我们已经知道"后勤"一词起源于哪个领域,而上述案例中的后勤是属于(   )。

    A. 政治领域　　　　　　　　　　B. 军事领域

    C. 文化领域　　　　　　　　　　D. 生产领域

2. 通过丰田的案例,我们了解到,企业赖以存在的客观物质基础和必要条件是(   )。

    A. 企业后勤　　　　　　　　　　B. 企业服务

    C. 企业生产　　　　　　　　　　D. 企业业务

3. 当然,企业并不是都能把所有东西做到完美,当资源十分有限的时候,企业应该对后勤业务进行怎样的处理呢?(   )

    A. 取消后勤服务　　　　　　　　B. 外包后勤业务

    C. 专注于后勤业务　　　　　　　D. 寻求政府帮助

4. 当企业决定外包后勤业务后,限制外包商的投机行为的措施有(   )。

    A. 制定完善的服务外包合同　　　B. 严谨的监控

    C. 和谐的关系　　　　　　　　　D. 薪水的高低

第十二章 企业安全事务管理

学习目标

通过本章的学习,应了解企业保密管理、企业秩序安全管理、消防管理、应急管理的基本概念;掌握企业安全事务管理的基本方法;提高对企业安全事务管理的认识;学会运用安全事务管理知识和方法解决企业的安全管理问题。

案例引导

邀您一起探寻比亚迪的"安全密码"

比亚迪董事长兼总裁王传福说,比亚迪对安全管理的态度是非常明确的。我们要牢牢树立"敬畏生命、安全发展"的理念,要以对员工、对企业、对社会高度负责的态度,处理好发展与安全的关系,始终把安全生产视作企业管理的红线、底线和生命线。

比亚迪的"安全密码"体现在以下几个方面。

1. 创新管理:安全员建在班组上

在比亚迪,安全管理是一个重要课题。自2019年起,比亚迪就创新推出"安全员建在班组上"制度,将安全管理压实到一线岗位,并树立"袖章挂在臂上,责任扛在肩上"意识,实现从"要我安全"到"我要安全"的转变,还将安全管理纳入各事业部考核指标,倒逼从管理层到基层员工对安全紧抓不懈、常抓落实。

2. 硬实力:以"零事故"为目标

对于汽车生产来说,焊装是整车生产重要的一道工序。工作人员在工作过程中,极易发生切割、划伤等人身伤害事故。比亚迪是如何运用科技力量助力安全生产、降低伤害风险的?比亚迪一直以来都以"零事故"为目标,通过工艺技术迭代更新,引入智能焊接机器人、机械手等,有效降低了伤害风险。此外工厂还实施防错、防呆设计,确保每个工作站外围设置安全防护围栏、安全防护光栅。在检修入口处设置安全联锁装置。在焊装工厂,还有着浓厚的安全生产文化氛围,安全生产标语、安全文化墙……处处显示对安全的用心。

3. 软文化:"防、责、实、习、度、思"6字安全行为理念

"迪安"文化是比亚迪用文化发展企业的"核心力量",内含"防、责、实、习、度、思"6字安全行为理念,与之对应的还有15个安全行为规范,构成了完整的树形安全行为理念体系。此外,比亚迪近年来不断开展特色鲜明的安全主题活动、百日无事故竞赛活动、启明星训练营活动……强化安全意识,引导员工安全行为。比亚迪安全教育实训基地是比亚迪员工的安全课堂,同时也是当地安全宣传教育品牌,深受员工和市民的喜爱。

让安全意识深入人心,并且处理好安全与发展之间的关系,齐心协力抓安全、稳生产,企业才能持续安全发展。

(来源:精彩城市 2021 年 8 月 6 日,有删改)

【启示】

本案例所提及的是企业安全事务管理中的一个重要内容,企业要保证生产的正常进行以及员工的正常生活,必须对安全事务予以高度重视。只有这样,才能使员工放心从事生产,为社会经济增添动力。

第一节　企业保密管理

一、企业保密管理的含义

企业的安全工作涉及企业的环境设施安全、人员安全、资料和信息安全等多方面的内容。其中防止失密、泄密和窃密事件的发生更是企业安全工作的重点之一。加强对本部门安全工作的研究,切实做好企业的安全保密工作,是企业的一项重要工作内容。

企业秘密是指不为公众所知悉、能为权利人带来经济利益、具有实用性并经权利人采取保密措施的技术信息和经营信息。企业秘密包括以下内容。①技术信息。一般包括生产工艺、产品配方、设计图纸、关键技术参数和实验数据、研究报告、计算机程序等。②经营信息。一般包括经营方法、管理方法、产销战略、货源情报、客户名单、价目表等。

一般来说,保密工作是指从国家的安全和利益出发,将国家秘密控制在一定的范围和时间内,为防止泄露以及被非法窃取利用而采取的一切必要的防范措施与手段。而企业保密管理,则是对保密工作进行的管理,即在企业保密工作中,发挥管理的计划、组织、领导、控制职能,使得保密工作达到最优。

保密工作是企业的一项重要工作。为了维护国家和企业的利益,企业员工必须有很强的保密意识和保密观念,确保国家和本单位的秘密不外泄。

二、企业保密管理的原则与方针

一般来说,企业保密管理应该遵循以下原则。

(1)合法性。即应遵守国家法律法规,符合社会主义法治的要求,严格按法律程序办事,履行必要的审批手续。

(2)针对性。针对需要解决的问题,切合实际需要,灵活运用,以便更好地防止非安

全因素的发生。

（3）有效性。着眼于真正需要解决问题，并尽可能做到高效率。

（4）可行性。就是保密管理工作需根据当时当地的主客观需要，做到切实可行，不能超越主客观条件而盲目行事。

企业是国家的经济细胞，大量产生、传递、使用、贮存着国家秘密。保密工作在企业的生产经营活动中占有重要地位。这些秘密不但与国家的安全和利益息息相关，而且同企业的生产经营紧密相连，关系着企业的兴衰成败。经济、科技领域的秘密若被泄露，往往会给企业乃至国家带来严重损失。企业保密工作就是防止和追查失密、泄密、窃密的工作，即对可能发生的失密、泄密和窃密活动，采取一系列的防范措施，以维护国家和企业的秘密安全。在企业行政管理过程中，企业保密管理应该遵循如下方针。

（1）积极防范的方针。就是以预防为主，预先采取防范措施或手段，保证国家秘密安全，做到防患于未然。主要体现在以下三个方面：一是广泛深入地进行保密教育，增强全体职工的保密意识和保密法制观念，使之自觉保守国家秘密，维护国家的安全和利益；二是制定和完善保密规章制度，把国家秘密置于国家的法律和制度的保护之下；三是运用先进的科学技术手段和科学的行政管理措施，保护国家秘密的安全。

（2）突出重点的方针。就是指保密工作要分清主次。

（3）既确保国家秘密，又便利各项工作的方针。就是要正确处理保密与对外开放的关系，保密与推进民主建设的关系，保密与便利各项工作的关系。这是在工作中经常遇到的实际问题，正确处理好这些关系是非常重要的。

保密工作的基本任务是保卫国家经济事业的安全。在当前和今后一个时期里，党和国家的中心任务是进行现代化建设。因此保卫社会主义现代化建设的顺利进行，是当前和今后一个时期保密工作的主要任务。对于企业保密工作而言，为了完成这一总任务，应做好以下几个方面的工作：

（1）维护企业内部的环境秩序，防止盗窃、火灾、泄密以及危害企业人员健康和安全的事故发生；

（2）预防和打击刑事犯罪分子的破坏活动和危害企业安全的行为，尤其要防止内部人员违法犯罪；

（3）同灾害事故做斗争；

（4）确保重点单位和企业部门的安全。

三、企业保密管理的内容

1. 企业的经济保密管理

经济保密管理是指国家为了维护经济利益，保护本国在国际商品市场的经济竞争能力，保障社会主义经济建设的正常秩序和顺利进行，对经济工作中的国家秘密依法采取的各种保护措施。企业的经济保密管理是整个保密工作的重要组成部分，做好企业经济保密工作，确保经济活动中的国家秘密，是企业应尽的职责和义务。经济保密的作用体现在对外经济关系方面。在商品经济日益发达的情况下，企业间的经济关系越来越密切，经济竞争也越来越激烈，经济保密管理也日渐重要。

2. 企业的科技保密管理

科学技术是第一生产力,是国家的宝贵财富。科学技术的地位和作用,决定了科技领域保密与窃密的斗争十分激烈。无论是国家、集团,还是企业界,以至发明者,都应采取各种措施垄断和保护自己的研究成果,同时还要防止某些别有用心者不择手段、不惜重金、千方百计地窃取科学技术情报与科技成果。加强科技领域的保密工作,是摆在企业面前的一项重要而紧迫的任务。

3. 企业的涉外保密管理

涉外保密管理是涉外工作的一个重要组成部分,贯穿于涉外活动的全过程,关系到国家的安全和利益。做好涉外保密管理工作具有十分重要的意义。

(1) 有利于维护国家和企业的安全与利益。企业在开展对外经济合作和外贸活动中,若稍不注意,泄露了经济、科技秘密,就会吃亏上当,造成不应有的损失。

(2) 有利于改革开放的顺利进行。在涉外工作中,要明确密与非密、核心秘密与非核心秘密的界限,在开放中保护好秘密,以保障和促进改革开放的顺利进行。

(3) 有利于整个保密工作的全面展开。

4. 企业的信息保密管理

企业的信息保密管理,包括文件和资料的保密、计算机保密、宣传报道保密及通信保密。

文件、资料具有以下特点:明确的目的性和针对性,使其在一定的时间和空间内得到充分利用,发挥最大效益;具有局限性和保密性,要使文件、资料得到充分利用,必须首先做到绝对保密安全;大部分文件、资料具有时效性,处理必须迅速、及时。在文件、资料管理工作的各个环节都要制定保密制度,遵守具体的保密内容和要求。

计算机网络技术已广泛应用于企业,企业的生产、经营等各种数据源源不断地被输入信息系统,有可能通过网络系统泄密。因此必须做好信息化管理中的保密工作,确保企业信息安全。

宣传报道保密,就是对宣传报道中可能发生的泄密采取一系列防范措施,确保国家秘密的安全。

通信保密采取的手段主要有以下两种。①行政手段。就是利用行政管理的办法,如制定规章制度来保证信息的安全,为技术手段的实施提供某种程度的保障等。②技术手段。就是利用技术的优势来保障信息传递、贮存的安全或发现信息泄露的途径。主要有信源保护技术、信道保护技术、信息保护技术和通信保密检查技术等。

四、企业保密管理中的常见问题及预防措施

当前,企业保密管理工作存在着许多不容忽视的问题。

(1) 保密意识淡薄。由于长期处于和平时期,致使一些涉密人员特别是有的领导干部保密意识和敌情观念淡化。不可否认,随着我们国家民主与法制建设进程的不断推进,保密的范围和事项正在逐步减少,但这并不意味着就无密可保。事实上,随着我国综合国力的不断增强和国际地位的显著提高,我国已成为各种窃密活动的重点目标。

（2）保密设施不完善。有些单位的保密要害部门连最基本的"三铁"（铁门、铁窗、保密柜）要求都没有落实，存在着很大的安全隐患。有的单位电脑被盗，就是因为没有落实好"三铁"要求。有的单位内网与互联网直接相联，没有真正实现有效的物理隔离。有些单位对上网发布的信息把关不严，没有实行严格的保密审查，造成网络泄密。

（3）涉密载体管理混乱。有的单位随意复制涉密文件资料，对于涉密磁介质（U盘、移动硬盘等）也没有建立严格的管理制度。涉密文件资料乱存乱放，有的甚至将涉密文件当作废品卖给个体废品收购人员，存在着严重的失密、泄密隐患。

（4）保密要害部门管理不严。有的单位至今一直没有明确保密的要害部门，对在涉密岗位工作的涉密人员教育不严、管理不严，没有按要求落实保密责任制。由于责任不明确，导致对有些重要部门的管理失控。

面对上述问题，应采取以下措施。

（1）切实加强领导。要认真落实领导干部保密工作责任制，单位一把手对本单位本系统保密工作负总责，分管领导具体抓，明确专人负责保密工作。要经常过问保密工作，及时研究解决保密工作中的具体问题。

（2）开展自查自纠。各级各部门要按照保密工作的要求，迅速对本系统本部门的保密工作情况逐项展开自查自纠，重点查找保密工作中的薄弱环节和薄弱部位。要特别注重做好自纠工作，实行边查边纠。自查自纠工作不能搞形式、走过场，尤其是对于已经出现过失密、泄密事件的单位，整改一定要到位。

（3）组织专项督查。对督查中发现的问题，实行限期整改。凡在规定时间内不能整改到位的，暂停发文发电或取消其受文资格；情节严重，造成失密、泄密的，严格实行领导责任追究制度。上级将督查情况予以通报。

第二节　企业秩序安全管理

一、企业秩序安全管理的含义

从广义上讲，秩序与混乱、无序相对，指的是在自然和社会现象及其发展变化中的规则性、条理性。从静态上来看，秩序是指人或物处于一定的位置，有条理、有规则、不紊乱，从而表现出结构的稳定性和一致性，形成一个统一的整体。就动态而言，秩序是指事物在发展变化过程中表现出来的连续性、反复性和可预测性。

对于企业来说，安全就是指企业的人、财、物不受损失，企业的组织结构不受伤害，企业的各种职能能够正常履行，企业的生存和发展不受威胁。

一个安全的系统，必须是稳定的、有序的系统。

稳定的系统，其内部的子系统和各个环节是明确的，互相之间的联系是紧密的。其内部结构是稳定的，既有垂直结构，又有平行结构，纵横交错，构成稳定的整体。对企业来说，既有从最高决策层到普通员工的纵向结构，又有员工与员工之间，职能部门与职能部门之间的横向结构。没有横向结构，就会造成部门之间、员工之间无法沟通的局面。如果只有横向结构，没有纵向结构，就会造成上下级之间的联系中断，使企业陷于瘫痪。无论哪一种局面,都会威胁企业的生产经营安全。

有秩序的系统是按照一定的程序运行的系统。控制论是研究各类系统的调节和控制规律的科学。控制论认为,在各类系统中有专门的控制机构来控制系统的运转,维持系统的稳定和秩序。控制发出指令,作为控制信息传递到系统各个部分(即控制对象)中去,由它们按指令执行之后再把执行的情况作为反馈信息输送回来,作为决定下一步调整控制的依据,这是一个完整的按程序进行的有序过程。

安全与秩序有着非常密切的关系。秩序是安全的基础,安全是秩序的保证。没有秩序的安全是脆弱的,没有安全的秩序是暂时的。安全与秩序二者互为因果、相辅相成。对于企业来说,尤其是煤矿企业,安全和秩序是其生命线。没有安全和秩序,也就没有质量和效益,安全、秩序、质量、效益四位一体,密不可分。

因此,企业秩序安全管理,就是为了使企业稳定,秩序井然而从事的管理活动。

二、企业秩序安全管理的功能

我国正处于改革进程中,新旧体制并存,必然会发生不同程度、不同形式的矛盾冲突。在政治体制和经济体制乃至各种组织和部门之间也会产生种种矛盾,而这种从局部的、本位的、不同角度所产生的权利与义务之争,如果处理不妥,企业的秩序安全将得不到保证,势必会影响企业中心任务的顺利完成。从主观上讲,一个人因其思想态度、观点立场、修养能力的不同而会对具体工作产生不同的认识理解、采取不同的工作方法,也可能因其职权的大小、管理范围的宽窄、所处地位的不同,形成对政策掌握的宽严不同、工作步伐的不一致、发展的不平衡,进而产生矛盾冲突、各自为政等不正常现象。这些问题如果得不到解决,企业的秩序安全将无从谈起。

基于这些现实,可以了解到企业秩序安全管理的重要作用:

(1) 使全体工作人员在总目标的前提下,团结一致,齐心协力地进行工作、克服摩擦、减少内耗、增进效益;

(2) 使组织内部各个部门、各个人员之间,在工作上既分工明确,又密切配合,消除推诿扯皮现象,避免工作的重复和遗漏;

(3) 使整个组织具有强大的凝聚力,人尽其责,各司其职,工作井然有序,保证组织机构的正常运转,产生"整体大于部分之和"的效应,提高工作效率。

三、企业秩序安全管理的主要内容和方式

一般来说,企业的秩序安全管理包括以下几个方面。

(1) 内部关系的秩序安全管理。从单位内部讲,各部门之间应理顺工作关系和工作程序,完善运行机制,使之能紧紧围绕中心任务和总目标协调一致地开展工作。

(2) 平级关系的秩序安全管理。平级关系是指本单位和其他单位之间的关系。应当对平级关系秩序安全进行管理,保证平级关系的顺畅。按照系统论观点,一个系统总是存在于一个更大的系统之中,它要和其他系统发生千丝万缕的联系,绝对封闭的系统是不存在的。在改革开放的年代,这种横向的秩序尤为重要。

(3) 上下关系的秩序安全管理。上下关系即纵向关系,是指本单位与上线领导机关,

本单位与下属基层单位或业务部门之间的关系。对这一关系的秩序安全进行管理，主要是使管理层次之间通过信息传递实现双向沟通，上下协调一致。其主要任务是根据国家的法律法规、政策，以及一个时期内企业的重大战略部署，上级对下级通过开会、发文等形式，使下级的思想、行为能够统一到正确轨道上来，完成共同的目标和任务。

（4）领导之间关系的秩序安全管理。各单位领导由于各自认识上的差异和分管不同工作的局限，往往会对同一问题产生不同的看法。管理部门要主动向领导成员特别是主要领导全面反映情况，沟通不同意见，努力协调好领导成员之间的秩序。

企业秩序安全管理的途径主要有以下几种。

（1）通过会议进行秩序安全管理。这是管理工作经常使用的重要方法，适用于带有普遍性、涉及对象多、范围广以及必须明确职责任务与分工的工作的秩序安全管理。

（2）通过计划进行秩序安全管理。这是统一筹划安排工作进程的一种科学协调办法。其基本点在于统一筹划、合理安排，采用网络的形式来反映一项工作的计划和安排，据此来进行协调和控制。

（3）通过中介进行秩序安全管理。这是对于牵涉面小、不太复杂的问题采用的秩序安全管理方法。

（4）通过文件进行秩序安全管理。这是通过发布各种政策性、制度性文件等形式，来规范各方行为，促使其按章办事，达到统一行动的目的。

（5）通过强制进行秩序安全管理。强制适用于有直接隶属关系的秩序安全管理。这种管理是必须坚决执行的，没有讨价还价的余地。这种以领导指示或上级发文形式进行的管理，直接反映了领导机构和领导的意志，具有显著的权威性。

（6）通过信息协调进行秩序安全管理。在日常工作中，有大量工作都是通过信息的沟通进行的。一个单位的信息发生滞塞，就会导致指挥不灵、运作失调。及时有效地使上情下达、下情上达、左右联络、内外沟通，就能及时沟通情况、交流经验、反映问题、解决矛盾，从而维护秩序安全。

（7）通过随机协调进行秩序安全管理。有些问题由于其本身的不确定性，不能要求有一种固定不变的管理方法，此时要根据不同的情况，临时采用不同的方法进行灵活处理。

四、企业秩序安全管理中的常见问题及应对策略

现代企业在秩序安全管理方面主要存在如下问题。

（1）传统的企业内部秩序与规则是在原有的行政管理体制中形成的，带有"官本位"的色彩。在市场经济条件下，如果企业内部秩序依然按照以往的规则行事，其结果必然会出现推卸责任、推诿扯皮、投机、官商作风、拉关系开后门等官僚主义行为。

（2）"秩序"是企业效率的来源，是企业领导人支配力和影响力的来源，是产业社会迅速发展的秘密。美国、日本等西方发达国家之所以在经济发展上占有优势，是因为它们建立了高效的社会秩序，它们的企业也建立了高效的运营秩序。

（3）任务设计不合理，制度不规范，导致在企业运作中，员工与员工之间产生任务矛盾。

（4）员工素质偏下，缺乏团队精神等。

面对上述问题,可以采取如下应对措施。

(1) 打破"官本位"的壁垒,按等级秩序进行设计。打破原人事管理体制,取消原行政级别与待遇上的规范与规则,按企业功能与结构的要求以及每个职工对实现企业使命与目标的贡献进行排序,确定等级秩序。

(2) 以新的评价标准进行考核和奖惩。企业不能再以旧有方式对人进行评价,而应根据其现实工作态度、能力和业绩进行评价,并把评价的结果作为职务等级、工资等级、奖励、培训和内部调迁的依据。每个职工只需承担起自己的工作责任,专心致志地做好工作,谋求人事待遇,实现自身价值。

(3) 用规章制度把内部秩序安全规范化。企业总是要以规章制度把这一切行为规定下来,确保企业整体合理、高效运作。只要企业每一个成员,包括企业领导人,能从整体运作中体现个人价值,看到希望,合理的规章制度就能顺利得到推行。

第三节　消 防 管 理

一、消防管理的含义

"消防管理"这个词在我国出现于 20 世纪 60 年代。如在 1963 年 10 月公安部颁发的《关于城市消防管理工作的规定(试行草案)》中,从文件标题及其内容都提出了"消防管理"这个概念。消防管理应当属于社会管理的范畴,具体讲应当属于社会安全管理的范畴,故其全称应为"消防安全管理",消防监督管理包括于其中。

按照狭义的理解,消防安全管理是指各级政府及其所属或所辖区域内各个单位企事业单位及其他组织,为使本辖区、本单位免遭火灾危害而进行的各项防火和灭火的管理活动。它是政府及各个单位内部行政管理活动的主要内容之一。

消防监督管理是政府或单位下属具体管理消防安全事务的职能部门的职能之一。对国家的职能部门来讲,消防监督管理是指各级政府所属的公安消防机关根据法律赋予的职权,依据有关消防法规、规范、标准,对法律授权监督范围内的单位或个人的消防安全工作实施监察督导的管理活动。对具体单位来讲,消防监督管理是指各单位所属的消防安全管理部门根据单位规章所赋予的职权,对授权范围内的下属单位或个人的消防安全工作实施监察督导的管理活动。

综上所述,消防监督管理是各级政府或单位为了更好地实施消防安全管理,保证各项消防安全措施的落实而采取的行政干预手段,是消防安全管理的一个重要组成部分,二者是种属关系。

单位消防监督管理是单位消防安全管理的组成部分,单位消防安全管理机构的工作也是单位生产、生活、工作秩序和经济管理的重要组成部分。所以,单位的法人代表应当把本单位的消防安全工作列入重要日程,并认真履行法定的消防安全职责。

二、消防管理的功能

一般来说,消防管理的功能有以下几种。

1．保护员工人身和财产安全

做好消防工作,确保员工的生命财产安全,这是由消防工作的属性决定的。员工是企业利润的创造者,是社会物质财富的创造者。随着国民经济和社会的发展,城乡人民生活水平不断提高,公司环境装修的档次愈来愈高,电器和具有易燃易爆特性的城市燃气也越来越多地进入企业领域,公司里的火灾因素也随之增多。一旦发生火灾,不仅会造成财产的严重损失,而且会造成人员伤亡。有时一家失火,殃及四邻,影响更多人的正常生活。可见做好消防工作,对于保护员工的生命财产免受火灾危害,为员工创造良好的生活秩序、工作秩序、生产秩序,以及保障人们安居乐业具有重要作用。

2．保护公共财产安全

公共财产是企业的物质财富。火灾对公共财产造成的损失是触目惊心的。必须看到,随着经济的不断发展,公共财产会越来越多,保护公共财产免遭火灾侵害的任务必将日趋繁重。

3．保障企业的正常运作

保障企业的正常运作,是消防工作十分重要的任务。消防工作应服从、服务于经济建设这个大局,为经济建设保驾护航。随着现代化建设的发展和改革的深化,科学技术的不断进步,新工艺、新技术、新设备、新材料的不断出现,工农业生产、交通运输、高层建筑不断发展,以及石油化工产品的不断增加,火灾因素将日益增多。

企业的运转如同一台大机器,牵一发而动全身。一处发生火灾,特别是重大火灾,对企业的影响往往远远超乎想象。因此,保卫经济建设的顺利进行,使企业的生产成果免受火灾危害,是消防工作的一项重要任务。

三、消防管理制度建设的要点

在建设消防管理制度时,关键要考虑以下五个方面。

1．转变消防观念,增强消防意识

在企业中,人的素质存在着不同的状态,无论是从事技术的,还是从事管理的,以及为数不少的进城务工人员。他们的文化素质、心理素质、技术素质、安全意识等方面存在差异。基于此,如果说企业只讲发展,认为消防工作是"拣芝麻",将其置于"被人遗忘的角落",那么,事故就会防不胜防。因此,要通过各种形式提高员工及进城务工人员的认识水平,转变观念,改变人们对消防工作的模糊认识,树立科学发展观,不断改进和加强消防工作,切实提高企业的火灾防御能力。

2．强化消防知识培训和消防演练

要提高自防自救能力,就要组织员工进行消防安全培训,学习《安全生产法》《消防法》《机关、团体、企业、事业单位消防安全管理规定》和基本的防火、灭火常识,定期开展自查,要做到"三懂""四会"。"三懂"即懂得本部门的火灾危险性、懂得预防火灾的措施、懂得自查整改存在的火灾隐患;"四会"即会报警、会使用灭火器材、会组织人员疏散、会扑救初起之火。

3. 建立消防工作激励机制

员工的激励机制可以激发员工的工作热情,这是搞好消防工作不可缺少的有效方法。实施有效的员工激励机制,有利于调动员工的积极性、创造性,有利于形成"人人关心、个个参与"的良好氛围。激励的形式多种多样,企业既可以给予成绩突出者以物质奖励和精神奖励,又可以采取关怀激励和榜样激励,只有充分调动不同对象的积极性,才能起到长期激励作用。当然,消防工作是一项量大面广的工作,对于这一特性,企业必须具有长远眼光,强化内部管理,建立健全消防安全管理制度,严格落实消防安全责任制,制定科学的激励机制,使员工在做好本职工作的同时对消防工作毫不懈怠。

4. 完善消防设施,保障消防需要

配备必要的设备设施,是衡量一个企业对消防工作重视程度的标尺。所以,各个重点防火部位及车间部门要配齐灭火器材。企业根据实际需要,可配置适当数量的手提式灭火器、消防水桶、消防沙袋等。各种消防器材一定要放在明显和方便提取的位置,并设置"消防用品,不得挪用"的明显标志,同时确保通道畅通,尤其要在大楼的每一层设置标明"出入口"的醒目标志。

5. 与时俱进,充实、更新消防知识

由于现在火灾和灾害性事故具有危害性大、情况复杂等特点,消防人员必须具备良好的素质。企业消防人员要具备开拓创新的能力、相应的专业知识水平和业务素质,要学习现代消防科学知识和技术,改变传统的模式,尤其要了解掌握现代建筑中自动报警和自动灭火系统,学会正确使用消防气压给水设备远距离控制设施、新型应急电源的选用、钢结构防火保护、车辆灭火、各类气体灭火等知识。为了充实自己的知识,就要有科学的学习方法,不是机械地学习,而是要学以致用。

四、消防管理中的隐患及排除措施

企业火灾的直接原因主要有以下几种。

(1)电气原因。企业发生的火灾,由于电气原因引起的一般在30%以上,有的县(市、区)高达50%。这主要是由于:大多数企业没有正式的电工,乱拉乱接电线现象比较普遍,缺乏必要的维护保养措施;电器设备不合安全要求;工人违章使用电器;下班没有及时切断电源等。

(2)违反安全制度。许多企业员工学历较低,他们初进工厂,组织纪律性较差,法制观念淡薄,违章操作现象比较普遍。经济效益支配着他们的一切活动,较少考虑社会效益、环境效益和企业安全。

(3)企业环境设计不符合防火安全要求,消防器材不足。很多企业一般都不是先经设计建造厂房而后再开工生产的,大多是利用现成的房屋,如闲置的库房、办公室、礼堂等建筑。这些建筑一般耐火等级较低,消防安全条件较差。

(4)生产设备比较陈旧,工艺比较落后。乡镇企业的生产设备多数比较落后,有相当一部分不符合安全生产的要求。他们大多采用国有企业更换下来的旧设备,或者是自己建造的土设备,有的则是有旧有新的混合设备,加上工艺管理自动化程度低,设备安全保护条件差,操作工劳动强度大,极易发生火灾、爆炸事故。

（5）员工素质较差,干部管理水平较低。乡镇企业员工基本上都是本地农民,其招工一般没有什么严格条件,或者靠某种"关系",或者因家庭困难照顾,至于这些人是否符合本企业生产需要则极少考虑。这些工人的文化水平普遍较低,进厂后,一般很少经过专门培训,受过消防安全教育的则更少。

面对这些隐患,应从以下几个方面着手解决。

（1）大力开展消防宣传,普及消防常识。以往的火灾教训说明,在干部职工中确立消防安全观念是预防和减少火灾的首要条件,提高企业人员的素质是做好企业消防安全工作的关键。

（2）兴办企业,确定生产项目,要考虑自身条件。不能要求一般企业和国有企业一样,先建好厂房、买好设备、培训好工人再开工生产。但要办好一个企业,生产某种产品,就必须具备这些最基本的条件。

（3）健全消防组织,配备消防器材,提高消防自救能力。所有企业都应建立义务消防组织,根据企业规模和生产性质配备专职或兼职防火员,有条件的要建立专职消防队。企业的各级部门要有专门机构或人员负责消防安全工作,在条件成熟的地区可建立消防联防组织。

（4）做好规划工作。在企业集中的工业区、开发区要有发展规划,厂房布局、道路建设、消防水源设置都要列入村镇规划的范畴,逐步予以实施。要力求做到厂房布局合理,厂房与民用建筑分开;要建好道路,企业都要有机动车路可通;要区别不同条件建设好消防水源,如在天然水源处设置停车(泵)位置,开辟消防水源,安装消火栓等。

（5）进一步加强对企业的消防安全监督管理。要做好企业的消防安全工作,还必须充分发挥各级公安消防监督部门的作用。这就要求各级公安消防部门经常深入企业开展消防安全检查,主动为企业领导当好消防安全参谋,不断为企业培训消防安全管理人才,普及消防常识。

第四节 应急管理

一、应急管理的含义

2006年1月8日国务院发布实施的《国家突发公共事件总体应急预案》标志着我国应急预案框架体系初步形成。是否已制定应急能力及防灾减灾应急预案,反映了社会、企业、社区、家庭的安全文化的基本素质状况。作为公众中的一员,我们每个人都应具备一定的安全减灾文化素养及良好的心理素质和应急管理知识。

应急概念是对于特重大事故灾害的危险问题提出的。危险包括人的危险、物的危险和责任危险三大类。首先,人的危险可分为生命危险和健康危险;物的危险指威胁财产的火灾、雷电、台风、洪水等自然灾害或指挥错误、操作失误等人为事故;责任危险是指产生于法律上的损害赔偿责任,一般又称为第三者责任险。其中,危险是由意外事故、意外事故发生的可能性及蕴藏意外事故发生的可能性的危险状态构成的。

应急预案是指面对突发事件如自然灾害、重特大事故灾害、环境公害及人为破坏的应急管理、救援计划等。它一般应建立在综合防灾规划之上，主要包括以下几个子系统：

(1) 完善的应急管理指挥系统；

(2) 强有力的应急工程救援保障体系；

(3) 综合协调、应对自如的相互支持系统；

(4) 充分备灾的保障供应体系；

(5) 体现综合救援的应急队伍等。

应急管理及救助中心是事故灾害的"神经中枢"，它必须具备通信、预警、灾情评估和监视、确定行动重点地带、协调及分配救灾力量、公众信息与新闻媒介等多方面的功能；同时，必须要求各级管理者及公众熟悉应急预案的内容。对现代安全减灾来讲，最重要的是城市人口或企业人口应急疏散。科学统计表明，已制定应急预案及疏散避难对策，与未制定应急预案及疏散避难对策的单位和社区相比，灾害造成的人员伤亡可相差40%左右。

应急管理是指政府及其他公共机构在突发事件的事前预防、事发应对、事中处置和善后管理过程中，通过建立必要的应对机制，采取一系列必要措施，保障公众生命财产安全，促进社会和谐、健康发展的有关活动。企业应依法配合政府做好企业自身的应急管理工作。

应急管理是对突发事件的全过程管理，根据突发事件的预防、预警、发生和善后四个发展阶段，应急管理可分为预防与应急准备、监测与预警、应急处置与救援、事后恢复与重建四个过程。应急管理又是一个动态管理，包括预防、预警、响应和恢复四个阶段，均体现在管理突发事件的各个阶段。应急管理还是个完整的系统工程，可以概括为"一案三制"，即突发事件应急预案，应急机制、应急体制和应急法制。

二、应急管理机制及体系

机制是各种程序、关系构成的动作模式，是各种制度化、程序化的方法与措施。这些方法和措施是经过实践证明有效的，通过总结归纳上升到一定的理论高度，并有相应的规章制度作保障的工作方式和方法。机制具有功能性的特征，侧重的是系统实际运作的功效发挥以及行为性能或绩效表现。机制的衡量标准主要是灵活性、效率性、顺畅性、协调性等。实践中的工作机制具有如下几个特点。

(1) 稳定性。机制是经过实践检验证明有效的、较为固定的方法，对实践工作具有一定的指导意义，不因组织负责人的变动而随意变动。

(2) 规范性。机制要求所有相关人员都要遵守，具有一定的强制力和约束力，而不是个人做事的一种偏好或经验。

(3) 累积性。机制是在各种有效方式、方法的基础上总结和提炼得出的经验性成果，能够有效地指导和推动实践工作的开展。

(4) 综合性。机制一般是依靠多种方式、方法来起作用的。例如，建立起各种工作机制的同时，还应有相应的激励机制、动力机制和监督机制来保证工作的落实、推动、纠错、评价等。

(5) 发展性、机制是实践中各种有效经验与方法的总结和提炼，而经验性的东西总是有其局限性,因此,机制必须内含一种自我纠错、更新、完善的机制,随着实践的发展(尤其需要随着科技进步与管理水平的提高)而不断得到更新和完善。

据此,可把应急管理机制界定为:应急管理机制是指在突发事件事前、事发、事中、事后全过程中,采取的各种制度化、程序化的应急管理方法与措施。

三、应急管理预案

应急预案是针对具体设备、设施、场所和环境,在安全评价的基础上,为降低事故造成的人身、财产与环境损失,就事故发生后的应急救援机构和人员,应急救援的设备、设施、条件和环境,行动的步骤和纲领,控制事故发展的方法和程序等,预先做出的科学、有效的计划和安排。

应急预案可以分为企业预案和政府预案。企业预案由企业根据自身情况制定,由企业负责;政府预案由政府组织制定,由相应级别的政府负责。根据事故影响范围不同可将预案分为现场预案和场外预案。现场预案又可以分为不同等级,如车间级、工厂级等;而场外预案按事故影响范围的不同,又可以分为区县级、地市级、省级、区域级和国家级。

重大事故应急预案可根据 2004 年国务院办公厅发布的《国务院有关部门和单位制定和修订突发公共事件应急预案框架指南》进行编制。应急预案的主要内容应包括以下几点。

(1)总则。说明编制预案的目的、工作原则、编制依据、适用范围等。

(2)组织指挥体系及职责。明确各组织机构的职责、权利和义务,以突发事故应急响应全过程为主线,明确事故发生、报警、响应、结束、善后处理等环节的主管部门与协作部门;以应急准备及保障机构为支线,明确各参与部门的职责。

(3)预警和预防机制。包括信息监测与报告,预警预防行动,预警支持系统,预警级别及发布(建议分为四级预警)。

(4)应急响应。包括分级响应程序(原则上按一般、较大、重大、特别重大四级启动相应预案),信息共享和处理,通信,指挥和协调,紧急处置,应急人员的安全防护,群众的安全防护,社会力量的动员与参与,事故调查分析、检测与后果评估,新闻报道,应急结束等11 个要素。

(5)后期处置。包括善后处置、社会救助、保险、事故调查报告和经验教训总结及改进建议等。

(6)保障措施。包括通信与信息保障,应急支援与装备保障,技术储备与保障,宣传、培训和演习,监督检查等。

(7)附则。包括有关术语、定义,预案管理与更新,国际沟通与协作,奖励与责任,制定与解释部门,预案实施或生效时间等。

(8)附录。包括相关的应急预案、预案总体目录、分预案目录、各种规范化格式文本,相关机构和人员通讯录等。

四、突发事件应急处理程序及方法

当出现突发事件时,可以参考下列程序和方法进行处理。

1．建立应急小组

应急小组包括事故应急指令系统、事故报警系统、指令执行程序、应急指挥中心、事故处理主要负责人的姓名、现场主要指挥者或代理指挥和关键岗位工人名单。

2．保持通信网络畅通

如果出现事故,应保证急救、卫生、安全监督管理、新闻等有关部门和人员的联系方式真实、有效,完善通信设施、通信网络、电话号码表等,及时掌握事故发展的最新动态,做出快速反应。

3．特殊应急设备和设施的调度

应列出重型提升、挖掘设备和特殊消防设备的名称、型号大小、数量、存放地点、负责人及调用方法等。

4．建立专家咨询系统

专家咨询系统应由和事件有关的各个领域的专家组成,包括专家名单及联系方式。

5．提供问题来源的信息

应包括问题来源的详细情况说明和与之相关的其他危险情况。

6．保证物资的供应

应提供尽可能充足的物资,如交通工具、医疗器材、药品、衣物、食品、临时避难场所、资金等。

7．公开事件信息

安抚员工并告知事故的发生发展情况以及损失情况。

8．事件应急处理预案的评估

收集事件发生的原因并检验事故应急处理预案每一方面的有效性,以对事故应急处理预案做出进一步的修改和补充。

本章小结

本章主要介绍了企业安全管理知识。保密工作,是指从国家的安全和利益出发,将国家秘密控制在一定的范围和时间内,为防止泄露以及被非法窃取利用而采取的一切必要的防范措施与手段。企业保密管理是对保密工作进行的管理,即在企业保密工作中,发挥管理的计划、组织、领导、控制职能,使得保密工作达到最优。秩序与混乱、无序相对,指的是在自然和社会现象及其发展变化中的规则性、条理性。消防安全管理是指各级政府及其所属或所辖区域内各企事业单位和其他组织,为使本辖区、本组织免遭火灾危害而进行的各项防火和灭火的管理活动。它是政府及各个单位内部行政管理活动的主要内容之一。应急管理是指政府及其他公共机构在突发事件的事前预防、事发应对、事中处置和善后管理过程中,通过建立必要的应对机制,采取一系列必要措施,保障公众生命财产安全,促进社会和谐、健康发展的有关活动。

本章练习

一、判断题

1. 企业秘密是指不为公众所知悉、能为权利人带来经济利益、不具有实用性并经权利人采取保密措施的技术信息和经营信息。　　　　　　　　　　　　　（　　）

2. 保卫社会主义现代化建设的顺利进行，是当前和今后一个时期保卫工作的主要任务。　　　　　　　　　　　　　　　　　　　　　　　　　　　　　（　　）

3. 企业的信息保密管理，包括文件和资料保密、计算机保密、宣传报道保密以及通信保密。　　　　　　　　　　　　　　　　　　　　　　　　　　　　　（　　）

4. 宣传报道保密，就是对宣传报道中可能发生的泄密，采取一系列防范措施，确保国家秘密的安全。　　　　　　　　　　　　　　　　　　　　　　　　　（　　）

5. 对于企业来说，安全就是企业的人、财、物不受损失，企业的组织结构不受伤害，企业的各种职能能够正常履行，企业的生存和发展不受威胁。　　　　　　　（　　）

6. 消防监督管理是政府或单位下属具体管理消防安全事务的职能部门的全部职能。　　　　　　　　　　　　　　　　　　　　　　　　　　　　　　　　　（　　）

7. 单位消防监督管理是单位消防安全管理的组成部分，单位消防安全管理机构的工作也是单位生产、生活、工作秩序和经济管理的必要组成部分。　　　　　　　（　　）

8. 做好消防工作，确保员工的生命财产安全，这是由消防工作的性质决定的。　　　　　　　　　　　　　　　　　　　　　　　　　　　　　　　　　　（　　）

9. 应急预案指面对突发事件如自然灾害、重特大事故灾害、环境公害及人为破坏的应急管理、救援计划等。　　　　　　　　　　　　　　　　　　　　　　　（　　）

10. 应急管理是指政府及其他公共机构在突发事件的事前预防、事发应对、事中处置和善后管理过程中，通过建立必要的应对机制，采取一系列必要措施，保障公众生命财产安全，促进社会和谐、健康发展的有关活动。　　　　　　　　　　　　（　　）

二、单项选择题

1. 不为公众所知悉、能为权利人带来经济利益、具有实用性并经权利人采取保密措施的技术信息和经营信息是指（　　）。

　　A. 企业秘密　　　　　　　　　　　B. 企业安全

　　C. 保密工作　　　　　　　　　　　D. 保密管理

2. 保密工作的基本任务是（　　）。

　　A. 保卫国家经济事业的安全　　　　B. 保卫企业的隐私

　　C. 保卫公民的隐私　　　　　　　　D. 保卫公民的人身安全

3. 面对突发事件如自然灾害、重特大事故灾害、环境公害及人为破坏的应急管理、救援计划等是指（　　）。

　　A. 应急预案　　　　　　　　　　　B. 应急处理

　　C. 应急管理　　　　　　　　　　　D. 应急人员的工作

4. 事故灾害的"神经中枢"是指(　　)。

　　A. 应急管理及求助中心　　　　　　　B. 医院

　　C. 急诊室　　　　　　　　　　　　　D. 消防队

5. 应急预案可以分为企业预案以及(　　)。

　　A. 政府预案　　　　　　　　　　　　B. 区域预案

　　C. 国家预案　　　　　　　　　　　　D. 一般预案

三、多项选择题

1. 企业保密管理应该遵循(　　)原则。

　　A. 合法性　　　　　　　　　　　　　B. 针对性

　　C. 有效性　　　　　　　　　　　　　D. 可行性

2. 企业保密管理的内容有(　　)。

　　A. 企业的经济保密管理　　　　　　　B. 企业的科技保密管理

　　C. 企业的涉外保密管理　　　　　　　D. 企业的信息保密管理

3. 面对企业的保密问题,应该采取的措施有(　　)。

　　A. 要切实加强领导　　　　　　　　　B. 要开展自查自纠

　　C. 要组织专项督查　　　　　　　　　D. 要多关心员工

4. 企业的秩序安全管理有(　　)。

　　A. 内部关系的秩序安全管理　　　　　B. 左右关系的秩序安全管理

　　C. 上下级关系的秩序安全管　　　　　D. 领导之间关系的秩序安全管理

5. 消防管理的功能有(　　)。

　　A. 保护员工人身和财产安全　　　　　B. 保护公共财产安全

　　C. 保障企业正常运作　　　　　　　　D. 保证工资正常发放

四、问答题

1. 企业保密管理应该遵循哪些原则?

2. 企业保密管理中的常见问题及预防措施有哪些?

3. 企业秩序安全管理的功能有哪些?

4. 企业秩序安全管理的内容包括哪些方面?

5. 企业秩序安全管理中的常见问题及应对策略有哪些?

五、案例分析题

汇丰银行遗失服务器　泄露16万客户资料

　　汇丰银行观塘裕民坊分行(以下简称汇丰)被揭上月底装修期间,遗失一部载有近16万客户资料的计算机服务器,警方已将案件列为盗窃案处理。汇丰未即时公开事件,亦未即时通知金管局及个人资料私隐专员公署备案,令受害客户在过去11天内被蒙在鼓里。汇丰昨晚发表声明证实,遗失的客户资料包括账户号码、姓名、交易金额,但不包括任何私人口令或客户名称,银行正与受影响客户联络。金管局促请汇丰尽快做出补救措施及通知客户,以免造成损失。

　　汇丰解释,服务器设有多重保安措施,泄露资料而导致不法活动的机会甚微,银行正联络有关客户,并已加强保安措施,避免同类事件重演。声明又重申,发现事件后已即时报警,警方正调查事件,汇丰向受影响客户致歉,并指若有客户因任何诈骗活动而遭受财务损失,汇丰无须承担责任。生产力促进局信息科技首席顾问古炜德表示,银行分行的服务器一般都不会保存客户的全套资料,但他担心分行服务器的保密程度不会太高,比较容易被人破解并利用这些资料。

科大电机及电子工程学系助理教授缪伟豪表示,汇丰银行的服务器于上个月遗失,现在才被揭发,时间太长,加密技术有可能被破解,客户资料有外泄风险,建议受影响客户尽快更改全部账户的口令。

(资料来源:《商场如战场,企业如何打好数据信息安全"商业战"?》,风奥科技 2019 年 7 月 12 日,有删改)

根据上述案例,解答以下问题(单项选择)。

1. 汇丰的保密管理在哪方面出了问题?(　　)

    A. 企业的经济保密管理　　　　　　B. 企业的科技保密管理

    C. 企业的涉外保密管理　　　　　　D. 企业的信息保密管理

2. 根据上述案例,要避免这种事件,企业保密管理应该遵循的最基本原则是(　　)。

    A. 合法性　　　　　　　　　　　　B. 针对性

    C. 有效性　　　　　　　　　　　　D. 可行性

3. 服务器中不为公众所知悉、能为权利人带来经济利益、具有实用性并经权利人采取保密措施的技术信息和经营信息是指(　　)。

    A. 企业秘密　　　　　　　　　　　B. 企业安全

    C. 保密工作　　　　　　　　　　　D. 保密管理

4. 企业的安全工作涉及多方面的内容,汇丰在哪方面做得不够?(　　)

    A. 企业的环境设施安全　　　　　　B. 人员安全

    C. 资料和信息安全等　　　　　　　D. 文化安全

各章练习参考答案

第一章

一、判断题

1. × 2. × 3. × 4. √ 5. × 6. × 7. × 8. × 9. √ 10. √

二、单项选择题

1. C 2. D 3. B 4. A 5. B

三、多项选择题

1. ABCD 2. ABCDE 3. ABCDE 4. AB 5. ABCD

四、问答题

1. 参考答案：

计划职能是确定企业的目标及实现目标的方案,组织职能、领导职能和控制职能是保证企业目标的实现。从某种意义上说,它们同属于企业管理的"维持职能",其任务是保证企业按预定的方向和规则运行。但是,企业行政管理是在动态环境中生存的社会经济系统,仅有维持是不够的,还必须不断调整系统活动的内容和目标,以适应环境变化的要求,这就是经常被人们忽视的企业行政管理的"创新"。在知识经济时代,"不创新就死亡"已经成为企业活动的基本准则。如果说知识经济区别于传统经济的显著特征就是创新,那么创新则不容置疑地成为知识经济的精神内核。因此,全面提升企业的创新能力已经成为知识经济时代企业生存发展的关键所在。

2. 参考答案：

马斯洛的人类基本需求层次理论把人的需要归纳为五大类,并按其重要性和发生的先后次序排列成一个需要等级系列：①生理上的需要；②安全上的需要；③感情和归属上的需要；④地位和受人尊敬的需要。

3. 参考答案：

企业行政管理工作内容有：①计划工作；②组织工作；③指挥工作；④控制工作。

4. 参考答案：

企业行政管理职能有：①信息收集职能；②决策计划职能；③组织沟通职能；④统筹协调职能；⑤检查监控职能。

五、案例分析题

1. B 2. A 3. D 4. B 5. C

第二章

一、判断题

1. √ 2. × 3. √ 4. × 5. × 6. × 7. × 8. × 9. × 10. √

二、单项选择题

1. A　2. D　3. D　4. A　5. C

三、多项选择题

1. AB　2. ABCD　3. ABCD　4. ABC　5. ABCD

四、问答题

1. 参考答案：

(1) 建立一套完整的目标体系；

(2) 制定目标；

(3) 运用 SMART 原则对各项指标进行量化处理；

(4) 确定时间范围并组织实施；

(5) 对绩效进行评估并提供反馈。

2. 参考答案：

(1) 职工主体原则；

(2) 人性全面发展原则；

(3) 服务于人原则。

3. 参考答案：

(1) 目标激励；

(2) 强化激励；

(3) 榜样激励；

(4) 参与激励；

(5) 组织活动激励；

(6) 情感激励；

(7) 持股激励；

(8) 危机激励。

4. 参考答案：

(1) 职责权相称原则；

(2) 层级管理原则；

(3) 民主管理原则；

(4) 规范管理原则；

(5) 服务保障原则；

(6) 效率效益原则。

五、案例分析题

1. A　2. B　3. D　4. D

第三章

一、判断题

1. ×　2. ×　3. √　4. ×　5. ×　6. ×　7. ×　8. ×　9. ×　10. ×

二、单项选择题

1. B　2. A　3. D　4. D　5. A

三、多项选择题

1. ABCD 2. ABCD 3. ABCDE 4. AC 5. ABC

四、问答题

1. 参考答案：

任何行政管理系统都存在于一定的环境之中,环境不仅是建立行政管理系统的客观基础,而且是其生存和发展的必要条件。从一定意义上说,管理系统对周围环境变化的适应能力如何,关系到该系统的生存、稳定和发展,关系到管理目标能否实现。只有对外部环境有较强适应能力的管理系统,才能获得发展,才能取得成功。当然,一个有效的管理者不应消极、被动地应付复杂多变的环境,而应具有远见卓识,提前看到环境将要发生的变化,预先做出安排,变不利因素为有利因素,使事态朝着有利于自己的方向发展。

2. 参考答案：

(1) 客观性；

(2) 动态性；

(3) 相关性；

(4) 系统性。

3. 参考答案：

(1) PEST 分析法；

(2) 外部因素评价矩阵分析法；

(3) SWOT 分析方法。

4. 参考答案：

(1) 政治法律环境；

(2) 经济环境；

(3) 技术环境；

(4) 社会文化环境；

(5) 自然环境。

五、案例分析题

1. A 2. D 3. D 4. B

第四章

一、判断题

1. × 2. √ 3. √ 4. × 5. × 6. √ 7. × 8. √ 9. √ 10. ×

二、单项选择题

1. C 2. B 3. C 4. A 5. D

三、多项选择题

1. ABC 2. ABCD 3. AD 4. BCD 5. ABCD

四、问答题

1. 参考答案：

政企分开的基本含义是政府行政管理职能、宏观和行业管理职能与企业经营职能分开。即分别实现所谓的"三分开"：

一是实现政资分开,即政府的行政管理职能与国有资产的所有权职能的分离。

二是在政府所有权职能中,实现国有资产的管理职能同国有资产的运营职能的分离。

三是在资本运营职能中,实现资本金的经营同财产经营的分离。

2.参考答案:

现代企业治理结构的要义在于明确划分股东、董事会和经理人员各自的权利、责任和利益,从而形成三者之间的制衡关系。

首先,股东作为所有者掌握着最终的控制权,但是,股东一旦选定董事并授权董事会负责企业后,股东便不能随意干预董事会的工作了。

其次,董事会作为企业的法定代表全权对企业负责,具体委托经理人员负责日常经营事务,并有对经理人员进行监督和确定对经理人员激励的权利。但是,董事会最终要对股东负责。

最后,经理人员受聘于董事会,作为企业的意定代理人统管企业日常事务,在董事会授权范围内进行决策,其他人不得任意干预。经理人员的业绩要受到董事会的监督和评判。

3.参考答案:

企业的行政管理体制是企业的中枢神经系统。它是以总经理为最高领导、由行政副总分工负责、由专门行政部门组织实施、操作,其触角深入到企业的各个部门和分支机构的方方面面的一个完整的系统、网络。

4.参考答案:

(1)计划工作;

(2)组织工作;

(3)指挥工作;

(4)控制工作。

5.参考答案:

做好行政管理工作是企业有效运转的重要前提,也是经营者提高企业管理水平的一个切入点。

(1)能够使企业更好地适应形势发展的需要。

(2)能够增强企业的核心竞争力。

(3)能够保证企业平稳、有序、健康发展。

五、案例分析题

1.B 2.D 3.C 4.C

第五章

一、判断题

1.√ 2.× 3.√ 4.√ 5.× 6.√ 7.× 8.× 9.√ 10.×

二、单项选择题

1.D 2.B 3.D 4.A 5.B

三、多项选择题

1.ABC 2.ABCD 3.ABC 4.ABCD 5.ABCD

四、问答题

1. 参考答案：

企业行政组织也是社会组织的一种,它是指企业活动中一切具有行政功能的组织机构及其组织活动,是具体实施生产经营决策的执行组织。

2. 参考答案：

现代企业行政组织的特征包括扁平化、柔性化、分立化、网络化。

3. 参考答案：

常见的企业行政组织结构主要有直线型、直线参谋型、职能型和事业部型、矩阵型等几种类型。

4. 参考答案：

推动行政组织发展的动力因素是众多的,这些动力因素并不是彼此孤立、互不相干的,也不是单个地对行政组织发展产生影响,而往往是几个方面的动力因素同时发生不同程度的影响,产生一个合力,共同推动企业行政组织的发展。

(1) 在内因不变的情况下外因引起企业行政组织发展。

(2) 在外因不变的情况下内因引起企业行政组织发展。

(3) 内因与外因同时变化、相互作用,引起企业行政组织发展。

5. 参考答案：

非正式组织可能对行政组织有积极作用:一是信息交流,即一些不便通过正式行政组织解决的问题,通过非正式组织却易于解决;二是通过对协作意愿的调解,维持正式行政组织内部的团结;三是保护组织成员的心理健康,使之不受正式行政组织的过度支配。

五、案例分析题

1. C 2. C 3. A 4. D

第六章

一、判断题

1. × 2. √ 3. √ 4. × 5. √ 6. × 7. √ 8. √ 9. √ 10. √

二、单项选择题

1. A 2. B 3. D 4. C 5. C

三、多项选择题

1. BCD 2. ABCD 3. ABC 4. BCD 5. BD

四、问答题

1. 参考答案：

人力资源有以下几个特点。

第一,人力资源是一种活性资源,与物质资源和信息资源相比,它具有创造性。

第二,人力资源是具有增值性和可开发性的资源。

第三,人力资源是企业利润的源泉。

第四,人力资源是一种具有战略性的资源。

2. 参考答案：

企业人力资源管理,是指对企业人力资源的取得、开发、保持和利用等方面所进行的计划、组织、指挥和控制活动。

企业人力资源管理的重点环节有:第一,转变人力资源管理职能,建立一支面向现代企业的人力资源管理队伍;第二,实现人力资源在数量和质量上的合理配置;第三,建立科学、客观、规范的绩效管理体系;第四,改革企业内部收入分配制度。

3.参考答案:

企业行政人员管理的要点有:①基于并坚持业务导向和战略目标导向,围绕企业的安身立命之本——业务展开;②重视企业文化理念的建设,以理念吸引优秀人才,凝聚核心团队,支持企业长远发展;③保持足够的灵活性,对于策略、结构、制度等能够根据业务发展情况进行调整,以适应和匹配业务、战略与流程等的动态变动。

4.参考答案:

根据企业工作环境的形态,可以将企业工作环境分为自然环境和无形工作环境两大部分。

5.参考答案:

企业文化资源开发及运用在企业行政管理中的重要作用主要表现在以下几个方面:①企业文化资源是企业的核心资源;②企业文化资源的开发及运用是保证企业制度与企业经营战略实现的重要保障;③企业文化资源的开发及运用是企业制度创新与经营战略创新的理念基础;④企业文化资源的开发及运用是企业保持活力的内在动力。

五、案例分析题

1.D 2.D 3.C 4.A

第七章

一、判断题

1.× 2.√ 3.× 4.× 5.√ 6.× 7.× 8.× 9.× 10.×

二、单项选择题

1.A 2.B 3.C 4.D 5.D

三、多项选择题

1.ABCDE 2.ABCD 3.ABCDE 4.ABC 5.ABCD

四、问答题

1.参考答案:

企业行政预测是企业行政机构根据历史资料和新的信息、预测对象的运动变化趋势和规律,运用适当的方法和技巧,对预测对象的未来状态进行的分析估算和判断活动。其具体作用有:

(1)企业行政预测是帮助企业领导认识决策对象的重要手段;

(2)企业行政预测可以分析、判断决策对象的种种可能性,解释事物发展中的各种趋向,从而为拟定各种可能的备选方案提供依据;

(3)企业行政决策是选择决策、进行最佳决策的方法;

(4)企业行政预测是防止和避免企业行政决策片面化和执行有效行政决策的前提。

2.参考答案:

企业行政预测的一般程序与步骤:

（1）明确企业行政预测对象；

（2）收集信息和资料；

（3）确定预测方法和模型；

（4）进行预测计算和分析；

（5）评审预测结果。

3．参考答案：

企业行政决策的方法如下。

其一，计量决策方法：

（1）边际分析法；

（2）概率方法；

（3）费用效果分析法；

（4）效用方法；

（5）期望值方法；

（6）博弈论方法；

（7）线性规划方法。

其二，主观决策法。

4．参考答案：

企业行政计划的编制：

（1）订立目标；

（2）检视资源；

（3）制定行动方案；

（4）评选方案。

五、案例分析题

1．B　2．C　3．D　4．C

第八章

一、判断题

1．×　2．√　3．×　4．√　5．×　6．×　7．√　8．×　9．√　10．×

二、单项选择题

1．C　2．D　3．A　4．C　5．D

三、多项选择题

1．ABCDE　2．ABCE　3．ABCD　4．ABCDE　5．ABCD

四、问答题

1．参考答案：

企业行政协调是指企业行政组织与外部环境、企业行政组织内部各部门之间形成协同一致的和谐关系，以提高行政效率、实现行政目标的过程。它用于解决企业与社会不适应，企业内部部门职权不清、职权冲突、事权与人事的冲突等问题。企业行政协调的原则有刚柔相济原则、长期性原则、综合性原则、平等公正原则。

2．参考答案：

协调与上级关系的方法主要有：

（1）尊重上级，服从领导；

（2）主动汇报，下情上达；

（3）推功揽过，与上分忧；

（4）主动工作，不等不靠。

3．参考答案：

行政领导者所需的基本素质和能力素质如下。

其一，行政领导者的基本素质：

（1）良好的政治素质；

（2）精湛的法律素质；

（3）广博的知识素质；

（4）健康的身心素质。

其二，行政领导的能力素质：

（1）准确、果断的决策能力；

（2）良好的选才用人能力；

（3）自控、自制和处理危机的应变能力；

（4）较强的文字和口头表达能力。

4．参考答案：

员工在企业行政上下级关系协调中要做到：努力做好自己的本职工作，应服从领导的安排，工作要任劳任怨、爱岗敬业，干一行爱一行，服从领导，不无理抗上，正确对待领导批评，虚心请教。

五、案例分析题

1．C　2．D　3．A　4．A

第九章

一、判断题

1．√　2．×　3．×　4．×　5．×　6．√　7．×　8．×　9．×　10．√

二、单项选择题

1．A　2．B　3．C　4．D　5．B

三、多项选择题

1．ABC　2．ABC　3．ACD　4．ABCD　5．ABCD

四、问答题

1．参考答案：

企业行政沟通是指企业行政系统内部各部门之间、层级之间、人员之间凭借一定媒介和通道传递思想、观点、感情，交流情报信息，以期达到相互了解、支持与合作，使行政体系和谐有序运转的过程。其作用主要体现在：

（1）企业行政沟通是提高企业行政效率的保证；

（2）企业行政沟通是实现行政决策民主化的有效途径；

（3）企业行政沟通是医治官僚主义的良方；

（4）企业行政沟通是企业行政人员参与管理、改善企业内部人际关系、鼓舞士气、增强组织凝聚力的重要手段。

2. 参考答案：

企业行政沟通的方式如下。

其一，正式沟通：

（1）下行沟通；

（2）上行沟通；

（3）平行沟通；

其二，非正式沟通。

3. 参考答案：

行政沟通的主要障碍有语言符号方面的障碍、认识和理解上的障碍、组织和地位上的障碍、空间距离障碍、非语言符号的含糊性。

4. 参考答案：

破除沟通障碍的技巧：创造适宜的沟通气候、坚持行政人员的共同参与、增强沟通意识、减少沟通符号的含糊性、表述应适合对方的水平、沟通要及时等。

五、案例分析题

1. B　2. C　3. C　4. A

第十章

一、判断题

1. ×　2. √　3. ×　4. √　5. √　6. ×　7. √　8. √　9. ×　10. √

二、单项选择题

1. D　2. A　3. B　4. A　5. D

三、多项选择题

1. ACD　2. AB　3. ABC　4. ABCD　5. ABCD

四、问答题

1. 参考答案：

一般来说，办公室的地位包括：

（1）从领导决策过程看，办公室工作处在辅助者地位；

（2）从执行力角度看，办公室工作处在执行者地位；

（3）从协调职能看，办公室工作处在代理者地位；

（4）从处理日常事务职能看，办公室工作处在服务者地位。

2. 参考答案：

办公室的工作管理主要是对人员的管理，因为办公室管理的最重要对象是人。充分调动工作人员积极性，也就是开启他们的内部动力，这是至关重要的。主要做法有：

（1）心理激励；

（2）加强思想教育。

3．参考答案：

办公室管理的艺术性，主要表现在以下三个方面：

（1）巧妙的应变性；

（2）灵活的策略性；

（3）完美的协调性。

4．参考答案：

公司印章以其固有的法律属性和独特的社会现象，决定着它在社会交往和市场交易中举足轻重且不可替代的法律地位与权威，其对于维护公司形象和社会信用、保障交易安全和市场秩序，进而促进经济增长和整个社会文明进步等，都具有极为现实的重大意义。正因为公司印章具有这些区别于其他法律行为和标的的固有特性，那些不当甚至违法使用公司印章的行为，才会产生危害，以致构成刑事犯罪。因此，加强公司印章的严格规范管理和合法适当使用，具有重要的现实意义。

公司印章是公务活动的代表。作为社会交往尤其是经济交往主体的各级各类单位，其一切公务活动都与公司印章的管理与使用密切相关。公司印章甚至成为人们判断同一行为、同一文件、同一信息和同一对象是公司活动抑或个人活动的最直接和最显著的标志。公司印章其实就是这个公司及其全部活动的"代名词"，就是这个公司的"身份证"，其实际使用效力甚至远远超过该单位法定代表人及其代理人签章的效力。任何公司或者个人参与社会交往和经济交往的先决条件就是：不得不与相关公司的印章打交道并取得该公司印章的认可。可见，公司印章代表了所在公司的全部公务活动，是这个公司权力和金钱象征的全部，并因其实际使用而发生由该公司享有相关权益并承担相关责任及法律后果。

5．参考答案：

档案可分为以下几类：

（1）文书档案；

（2）基建档案；

（3）财务档案；

（4）人事档案；

（5）经营销售档案；

（6）客户服务档案；

（7）对外联络档案；

（8）声像档案。

档案管理的要点有：

（1）具体管理；

（2）整理上架；

（3）保管；

（4）提供利用；

（5）销毁。

五、案例分析题

1. D　2. D　3. A　4. D

第十一章

一、判断题

1. √　2. ×　3. √　4. √　5. √　6. √　7. √　8. ×　9. √　10. √

二、单项选择题

1. B　2. A　3. A　4. A　5. A

三、多项选择题

1. ABCD　2. ABCD　3. AB　4. AB　5. ABCD

四、问答题

1. 参考答案：

二战以后，随着资本主义国家经济的恢复和发展，世界经济竞争日趋激烈，西方各大公司、企业为了保持自己的垄断地位，更好地生存下去，纷纷把军事上的"logistics"思想和方法运用到生产管理中去。伴随着"logistics"在企业中的广泛使用，各行各业都将内部的行政事务和物质保障事务称之为"logistics"。在我国，随着新中国成立，"后勤"也逐渐地从军事术语拓展到各行各业中去，"高校后勤""机关后勤""企业后勤"等概念应运而生。这些概念虽然都具有自己独特的外延，但就其内涵来说，都具有"后勤"的共性，即"后方勤务"。在此，我们讨论的就是企业后勤。

2. 参考答案：

企业后勤服务的功能可以归结为两大方面的基本功能，即社会性功能和经济性功能。

企业后勤服务的社会性功能。这是由社会分工所决定的，体现后勤在社会生活中的职能和作用。

第一，企业后勤服务是企业工作和生活的保障力量，不仅为企业提供后勤服务、保障供给，而且还满足企业成员在企业中的基本生活需求。

第二，企业后勤服务是企业运作的基本力量，具有维护企业稳定的重要功能。企业是社会经济活动的基本单元，企业成员是社会活动的主要群体，因而，企业的稳定在社会稳定中具有特别重要的作用。

第三，企业后勤服务是企业发展的基础，具有促进经济健康发展的功能。一方面，企业后勤服务直接关系到企业工作的各个方面，直接影响着企业本身在社会进步中的作用，这也是其社会性功能的一种体现；另一方面，企业后勤服务本身就是社会第三产业的有机组成部分，企业后勤不仅直接反映社会的生产力水平，也反映社会的生产关系，是社会生产方式在特定领域的体现者。

3. 参考答案：

(1) 生活服务保障；

(2) 物资补给；

(3) 企业化装备维修；

(4) 医疗卫生保障；

(5) 住房保障；

（6）后勤人才培养。

4．参考答案：

（1）后勤服务项目的立项选择；

（2）服务项目的时间、质量、经费控制；

（3）转变职工观念；

（4）建立健全各种规章制度，使服务工作做到程序化、制度化和科学化；

（5）提高管理人员业务素质；

（6）运用现代化的管理手段，重点实施计划管理和目标管理服务工作，应确立明确的目标。

5．参考答案：

可从以下几个方面着手。

（1）在强化科学决策上下功夫；

（2）在强化制度落实上下功夫；

（3）在强化质量效益上下功夫；

（4）在强化队伍建设上下功夫。

五、案例分析题

1．B 2．A 3．B 4．A

第十二章

一、判断题

1．√ 2．√ 3．√ 4．√ 5．√ 6．× 7．× 8．√ 9．√ 10．√

二、单项选择题

1．A 2．A 3．A 4．A 5．C

三、多项选择题

1．ABCD 2．ABCD 3．ABC 4．ABCD 5．ABC

四、问答题

1．参考答案：

一般来说，企业保密管理应该遵循以下原则：

（1）合法性原则；

（2）针对性原则；

（3）有效性原则；

（4）可行性原则。

2．参考答案：

当前，企业保密管理工作也存在许多不容忽视的问题。

（1）保密意识淡薄。

（2）保密设施不完善。

（3）涉密载体管理混乱。

（4）保密要害部门部位管理不严。

3. 参考答案：

企业秩序安全管理的重要作用如下。

(1) 使全体工作人员在总目标的前提下,团结一致、齐心协力地进行工作,克服摩擦,减少内耗,增进效益。

(2) 使组织内部各个部门、各个人员之间,在工作上既分工明确,又密切配合,消除推诿扯皮现象,避免工作的重复和遗漏。

(3) 使整个组织具有强大的凝聚力,人尽其责,各司其职,工作井然有序,保证组织机构的正常运转,产生"整体大于部分和"的效应,提高工作效率。

4. 参考答案：

企业的秩序安全管理包括以下几个方面。

(1) 内部关系的秩序安全管理。

(2) 左右关系的秩序安全管理。

(3) 上下关系的秩序安全管理。

(4) 领导之间关系的秩序安全管理。

5. 参考答案：

现代企业在秩序安全管理方面存在以下问题。

(1) 传统的企业内部秩序与规则是在原有的行政管理体制中形成的,有"官本位"色彩。现在市场经济企业内部秩序若依然按照以往的规则行事,则必然会出现推卸责任,互相扯皮,投机,官商作风,以及拉关系、开后门等官僚主义行为。

(2) 秩序是企业效率的来源,是企业领导人支配力和影响力的来源,是产业社会迅速发展的秘密。但这一秘密通常被产业社会轰轰烈烈、无拘无束的表象所掩盖,诱惑许多企业领导人不在秩序上下功夫,而是舍本求末,投机取巧,最后往往弄巧成拙。

(3) 任务设计不合理,制度不规范,导致在企业运作中,员工与员工之间容易产生矛盾。

(4) 员工素质偏下,缺乏团队精神,等等。

面对上述问题,可以采取如下措施。

(1) 打破"官本位",按等级秩序进行设计。打破原有人事管理体制,取消原来行政级别与待遇上的规范与规则,按企业功能与结构的要求,以及每个职工对实现企业使命与目标的贡献进行排序,确定等级秩序。

(2) 以新的评价标准进行考核和奖惩,企业不能再以旧有方式对人进行评价,而是根据其现实工作态度、能力和业绩进行评价,并把评价的结果作为职务等级、工资等级、奖励、培训和内部调动的依据。每个职工只需承担工作责任,通过把工作做好来实现自身价值。

(3) 用规章制度把内部秩序安全规范化。企业要以规章制度把这一切行为规定下来,确保企业整体合理、高效运作。只要企业每一个成员,包括企业领导者,能从整体运作中看到希望,看到好处,合理规章制度即可得到顺利推行。

五、案例分析题

1. D　2. A　3. A　4. C

参考文献
Bibliography

[1] 邓向青.企业行政管理:涵义、职能与特点[J].文史博览(理论),2008(2):78-79.

[2] 杨亚捷.企业行政管理的特点及其要求分析[J].现代经济信息,2003(3):56.

[3] 万惠华.企业行政管理与创新[J].当代经理人,2006(1):109-110.

[4] 刘廷发,刘华.企业行政管理的功能特点及要点[J].甘肃科技,2008(16):98-99.

[5] 徐颂陶,李华中,董长岭,等.现代企业行政管理[M].北京:中国大百科全书出版社,1994.

[6] 张峰.企业管理[M].郑州:中原农民出版社,2008.

[7] 赵新平.新编行政管理学[M].济南:黄河出版社,2008.

[8] 刘灵,金霞.试论激励原理在企业管理中的运用[J].新疆社科论坛,1998(4):21-23.

[9] 王玉坤,王晓雷.浅谈企业柔性管理[J].经济技术协作信息,2009(12):F0003.

[10] 王效昭,赵良庆.现代企业管理学[M].合肥:安徽人民出版社,2008.

[11] 文大强,陈荣中.企业管理原理[M].上海:复旦大学出版社,2005.

[12] 苏彗文,姜忠辉.管理学原理与案例[M].青岛:青岛海洋大学出版社,1999.

[13] 张向前.现代企业管理[M].北京:中国言实出版社,2008.

[14] 郎宏文.企业管理基础[M].哈尔滨:黑龙江教育出版社,2007.

[15] 张泽起.现代企业管理[M].北京:中国传媒大学出版社,2008.

[16] 金玉阶,孙宁华.现代企业管理原理[M].3 版.广州:中山大学出版社,2003.

[17] 李景平.行政管理学[M].兰州:兰州大学出版社,2006.

[18] 甄文海.企业行政管理的功能特点及要求[J].全球科技经济管理,2006(8):35-36.

[19] 郭娜.论企业行政管理体系的功能与特点[J].经济技术协作信息,2005(10):17.

[20] 斯蒂芬·P.罗宾斯,玛丽·库尔特.管理学:第 7 版[M].孙健敏,黄卫伟,王凤彬,等译.北京:中国人民大学出版社,2004.

[21] 杜建军.试论现代企业行政管理[J].山西煤炭管理干部学院学报,2005(1):19-20.

[22] 史丽燕.浅述企业行政管理的人员素质[J].企业圈,2007(6):47,53.

[23] 王璞.人力资源管理咨询实务[M].北京:机械工业出版社,2003.

[24] 埃森·M.拉塞尔.麦肯锡方法[M].赵睿,陈甦,岳永德,译.北京:华夏出版社,2001.

[25] 彼得·圣吉.第五项修炼——学习型组织的艺术与实务[M].郭进隆,译.2 版.上海:上海三联书店,1998.

[26] 任浩.公共组织行为学[M].上海:同济大学出版社,2006.

[27] 理查德·H.霍尔.组织:结构、过程及结果:第 8 版[M].张友星,刘五一,沈勇,译.

上海:上海财经大学出版社,2003.

[28] 金东日.组织理论与管理案例分析[M].天津:南开大学出版社,2006.

[29] 海尔·G.瑞尼.理解和管理公共组织:第2版[M].王孙禺,达飞,译.北京:清华大学出版社,2002.

[30] 张德.人力资源开发与管理[M].北京:清华大学出版社,1996.

[31] 林泽炎.3P模式:中国企业人力资源管理操作方案.北京:中信出版社,2001.

[32] 许文惠,张成福,孙柏瑛.行政决策学[M].北京:中国人民大学出版社,1997.

[33] 夏书章.行政管理学[M].2版.广州:中山大学出版社,2003.

[34] 叶守礼.企业管理学[M].2版.北京:高等教育出版社,2005.

[35] 苏伟伦.企业行政管理[M].北京:中国纺织出版社,2000.

[36] 苏伟伦.企业行政管理要素[M].北京:中国纺织出版社,2005.

[37] 现代企业管理标准化研究中心.最新行政经理任职资格与工作规范[M].北京:中国经济出版社,2005.

[38] 张承耀.企业管理案例与评论(教学案例-3)[M].北京:经济管理出版社,2006.

[39] 唐春晖.企业技术能力演化与技术创新模式研究[M].北京:中国社会科学出版社,2007.

[40] 吴忠培.工作分析理论与应用同步综合练习[M].北京:中国劳动社会保障出版社,2007.

[41] 谌新民.人力资源管理概论[M].3版.北京:清华大学出版社,2005.

[42] 胡占友.办公室管理行动指南[M].北京:机械工业出版社,2005.

[43] 黄安心,李文斐.通用管理能力开发[M].北京:中国人民大学出版社,2015.

后记
Postscript

  "企业行政管理概论"作为企业行政管理专业的核心基础理论课程,是学习其他专业课程的基础。本配套教材的内容设计与选择决定了专业知识与学习者专业素养的基本面貌,因而责任重大,笔者是怀着忐忑不安的心情承担这一任务的。

  此时,笔者又想起了导师华中师范大学王端教授在给我们讲"企业行政管理专题"时的期望,他期望有一天企业行政管理能成为一个专业,而不是一个专题,期望中国的企业行政管理成为提升企业发展核心竞争力的重要支撑。现在许多高校都开设了企业行政管理专业或方向,他的愿望终于实现了!在现代社会,人们逐渐开始认识到企业行政管理的重要性。企业行政管理对跨国公司、大中型企业的稳定发展又是如此重要。之前发生的日本丰田的"油门"事件,让人感触到企业规模大了,如何才能实现对企业帝国的有效管理与控制,的确事关重大,是摆在众多企业面前的重要问题。而这些大型企业或跨国公司的行政管理模式、决策与执行、权力控制、人事管理、文化品牌等行政管理要素往往有很高的专业化要求和权力约束。

  如何在我国企业行政管理中有效地借鉴、运用国际国内现代企业管理的成功经验,成为我们共同关注的课题。对于一个长期从事管理教育事业的人来讲,能做的"大事"就是为企业行政管理人才的培养做一点力所能及的事,编写一套适应中国国情的企业行政管理教材。这一倡议,得到许多有关专家的响应,笔者也承担了这本专业基础理论课教材的编写工作。

  本教材在第一版面世后,即得到广大读者,特别是使用本教材的高校的专业老师的关注和厚爱,并提出了不少修改意见和建议。大家对目前我国企业行政管理专业高等教育的发展非常关心,希望教材早日再版。正是应大家的要求和建议,本次再版,主要修改、完善了教材内容及表述,更新了相关知识,采用了新的案例,特别是增加了"本章练习"栏目,并在书后放置了"各章练习参考答案",便于学生学习。当然,本书难免存在不足之处,恳请广大读者不吝赐教。

  本教材主要内容由4篇12章构成,这12章包括企业行政管理概述、企业行政管理原理和方法、企业行政环境、企业行政管理体制、企业行政组织、企业行政资源配置、企业行政决策与计划、企业行政关系及协调、企业行政沟通、企业日常事务管理、企业后勤事务管理、企业安全事务管理。本书作为企业行政管理专业基础理论课教材,主要给学习者提供企业行政管理基本知识、基本理论、基本方法、基本要素、运作流程和事务处理技巧。

  本教材的编写得到了武汉大学"珞珈学者"特聘教授、博士生导师、政治与公共管理学院副院长、公共管理(MPA)教育中心主任丁煌的指导并由他担任主审。华中师范大学王端教授给予了关心、支持和指导。广州市广播电视大学李文斐校长在本教材编写过程中给予了大力支持和帮助。李兵龙、梅汉荣、黄澜屿、杜梅、陈晶、刘慧、沙伟佳、刘凤绮、吕淑颜、伍雪明、赵敏、陈少芬、李雅婷、秦佳楠等老师，以及赵永想、鲁竞夫、张俊军、邹钰莹、熊照五位同学参加了本书的资料收集和整理工作，陈妍老师参加了相关习题的编写工作，在此对他们表示衷心的感谢！

作　者
2024 年 3 月 25 日

网络增值服务

使用说明

欢迎使用华中科技大学出版社人文社科分社资源网

1 教师使用流程

（1）登录网址：**https://bookcenter.hustp.com/index.html**（注册时请选择教师身份）

注册 ＞ 登录 ＞ 完善个人信息 ＞ 等待审核

（2）审核通过后，您可以在网站使用以下功能：

浏览教学资源　　建立课程　　管理学生　　布置作业　查询学生学习记录等

教师

2 学员使用流程

（建议学员在PC端完成注册、登录、完善个人信息的操作）

（1）PC 端学员操作步骤

① 登录网址：https://bookcenter.hustp.com/index.html（注册时请选择学生身份）

注册 ＞ 完善个人信息 ＞ 登录

② 查看课程资源：（如有学习码，请在"个人中心 — 学习码验证"中先验证，再进行操作）

选择课程

首页课程 ＞ 课程详情页 ＞ 查看课程资源

（2）手机端扫码操作步骤

手机扫码 → 登录 → 查看课程资源

注册

如申请二维码资源遇到问题，可联系编辑宋焱：15827068411